APOCALIPSIS 2012

Lawrence E. Joseph

APOCALIPSIS 2012

Una investigación científica del fin de la civilización

Traducción de Eduardo Hojman

www.harpercollins.com

Para recibir información, diríjase a: HarperCollins Publishers, 10 East 53rd Street, New York, NY 10022.

Los libros de HarperCollins pueden ser adquiridos para uso educacional, comercial o promocional. Para recibir más información, diríjase a: Special Markets Department, HarperCollins Publishers, 10 East 53rd Street, New York, NY 10022.

Este libro fue publicado originalmente en inglés en el año 2007 por Morgan Road Books/Broadway, una división de Random House. La traducción al español fue originalmente publicada en España en el año 2007 por Editorial Planeta, S.A.

PRIMERA EDICIÓN RAYO, 2008

ISBN: 978-0-06-156561-8

08 09 10 11 12 OFF/RRD 10 9 8 7 6 5 4

ÍNDICE

Cuarta parte. EL ESPACIO

Quinta parte. EXTINCIÓN

Sexta parte. EL ARMAGEDÓN

A Phoebe y Milo. Os amo

AGRADECIMIENTOS

Dado que este libro analiza la posibilidad de que la vida tal como la conocemos se modifique de una manera radical en un futuro muy cercano, sería negligente por mi parte no agradecer a Quienquiera o lo que fuera que nos dio todo lo que tiene tanto valor para nosotros. Más allá de si eres Dios, que es lo que yo creo, o Gaia, o el big bang, o alguna entidad o concepto totalmente diferente, gracias por toda la alegría, la emoción, el orgullo, la maravilla y el amor. Y gracias por todo lo malo, también. La existencia es mejor que el vacío.

Mucha gente me ayudó con este libro y merece mi gratitud, Carlos y Gerardo Barrios, chamanes mayas de Guatemala, compartieron su sabiduría, y sus ideas me abrieron muchas puertas. Gracias también a la gente del Instituto Saq Be de Santa Fe, Nuevo México, que me presentaron a los hermanos Barrios. Anne Stander, de Johannesburgo, Sudáfrica, me abrió las puertas de la percepción y se convirtió en una buena amiga.

En Akademgorodok, Siberia, Alexei Dmitriev me iluminó respecto del entorno interestelar. Alexander Trofimov, del ISRICA (Instituto Internacional de Investigaciones Científicas de Antropología Cósmica), me ayudó a entender el tiempo como parte de flujo de energía y parte de dimensión. Gracias también a Olka Luckashenko, la brillante intérprete que me guió a través de algunos momentos muy difíciles.

Aunque no trabajé con ellos en este libro, James Lovelock, de Cornualles, Inglaterra, y Lynn Margulis, de Armherst, Massachusetts, me han inspirado siempre. David A. Weiss, de Packaged Facts Inc. de la ciudad de Nueva York, me enseñó más de lo que yo creía sobre la organización de datos. No estoy del todo seguro sobre a quién agradecerle por Internet, pero sin la red, y sin recursos útiles y divertidos como la Wikipedia, este libro jamás podría haber tomado forma.

John, Chris, Brent, Jack y Jay, Scott, Larry, Ed y Mitch son grandes tíos. Susan y el doctor John son buenos nuevos amigos. Y, Sherry, no hay nadie como tú.

Toda una vida de agradecimiento a mi madre, Yvonne Joseph, quien sabe alentarme a la perfección. Su madre, Hasiba Shehad Haddad, me contó relatos familiares que han proporcionado contexto y trayectoria a mi vida. Y papá, todavía siento tu calor.

Andrew Stuart, mi agente literario, es poseedor de un gran instinto, buenos modales y muchas agallas.

Amy Hertz, la editora de este libro, es una maravilla. Cada uno de sus comentarios mejoraron el libro, y ella hizo muchos, desde cortantes amonestaciones sobre gramática, sintaxis y claridad hasta aconsejarme con suavidad que yo «gritara lo más fuerte que pudiera y luego me echara a llorar», esto último es algo que nosotros, los muchachos de Brooklyn, no solemos hacer. Amy, eres única en tu especie. Trabajar contigo fue una experiencia vital.

INTRODUCCIÓN

El primer día del primer año de la clase de redacción, el profesor nos dijo que la buena escritura tenía que ver exclusivamente con las emociones; con retratarlas, provocarlas, desenmarañarlas, ser fieles a ellas. Yo alcé la mano y tartamudeé algo al efecto de que para mí las emociones eran sólo los detalles, y que lo que realmente importaba era si la gente lograba sobrevivir lo suficiente como para experimentarlas. Estar feliz, triste, enfadado; ser tímido, profundo o superficial; compartir algo con el ser amado o arder por dentro, todo eso es muy interesante, pero de importancia secundaria en comparación con, digamos, si uno es o no envenenado o achicharrado.

De modo que la primera vez que oí hablar de que el mundo podría llegar a su fin en 2012, la idea me atrajo de inmediato. Excepto que ninguna persona cuerda cree que el mundo realmente va a terminar. Ésa es la clase de cosas que les gusta proclamar a esos tipos raros que llevan grandes cartelones y reparten borrosos panfletos con muchísimos signos de exclamación. En teoría, desde luego, algún día el mundo terminará ardiendo, congelándose, desmoronándose o tirando la toalla existencialmente, pero faltan miles de millones de años para eso, ¿verdad? Quién sabe, tal vez para entonces todos nos habremos mudado a otro planeta, o incluso habremos descubierto una cura para el tiempo. Pero, a todos los efectos prácticos, el inconmensurable concepto de que el mundo llegará a su fin se usa, en la mayoría de los casos, para poner las cosas en perspectiva, como cuando decimos que si la tintorería no te entrega los pantalones antes del lunes, «no es el fin del mundo».

Hay una buena cantidad de situaciones de fin del mundo posibles, desde que Hitler o Bin Laden o Pol Pot pulsen el botón hasta que un asteroide del tamaño del Everest parta la Tierra como una manzana o que el Señor Dios Todopoderoso diga que ya está bien. Pero no es necesario que nuestro planeta se desintegre literalmente, ni que perezcan todos sus habitantes, para que el mundo llegue a su fin, o se acerque lo bastante. Si la civilización tal como la conocemos, esa próspera y magnífica entidad social, política y cultural, se dañara hasta tal punto que su evolución se retrasara, las relaciones normales entre naciones se interrumpieran, un porcentaje significativo de seres humanos perdieran la vida y la mayor parte del resto se enfrentara a un futuro de privaciones y horrores, eso sería bastante equivalente.

Desde principios de los noventa trabajo en una compañía que busca ayudar a salvar el mundo de autoenvenenarse. La Aerospace Consulting Corporation (AC2), de la que soy presidente en la actualidad, ha implorado, pedido prestado y extraído de las piedras unos diez millones de dólares para desarrollar el desintegrador de plasma Vulcan, patente de Estados Unidos n.º 7.026.570 B2, un horno portátil de temperaturas ultraelevadas que disociará completamente residuos altamente tóxicos, incluidas, pero no solamente, letales armas biológicas y químicas que no pueden eliminarse de otra forma. El Vulcan, cuando por fin se produzca, consistirá en un tubo de 45 metros con un brazo robotizado en uno de los extremos. Ese brazo levanta un barril de 210 litros de desechos peligrosos no nucleares, toma una muestra de su contenido para preparar la configuración adecuada, lo mete dentro del tubo, que entonces se calienta hasta 10.000 grados, y liquida a ese mamón, con recipiente y todo, convirtiéndolo en nada: cero residuos tóxicos.

Siempre hubo espacio disponible en el Laboratorio de Toxicología Inhalatoria, en la base Kirtland de la Fuerza Aérea en Albuquerque, Nuevo México. Por casi nada, nuestra compañía tenía una bonita oficina y una máquina de café gratis en el edificio, detrás del criadero que alojaba a cien perros idénticos. Cierto, llegar hasta allí era toda una prueba de paciencia. Después de atravesar varios puestos de control, había que dar toda la vuelta al Centro de Pruebas del Pulso Electromagnético (PEM), una gigantesca plataforma de madera construida sin un solo clavo o tornillo de metal, donde freían, digamos, un avión jumbo 747, especialmente blindado, para ver si sus instrumentos se achicharraban. A continuación estaba el gran Laboratorio de Derretimiento Láser; nadie quiso decirme jamás qué era lo que derretían. Luego, kilómetros y kilómetros de misiles balísticos intercontinentales (ICBM) en sus silos, enterrados en la ladera de la colina. Era necesario resistir la tentación de acelerar el coche al pasar al lado de ellos, porque en esa parte de la base los soldados tenían orden de disparar a matar a cualquier vehículo que violara el límite de velocidad de 48 kilómetros por hora o cualquier otra norma de tráfico.

En los últimos cinco años hemos recibido un apoyo y un aliento considerable por parte de la base Kirtland de la Fuerza Aérea, una instalación perteneciente al Ministerio de Defensa, así como de los laboratorios nacionales Sandia, un organismo del Departamento de Energía, responsable de, entre otras cosas, la construcción y el mantenimiento de todas las cabezas nucleares de Estados Unidos.

Que conste que ni la AC2, ni la base Kirtland de la Fuerza Aérea, ni los laboratorios nacionales Sandia, ni ninguno de los empleados u operarios contratados relacionados con esas entidades han tomado posición manifiesta, en el sentido que sea, respecto de las predicciones concernientes al año 2012.

No hacen falta funestas predicciones sobre el apocalipsis de 2012 para ponerse un poco nervioso sobre todas las cosas extrañas que hemos inventado y que pueden destruir el mundo. Hay más que suficientes armas bioquímicas acumuladas a lo largo y ancho del planeta, empezando con el gas mostaza, un mortal agente paralizante que sobró de la primera guerra mundial, pasando por el ántrax, el sarín, y una variedad de otros compuestos secretos, para mantener al Vulcan incinerando durante muchos años. Y la buena o mala noticia es que habrá todavía más materiales increíblemente tóxicos para quemar en el futuro, al menos según aquellos que comparten los temores expresados por Stephen Hawking, quien cree que la humanidad se extinguirá a sí misma de la faz de la Tierra mediante una mala utilización de las armas biológicas:

«No creo que la raza humana sobreviva a los próximos mil años a menos que nos extendamos al espacio. Hay demasiados accidentes que pueden acontecerle a la vida en un solo planeta»,[1] declaró Hawking al periódico británico *Daily Telegraph*. Hawking, profesor lucasiano* de matemáticas de la Universidad de Cambridge, manifestó la opinión de que la amenaza no provendría de un holocausto nuclear al estilo de la guerra fría, sino que se presentaría de una forma más insidiosa. «A largo plazo, me preocupa más la biología. Las armas nucleares necesitan grandes instalaciones, pero la ingeniería genética puede hacerse en un laboratorio pequeño.»

¿Qué clase de vil pestilencia crearán los cerebros renegados con sus máquinas de empalmar genes? Podrían tratar de «mejorar» lo peor que la naturaleza tiene para ofrecernos. Por ejemplo, algunas de las últimas cepas de superbacterias tienen una enzima, llamada VIM-2,[2] que disuelve los antibióticos. Si el poder de la enzima VIM-2 se aumenta genéticamente, el superorganismo resultante podría tener una ventaja tan grande que los antibióticos jamás podrían ponerse a su altura. Tal vez esos sociópatas con sus mezclas de genes crearán *priobots*. Si refuerzan la capacidad de los priones de autorreplicarse, ya de por sí formidable, estas nuevas proteínas depredadoras podrían convertir nuestros cerebros en inútiles esponjas a través del mal de Creutzfeldt-Jakob, también conocido como enfermedad de las vacas locas. Los priobots podrían también provocar una epidemia de kuru, un trastorno cerebral que, según los casos conocidos, ha hecho que algunos caníbales rieran incontrolablemente hasta la muerte. Y el que ríe último, en especial si es un genio del mal...

Incluso si atrapásemos a esos malhechores antes de que causaran daño, habría que librarse de los venenos que han estado cocinando. Pero no hay ningún horno lo bastante caliente como para incinerar tales compuestos sin dejar residuos tóxicos. Ése es el nicho

* Un profesor lucasiano es el titular de la Cátedra Lucasiana de Matemáticas de la Universidad de Cambridge, que debe su nombre a su fundador, el profesor Henry Lucas, y que fue establecida oficialmente por Carlos II en 1664. *(N. del t.)*

que Vulcan intenta ocupar. Hasta podría salvar el mundo, después de todo. Es decir, siempre que no explote. Como la idea es que sea el horno más caliente del mundo y que esté lleno de desechos mortales, hemos tenido que asegurarnos muy bien de que sea un dispositivo estable y seguro. De hecho, la tecnología de contención de plasma subyacente a Vulcan tiene aplicaciones potenciales para la propulsión de cohetes; básicamente, quitas un extremo del recipiente y, zuum, la unidad sale volando. Si se le ordena que lo haga, supuestamente.

DESINTEGRACIÓN DE ÁTOMOS

Un horno Vulcan necesita un megavatio de energía eléctrica directa para funcionar, lo suficiente para abastecer a veinticinco hogares comunes contemporáneos, de tres habitaciones, o doscientos apartamentos de renta protegida de Park Slope, Brooklyn, donde Victor Simuoli y yo planeamos construir nuestro desintegrador de átomos para la 51.ª feria de ciencias anual de la escuela secundaria. La Comisión de Energía Atómica nos había enviado amablemente los planos de un acelerador lineal, un dispositivo que lanza partículas subatómicas desde cualquiera de sus dos extremos hacia el medio y luego provoca un choque frontal a velocidades tremendas. Al ver lo increíblemente complicados que eran los planos, y al darnos cuenta de que hacer funcionar el desintegrador de átomos probablemente provocaría un corte de luz en todo el vecindario, Victor y yo nos conformamos, según recuerdo, con fabricar un receptor de radio con una caja de cigarros.

Es probable que no nos hubiéramos dado por vencidos tan fácilmente si hubiésemos sabido que había una posibilidad de que nuestro desintegrador de átomos pudiera crear un diminuto agujero negro que terminaría por destruir el mundo. Ojo, no es que fuéramos terroristas precoces ni nada parecido; sólo que, como buenos adolescentes empollones, la tentación de desencadenar fuerzas de la escala de «Star Trek» habría sido demasiado difícil de resistir.

Aunque nuestra máquina habría sido demasiado pequeña para

hacer un agujero negro en el espacio-tiempo, no ocurre lo mismo con el gran colisionador de hadrones (LHC), un círculo de 27 kilómetros en la frontera entre Francia y Suiza. Cuando comience a funcionar, en el año 2007, producirá la colosal cantidad de 14 billones de voltios electrones. Resulta que un billón de voltios electrones es más o menos la misma cantidad de energía que usa un mosquito para volar. Lo notable del LHC es que concentrará su rayo de energía en un espacio de una billonésima parte del tamaño de un mosquito, desintegrando protones en 10.000 o más pedazos.

Según el físico Michio Kaku, el increíble poder de concentración del LHC creará «todo un zoológico de partículas subatómicas como no se ha visto desde el big bang»,[3] incluidos miniagujeros negros. ¿Miniagujeros negros? Por más brillante intelectualmente que pudiera ser una concentración semejante, es necesario formular preguntas sobre el potencial de algunos de esos experimentos de causar calamidades. ¿Acaso los agujeros negros, mini o no, no tienen la tendencia de absorber todo lo que los rodea y hacerlo desaparecer?[4]

Martin Rees, un colega de Hawking en la Universidad de Cambridge, es un físico que también tiene la distinción de ser el Astrónomo Real del Reino Unido. Rees advierte que la lluvia de quarks resultante de colisiones entre protones y antiprotones podría crear mini agujeros negros, llamados *strangelets*, que tienen la capacidad de convertir contagiosamente todo lo que encuentran en una forma de materia nueva e hiperdensa. Los átomos están hechos, en su mayor parte, de espacio vacío, un espacio que el *strangelet* extraería, comprimiendo la Tierra y transformándola en una esfera inerte del tamaño aproximado de una tienda Ikea.

Y ése sí que sería un final para nada glorioso.

LA SUSTANCIA GRIS[5]

Los nuevos inventos siempre traen aparejado el riesgo de resultados no anticipados; por ejemplo, la perspectiva de la «sustancia gris», de la que tratan de no hablar mucho en el Laboratorio Nacional de

Los Álamos, famoso por haber sido el lugar de nacimiento de la bomba atómica. Los Álamos es líder en nanotecnología, ciencia que busca crear máquinas a nanoescala (la milmillonésima parte de un metro) diseñadas para actuar como los ribosomas en las células de nuestro cuerpo, ensamblando estructuras complejas, tales como las proteínas, a partir de compuestos más simples, como el nitrógeno, que es un componente clave. Los nanotecnólogos han descubierto que, dadas las circunstancias adecuadas, los átomos de determinados elementos se ensamblan naturalmente a sí mismos formando estructuras complejas; los átomos del germanio trepan uno encima del otro para formar una pirámide, como las animadoras en un partido de fútbol americano, desafiando la tendencia natural de la mayoría de los átomos, y de la mayoría de las personas que no son animadoras en competiciones deportivas, de ceder a la gravedad y permanecer en el suelo. Esta propiedad de automontaje resulta totalmente conveniente para toda clase de aplicaciones de nanoescala, desde producir ultrapoderosos chips de ordenador a partir de bacterias hasta crear máquinas infinitesimales que pueden inyectarse en el torrente sanguíneo para corroer cánceres o infecciones.

¿Pero qué ocurriría si el apetito de las nanomáquinas se saliera de madre? El resultado sería la «sustancia gris»,* un término acuñado por el nanotecnólogo Eric Drexler en *Engines of Creation*. La sustancia gris es una hipotética nanosustancia que continúa reproduciéndose a sí misma hasta que devora todo el carbono, el hidrógeno y cualesquiera otros elementos que provoquen su apetito, pringando toda la faz de la Tierra. Imaginemos las piezas de una caja de Tinkertoys, unos juguetes de madera para armar, cuidadosamente dispuestos sobre la alfombra adecuada y que se ensamblan a sí mismos hasta formar un robot, por ejemplo. Suena bien. Pero ahora imaginemos que ese proceso se sale de madre, que el robot Tinkertoy n.º 1 hace un robot Tinkertoy n.º 2, y luego esos dos hacen dos más, y luego los cuatro hacen cuatro más, y las cantidades se dupli-

* En el original *gray goo*; ha sido traducido, en relación con la nanotecnología, como «plaga gris». *(N. del t.)*

can hasta llegar a los miles, millones y billones, en un proceso descontrolado que podría continuar hasta que se consumieran las materias primas del mundo.

Según Drexler, unas nanomáquinas que se autorreplicaran rápidamente podrían superar el peso de la Tierra en menos de dos días. La buena noticia es que, sin duda, aparecería algo que devoraría la sustancia gris. La mala noticia es que entonces habría que enfrentarse a esos desconocidos devoradores de sustancia gris.

Salvar el mundo. Destruir el mundo. En realidad, son más o menos la misma ambición; es decir, probar, sin sombra de duda, la absurda proposición de que la vida se divide en dos mitades aproximadamente iguales: uno mismo, y el resto del universo.

Agujeros negros *strangelets* devorando la Tierra como si fueran Pacmans. Priobots infestando nuestros cerebros. Sustancia gris tragándose la vida tal cual la conocemos. Todo suena demasiado estrafalario como para que nos impida dormir, pero un hombre puede soñar. Ya desde la época del jardín de infancia, cuando Marty Raichalk y yo pasábamos horas en el patio de la casa que nuestras familias compartían en una calle de tierra de Danbury, Connecticut, protegiendo a Betty y Sue, nuestras novias imaginarias, de asesinos enloquecidos y abejorros, yo esperaba —ya sabéis— una oportunidad de exhibir mi talento. En la escuela primaria ansiaba aniquilar a los marcianos que se confabulaban para robarme el cerebro. Uno debe proteger las cosas que considera valiosas, por el bien de todas las personas decentes. ¿Y quién sabe cuánto mal podría haberse vaporizado si Victor y yo hubiéramos conseguido enchufar aquel desintegrador de átomos?

Lo que no equivale a decir que Vulcan, si realmente conseguimos hacerlo funcionar, no termine siendo lucrativo. Pero eso no son más que migajas, y aquí estamos hablando de ego a la máxima potencia. Salvar el mundo de envenenarse a sí mismo, el planeta y la gente. Eso sí que valdría un gran aplauso.

INDIGESTIÓN SOLAR

Como soy de ascendencia libanesa y poseo, por lo tanto, una piel un poco oscura, siempre he tenido una actitud más bien arrogante hacia el Sol; los problemas relacionados con ese astro eran algo de lo que tenían que preocuparse los blancos. De modo que cuando Roger Remy, el científico principal y fundador de nuestra compañía, anunció que el Sol estaba «haciendo mayonesa», que en su particular jerga significa «sufriendo un colapso», al principio no le presté ninguna atención. Roger es una especie de Indiana Jones francomarroquí, que habla mucho de operaciones encubiertas, conocidas como «proyectos mofeta», y viajes espaciales. Pero su especialidad es la manipulación del plasma, gases ionizados intensamente calientes, de los cuales el Sol es una bola inmensa, de modo que no pude hacer a un lado del todo su afirmación.

Pero fueran cuales fueran los problemas del Sol, estaban a 150 millones de kilómetros de distancia, a diferencia de la Navidad, que en ese momento, en noviembre de 2004, estaba avanzando hacia mí como un tren expreso. De modo que, con dos niños pequeños, una esposa exhausta y unos planes demasiado complicados para pasar las fiestas, dejé pasar la cuestión.

—El sol no puede ponerse malito, tonto —dijo mi hija de cuatro años, Phoebe, quien debió de haber oído alguna conversación. Yo estaba totalmente de acuerdo.

El día después de Navidad, una amiga cercana de la familia murió de una sobredosis de narcóticos y antidepresivos. La sobredosis era intencional, pero, al parecer, el suicidio resultante no lo era. Aquel día, el 26 de diciembre de 2004, mi esposa estaba muy consternada por la muerte de su amiga, una joven de dieciocho años a quien conocía desde la infancia de la muchacha, mientras que yo estaba preocupado por las consecuencias del *tsunami*. Lamento admitir que ninguno de los dos mostró mucha compasión por la pena del otro. La fotografía que jamás olvidaré, publicada en la portada del *New York Times*, era de alrededor de una docena de personas en una hermosa playa —Phuket, Tailandia, según recuerdo— contemplando una ola inimaginable que avanzaba sobre ellos. Se los veía tan indefensos en sus brevísimos trajes de baño. Unos pocos estaban corriendo, pero la mayoría se habían quedado petrificados y con la boca abierta. Todos murieron, muy probablemente. La razón por la que yo me preocupara más por unas pocas siluetas en una fotografía que por la joven amiga de mi esposa, y por la que mi esposa sintiera más la pérdida de una adolescente con problemas que la de 250.000 personas en once naciones no puede explicarse, salvo por el hecho de que somos diferentes.

Aunque la conexión entre el comportamiento del Sol y el *tsunami* del océano Índico es debatible, la magnitud misma de aquel desastre, tan inesperado, hizo que me pareciera prudente verificar la hipótesis de la mayonesa de Roger. De modo que después de las fiestas investigué la cuestión y, por supuesto, el Sol se veía como si hubiera comido mayonesa en mal estado. Estaba moteado de manchas solares, que son tormentas magnéticas más grandes que la Tierra y que pueden desencadenar tanta energía como mil millones de bombas de hidrógeno, según Tony Phillips, director del excelente sitio web science.nasa.gov. Las manchas solares estaban escupiendo ráfagas de mil millones de toneladas de protones y brochetas de un trillón de electrones voltios por todo el sistema solar. Muy espectacular, ¿pero acaso no es así como el Sol se comporta normalmente?

En realidad, no. Desde que Galileo inventó el telescopio en 1610, se ha observado que la actividad del Sol sigue ciclos de aproximadamente once años, una actividad que se juzga por el número de manchas solares que aparecen. En enero de 2005, cuando empecé mis investigaciones, el ciclo de las manchas solares estaba, según el consenso científico, aproximándose al mínimo solar, es decir, al período de menor actividad del Sol, que llegaría a su punto más bajo en 2006. En cambio, y por alguna razón desconocida, al Sol le están dando berrinches desde alrededor del día de Todos los Santos de 2003, cuando las tormentas de radiación más poderosas jamás registradas golpearon el sistema solar. Gracias a Dios, la mayoría de los estallidos del día de Todos los Santos no llegaron a la Tierra; eran más o menos el doble de fuertes que la tormenta de radiación solar de marzo de 1989 que hizo saltar la red eléctrica Hydro-Quebec, y dejó sin electricidad las viviendas de seis millones de sorprendidos canadienses.[6] La actividad solar se mantuvo anormalmente elevada y llegó a su punto máximo con las gigantescas manchas solares del 20 de enero de 2005, que bombardearon la atmósfera de la Tierra con la mayor tormenta de protones en quince años. Lo que hace que todo esto sea todavía más asombroso es que ocurrió en, o cerca de, un mínimo solar, el punto en el ciclo de once años de manchas solares en que se supone que la actividad solar es escasa o inexistente. Escalofriante, pero no tanto como en septiembre, cuando el Sol pasó de una calma perfecta e inmaculada a estar cubierto de manchas solares y escupir bocados de radiación nunca vistos, justo en el apogeo de la temporada de huracanes que nos trajo a Katrina, Rita, Wilma y tantos otros.

No hay nada en la experiencia humana, incluido el sagrado concepto de Dios Todopoderoso, tan confiable como el Sol. El Sol da energía a la vida terrestre. Calienta la tierra y los océanos, genera todo el crecimiento vegetal y animal, energiza la atmósfera, ayuda a generar las nubes, impulsa el viento y las corrientes oceánicas y provee el ciclo de los suministros de agua del planeta. Por lo tanto, la noción de que el Sol esté cambiando de alguna manera es la definición misma de lo impensable, muy superior al salto requerido, por ejemplo, para comprender las consecuencias de un holocausto nuclear total, como sostenían en una época Herman Kahn y otros filósofos del Juicio Final.

Un aumento de apenas un 0,5 por ciento de la potencia del Sol bastaría para freír el sistema de satélites del que dependen las telecomunicaciones globales, la seguridad militar y la banca. Lo mismo ocurriría con nuestra piel, que sufriría grandes cantidades de cánceres y otras enfermedades relacionadas con la radiación. Entre las consecuencias inevitables probablemente se encontrarían un calentamiento global descontrolado, y el consiguiente aumento de los niveles del mar y las inundaciones, así como un enorme incremento de tormentas, e incluso holocaustos sísmicos y volcánicos.

Después de haber escrito sobre ciencia y naturaleza durante más de veinte años, esperaba encontrarme con obstáculos a la hora de investigar este extraño comportamiento del Sol. Como es natural, a algunas famosas instituciones no les gustaría nada verse relacionadas con un tema de un potencial de devastación tan grande como los cambios del Sol, por la muy buena razón de que su sello de autoridad podría generar pánico en determinados ámbitos. De modo que quedé bastante desconcertado cuando me enteré de que el Instituto Max Planck, el equivalente alemán del MIT y CalTech, ha realizado un número de estudios que confirman que el Sol no ha exhibido una turbulencia tan elevada desde hace al menos 11.000 años. Desde la década de 1940, y en particular desde 2003, los niveles de la actividad solar han superado todas las mediciones. Podríamos quedar achicharrados en cualquier momento.

DAÑOS COLATERALES

Tal vez el apocalipsis más terrorífico de todas las situaciones probables sea lo que ocurre ahora mismo en el espacio. Hablar de cambios es impensable. Me refiero a que, con excepción de unos pocos asteroides aquí y allá, el espacio, simplemente, está allí, ¿verdad? No cambia. Bueno, en realidad todo el sistema solar está volviéndose cada vez más agitado porque estamos entrando en una nube de energía interestelar, según una emergente escuela rusa de geofísicos planetarios. Estos científicos, que fundamentan sus descubrimientos en décadas de análisis de datos de los satélites, han descubierto que las atmósferas de todos los planetas, incluida la Tierra, comienzan a mostrar los efectos de este inmenso flujo, tanto el que llega directamente desde la nube de energía como el indirecto, producido por las perturbaciones que se generan en el interior del Sol por causa de su encuentro con la nube de energía.

No nos preocupemos. La atmósfera de la Tierra nos protegerá, ¿verdad? Tal vez en otros tiempos habría sido así, pero hoy en día los científicos de Harvard y la NASA nos informan de que se han abierto inexplicablemente unas grietas del tamaño de California en el campo magnético terrestre, nuestro escudo esencial contra la radiación solar y los letales cánceres y perturbaciones climáticas que ésta trae aparejados. Algunos científicos han llegado incluso a predecir que una inversión polar, en que los polos magnéticos del norte y sur intercambiarán sus lugares, es inminente.[7] Es un proceso de varios miles de años en virtud del cual aparecen múltiples polos magnéticos alrededor del globo, confundiendo y a veces extinguiendo las miles de especies de aves, peces y mamíferos que dependen del magnetismo para su sentido de dirección. Durante la confusión, la protección magnética de la Tierra cae casi a cero, el equivalente cósmico de una persona muy pálida que quedara atrapada en una playa de Miami sin sombrero, sin gafas de sol, sin protección solar, y con un trasero imperfecto en un traje de baño pequeñito para adolescentes.

Una fuente de protección para una excesiva radiación solar viene de otra de las maneras en que el mundo podría llegar a su fin. El cielo podría llenarse de una ceniza que absorbería los rayos, pero ésa es prácticamente la única buena noticia que pude encontrar en un documental de la BBC que informaba de que el Yellowstone, probablemente el supervolcán más grande del mundo, se prepara para entrar en erupción.[8] La última vez que eso ocurrió, hace 600.000 años, el Yellowstone vomitó polvo suficiente para cubrir todo el continente norteamericano con varios metros de profundidad. En la actualidad, una erupción semejante nos pondría en una situación de invierno nuclear que destruiría la agricultura y la economía mundial, y mataría a cientos de millones de personas.

Y la razón más importante para preocuparse por el fin de la vida es la predicción de *Nature*, tal vez la publicación científica más respetada del mundo, de que al menos tres cuartos de las especies terrestres desaparecen cada 62 o 65 millones de años.[9] Ya han pasado 65 millones de años desde que el desastre cretácico terciario extinguió los dinosaurios, lo que significa que ya ha caducado el plazo para un cataclismo que, sin duda alguna, reducirá nuestra población al menos a la mitad, hará trizas nuestra infraestructura, y empujará la mayor parte de lo que quede de nuestra civilización bajo tierra.

Si el Yellowstone entra en erupción o el acné del Sol se convierte en llagas purulentas, recordaremos con cariño problemas ecológicos tales como los agujeros en la capa de ozono y el calentamiento global, de la misma manera en que iniciamos la década de 1980 preocupándonos por el herpes simple y terminamos con el flagelo del Sida. Pero la buena noticia, como le gustaba señalar al incontenible almirante Hyman Rickover, es que, ocurra lo que ocurra, «evolucionará una especie nueva y más sabia».

BAJANDO POR LA MADRIGUERA

Es difícil encontrar fechas firmes en el juego de predicciones sobre el desastre, y prácticamente lo único en que los científicos parecían estar de acuerdo es que lo que fuera que estuviera ocurriendo en ese momento, cuando nos acercábamos al mínimo solar, empalidecería en comparación con las turbulencias sin precedentes proyectadas para el próximo máximo solar, que se espera para 2012.

Por un impulso, busqué «2012» en Google y de inmediato caí por la madriguera y me encontré con una próspera subcultura del apocalipsis. Blogs, libros, música y arte de todos los continentes profetizan que ése será el año del Juicio Final. Exponentes de un asombroso abanico de ideologías y filosofías, desde culturas indígenas, la Biblia y el I Ching, señalan el 2012 como el momento del apocalipsis. ¿Podría ser tan sólo una coincidencia? ¿O es más razonable suponer que las tradiciones inspiradas por divinidades podrían, después de todo, llegar a conclusiones congruentes sobre el destino de la humanidad?

—¡Dos mil doce! Eso es cuando, ya sabes, se supone que ocurrirá todo. ¡Lo máximo! —exclamó nuestra canguro, Erica, cuando mencioné mi descubrimiento a la mañana siguiente.

Oí con fascinación cómo Erica, aficionada a navegar por Internet por las madrugadas y devota de las tertulias radiofónicas, se entusiasmaba con atroces predicciones y la convicción de que 2012 es el verdadero «efecto 2000» o Y2K. Al parecer, ella lo veía todo como una especie de continuo *reality show* de terror. Varios de sus amigos también estaban enganchados con esta moda de 2012 como el año del Juicio Final, y ella nos contó alegremente alguna de sus sugerencias respecto a qué hacer cuando el fin se acerque: «Pasar la pipa de agua. Construir una nave espacial. Vivir bajo tierra. Practicar muchísimo sexo. Suicidarse. Ver el mundo. Seguir con tus asuntos. Dejar de tomar tu medicación. Comenzar a tomar la de algún otro. Escribir aquella novela. Practicar eutanasia con tu familia. Ir a Las Vegas. Loar a Alá. Vengarse. Hacer un curso acelerado de proyección astral. Asegurarse de conseguir un buen asiento para la exhibición definitiva de fuegos artificiales.»

¿Por qué el año 2012, específicamente? El alboroto no tenía nada que ver con que fuera la fecha prevista para el próximo máximo solar en el ciclo de las manchas del Sol. De hecho, las menciones al Sol eran escasas o inexistentes, así como, para el caso, las de cualquier tópico científico en general, entre los que profetizan el final. Lo que impulsaba el movimiento era una predicción antiquísima de la mitología maya según la cual el Tiempo llegará o bien a su fin o bien a su comienzo en el solsticio de invierno, el 21 de diciembre de 2012.

En ese momento casi abandoné todo el proyecto porque, cómo decirlo..., yo no soy New Age. Yo soy un típico graciosillo de Brooklyn que se pasea por Beverly Hills. No es que todas esas supersticiones antiguas sean necesariamente inválidas, sólo que, en su mayor parte, no las entiendo.

LAS PROFECÍAS MAYAS

La antigua astronomía maya no tiene nada de superstición. Se trata de un imponente logro intelectual, equivalente en su magnitud a la antigua geometría egipcia o a la filosofía griega. Sin telescopios ni ningún otro aparato, los astrónomos mayas calcularon que la extensión del mes lunar era de 29,53020 días, menos de 34 segundos de diferencia con la extensión real que hoy conocemos, que es de 29,53059 días.[10] En definitiva, muchos creen que el calendario maya, de dos mil años de edad, es más preciso que el calendario gregoriano de quinientos años de antigüedad que utilizamos hoy.

Los mayas estaban obsesionados con el tiempo. A lo largo de los siglos diseñaron al menos veinte calendarios, sintonizados con los ciclos de todo, desde el embarazo hasta la cosecha, de la Luna a Venus, cuya órbita calcularon con precisión como de un día cada mil años. Después de siglos de observaciones, sus astrónomos llegaron a la conclusión de que en el solsticio de invierno de 2012, el 21/12/12, o el 13.0.0.0.0 de lo que hoy se conoce como el calendario de la Cuenta Larga, dará comienzo una nueva era en la historia de la humanidad. De modo que «las campanadas de la medianoche» del 21/12/12 marcarán el principio de una nueva era, de la misma manera en que la Tierra completa su órbita alrededor del Sol y trae un nuevo año con las campanadas de la medianoche de cada 1 de enero. Vale, ¿y qué? Además de un cambio de fecha y de un día en que no tenemos que ir a trabajar, no hay ninguna diferencia inherente y palpable entre el 31 de diciembre y el 1 de enero; no es como si de un día para el otro pasáramos del frío y la oscuridad al calor y el sol. Para el caso, tampoco hay ninguna diferencia inherente y palpable entre un año y el siguiente, a menos que esa diferencia sea atribuida externamente: el paso de 1999 al 2000, el Y2K, no fue más que una transición entre un número poco interesante digitalmente a uno grande, bonito y redondo. En términos espirituales, tuvo una resonancia equivalente al de un cambio en el contador de revoluciones de un coche.

La fecha 21/12/12 tiene un significado que va más allá de la casualidad numérica. Es el solsticio anual de invierno, el momento en que el hemisferio norte está más alejado del Sol, y en que, por lo tanto, hay menos luz diurna y las noches son más largas. En esa fecha, nuestro sistema solar eclipsará —es decir, se interpondrá de modo que bloqueará la vista desde la Tierra— el centro de la Vía Láctea. El agujero oscuro en el centro de la espiral galáctica era considerado la matriz de la Vía Láctea por los astrónomos de la antigüedad y ahora también por los contemporáneos, quienes creen que ése es el punto en que se crean las estrellas de nuestra galaxia. Por cierto, hay un vasto agujero negro en el centro, que se parece bastante a un bonito ombligo.

Los antiguos mayas sostenían que el 21/12/12 comenzaría una nueva era, en términos tantos vitales como en las cuestiones técnicas de los calendarios. Esa fecha augura, por lo tanto, un momento de lo más sagrado, propicio y peligroso de nuestra historia, destinado, según creían, a generar tanto catástrofes como revelaciones. Los años que faltan para esa fecha presagian ese imponente destino de maneras terribles y maravillosas.

Me trasladé a Guatemala para evaluar las creencias y predicciones relacionadas con el 21/12/12, y llegué a la conclusión, en resumidas cuentas, de que los mayas tienen un historial de éxitos imposible de hacer a un lado. Siempre debemos darles a los genios el beneficio de la duda, y, por cierto, los antiguos astrónomos mayas eran genios. Las profecías mayas respecto de 2012 parecen, por lo tanto, contener una sabiduría que no está necesariamente más allá de la ciencia, sino, de una manera más probable, más allá de lo que cualquier metodología científica contemporánea podría probar, o refutar, en el breve período que queda antes de la fecha del apocalipsis.

No puedo decir qué fue lo que impulsó a los mayas a dedicar un trabajo tan exquisito a la astronomía al tiempo que jamás consiguieron, por ejemplo, inventar la rueda o incluso simples herramientas de metal. Pero limitarse a rechazar su conclusión fundamental de que el 21 de diciembre de 2012 es una fecha fundamental en la historia de la humanidad —en especial teniendo en cuenta la cantidad profundamente inquietante de coincidencias respecto del plazo de 2012 en disciplinas que van desde la física solar hasta la filosofía oriental— sería extremadamente necio.

DESCARGO DE RESPONSABILIDADES

En este punto, es necesario realizar una serie de aclaraciones:

Yo no represento ninguna ideología religiosa o política ni he caído, según mi leal saber y entender, bajo la influencia de ningún individuo o grupo con puntos de vista formados respecto de 2012. A diferencia de muchos de aquellos que están preocupados con el final de los tiempos, el Apocalipsis o el Armagedón, no he tenido ninguna revelación divina, ninguna indicación por parte de ninguna inteligencia alienígena, ningún mensaje de sabios antiguos, ni ninguna epifanía numerológica.

Tampoco soy uno de esos escépticos que gustan de pinchar globos y que niegan cualquier noción que no está respaldada en un ciento por ciento por evidencias físicas disponibles. Dios nos salve de la escasez de arte y creatividad que sería el resultado inevitable si esos aguafiestas alcanzaran el poder que creen merecer por lógica.

Tampoco soy un aficionado a las catástrofes. Me enorgullezco de informar de que no he invertido ni un céntimo ni un minuto en protegerme contra la posibilidad del efecto 2000 en los ordenadores. Ni tampoco me he preparado a mí mismo ni a mi familia para el holocausto nuclear, el impacto de un cometa, un descontrol en la convergencia armónica, o cualquier otro de esos alborotos. Como vivo en una zona de terremotos del sur de California, es cierto que siempre tengo una linterna junto a la cama y un bidón extra de agua en el armario. Y que conste que no busco, ni defiendo, ni hago campaña, ni rezo por que se produzca ninguna catástrofe, relacionada o no con el 2012, más allá de lo edificante que algunos afirman que será el resultado.

Mis conclusiones respecto de la naturaleza potencialmente cataclísmica de 2012 se basan en aproximadamente quince meses de investigaciones, realizadas con la experiencia obtenida en más de veinte años como autor de libros de no ficción y como periodista que ha escrito sobre ciencia, naturaleza, religión y política para varias publicaciones, con más frecuencia para el *New York Times*.

¿Es irresponsable escribir este libro, por temor al pánico que podría causar? El derecho del público a saber no es absoluto, pero tampoco depende de las evaluaciones paternalistas de la oligarquía global. Sólo puedo tener fe en el proceso global en el que los que mandan, usando sus mejores criterios, intentan controlar la información que podría generar inestabilidad social, y también en el que organizaciones, grupos e individuos apasionados se esfuerzan para sacar a la luz los hechos fundamentales. En definitiva, las mejores soluciones provienen de un animado intercambio entre los individuos que buscan la verdad y las estructuras de poder creadas para protegernos.

LA MARCA DEL DESTINO

¿Terminará el mundo en el 2012? ¿Se armará la de Caín a través de un holocausto nuclear total al estilo de una tercera guerra mundial o mediante el impacto de un meteorito como el que se cree que extinguió los dinosaurios? No lo creo, aunque eso puede ser, en parte, consecuencia de mis limitaciones emocionales; como padre de dos niños pequeños y maravillosos, yo soy, simplemente, incapaz de mantener esa convicción. Como tampoco soy capaz de enfrentarme a la posibilidad de que todos y todo lo que cualquiera de nosotros ama y valora podría destruirse.

Lo que sí soy capaz de hacer es reunir los hechos y presentar la evidencia necesaria para descubrir la realidad de 2012. Según lo que he averiguado, la perspectiva de un apocalipsis en 2012 debería tratarse con respeto y temor.

Este libro es una demostración de lo que yo considero una probable situación de término medio, a saber, que 2012 está destinado a ser un año de traumas y convulsiones sin precedentes. Ya sea la agonía del parto de una Nueva Era o simplemente los estertores agónicos de nuestra era actual, una perturbadora confluencia de tendencias científicas, religiosas e históricas indica que puede producirse una avalancha de desastres y revelaciones, provocadas por la mano del hombre, naturales o muy posiblemente sobrenaturales, con un final catastrófico.

El año 2012 lleva la marca del destino. A juzgar por los hechos reunidos en este libro, existe al menos una posibilidad entre dos de que ese año se produzca o comience alguna tragedia masiva y/o un gran despertar. La cuestión, en definitiva, no es si, sino cuándo, no tanto la fecha exacta, sino si este acontecimiento transformador tendrá lugar mientras nosotros o nuestros seres amados estén vivos. El valor del plazo de 2012 es que, al ser tan próximo, nos obliga a enfrentarnos a las numerosas posibilidades de una catástrofe global, a calibrar su probabilidad y potencial destructivo, y a examinar cuán preparados estamos para reaccionar, como individuos y como civilización.

Todos reaccionan a los plazos, de una manera constructiva o no. En especial si existen presiones. Así es la naturaleza humana. En los últimos dos minutos de cada mitad de un partido de fútbol americano, que juntos no alcanzan al 7 por ciento del total del tiempo de juego, se produce al menos la mitad de la acción. Yo necesito plazos. La mayoría de nosotros los necesitamos. Con la improbable excepción del efecto 2000, aquel estúpido ensayo con vestuario, el plazo de 2012 es el primero en la historia moderna en que hay tantas consecuencias para tanta gente.

La ventaja de tener un plazo es la advertencia anticipada que trae aparejada, para equilibrar el cuerpo, la mente y el alma y tomar algunas precauciones razonables para uno mismo y su familia. En cierto sentido, que no incluye necesariamente la supervivencia física, todos tenemos una oportunidad, como nunca antes, de unirnos y elevarnos a nuestro yo superior colectivo. Ése es el estimulante desafío de 2012. Nos obliga a encontrar un propósito común. Y tener un propósito en la vida es prácticamente la forma más segura que conozco de evitar la desaparición.

CULPABLE DE APOCALIPSIS: LAS ACUSACIONES CONTRA 2012

La tesis de este libro es que el año 2012 será fundamental, tal vez catastrófico, posiblemente revelador, a un grado sin igual en la historia de la humanidad.

1. Las antiguas profecías mayas basadas en dos milenios de meticulosas observaciones astronómicas indican que el 21/12/12 marcará el nacimiento de una nueva era, acompañada, como todos los nacimientos, de sangre y agonía, así como de esperanza y promesa.
2. Desde la década de 1940, y en especial desde el 2003, el Sol se ha comportado de una manera más tumultuosa que en cualquier otra época desde el veloz calentamiento global que acompañó el derretimiento de la última Edad de Hielo 11.000 años atrás. Los físicos solares están de acuerdo en que la actividad del Sol alcanzará su próximo pico, a niveles que establecerán un récord, en 2012.[1]
3. Las tormentas en el Sol están relacionadas con las tormentas en la Tierra. La gran oleada de huracanes en 2005, el Katrina, el Rita y el Wilma, coincidió con una de las semanas más tormentosas en la historia documentada del Sol.
4. El campo magnético de la Tierra, nuestra principal defensa contra la radiación solar dañina, ha comenzado a disminuir, con grietas del tamaño de California que se abren al azar. Un desplazamiento de los polos, durante la cual la protección se reduce prácticamente a cero mientras el polo norte y el polo sur intercambian sus posiciones, tal vez ya esté produciéndose.[2]
5. Unos geofísicos rusos creen que el sistema solar ha entrado en una nube de energía interestelar. Esta nube energiza y desestabiliza el Sol y las atmósferas de todos los planetas. Según sus predicciones, el encuentro de la Tierra con esta nube de energía puede generar una catástrofe entre 2010 y 2020.[3]

6. Los físicos de la Universidad de California en Berkeley que descubrieron que los dinosaurios y el 70 por ciento de todas las otras especies de la Tierra se extinguieron por el impacto de un cometa o asteroide hace 65 millones de años, sostienen, con una certeza del 99 por ciento, que ha llegado el momento de otra megacatástrofe similar.[4]

7. El supervolcán Yellowstone, que produce catastróficas erupciones cada 600.000 o 700.000 años, se prepara para estallar. La erupción más reciente de una magnitud comparable, que tuvo lugar en el lago Toba, Indonesia, hace 74.000 años, provocó la muerte de más del 90 por ciento de la población mundial de la época.[5]

8. Se ha interpretado de manera plausible que algunas filosofías orientales, tales como el I Ching, el Libro Chino de los Cambios, y la teología hindú, sostienen la teoría de que el 2012 es la fecha del fin, así como varios sistemas de creencias indígenas.[6]

9. Al menos una interpretación académica de la Biblia predice que la Tierra será aniquilada en 2012. El creciente movimiento armagedonista de musulmanes, cristianos y judíos busca activamente precipitar la última batalla del fin de los tiempos.[7]

10. Que tengan un buen día.

PRIMERA PARTE
EL TIEMPO

El hecho de que el chófer del taxi, que era un rastafari, cantara oraciones al todopoderoso Jah a ritmo de reggae durante todo el trayecto hasta el aeropuerto, inclinando la cabeza hasta tocar el volante al menos en cincuenta ocasiones mientras salvaba los rápidos de la I405, la autopista más transitada del sur de California, no me molestaba. El hombre era un conductor excelente, muy seguro. Tampoco me suponía un problema el que el interior de su taxi estuviera forrado con ilustraciones, impresas en papel satinado de 20 por 25 centímetros, de rugientes leones cubiertos con mensajes religiosos sobre el amor, la muerte y el León de Judá. Yo crecí en la ciudad de Nueva York, donde los taxistas locos condimentan el día a día. Lo que sí hizo que me detuviera a pensar, sin embargo, era la fluidez con que, cada vez que sonaba su teléfono móvil, el taxista rasta se convertía en James Earl Jones y decía: «Transportes West Side, ¿qué se le ofrece?» Después de cerrar sus transacciones, volvíamos a Jah y los leones y las inclinaciones de cabeza y las oraciones.

Yo me dirigía a Guatemala, donde me reuniría con chamanes mayas que me explicarían las profecías para 2012. Cuando se lo mencioné a Elia, mi ama de llaves, que es salvadoreña, gritó «¡No te vayas! ¡Gangas! Piensa en tus hijos. ¿Y si no vuelves?», y salió corriendo de la habitación. Tal vez la plegaria bailable del taxista rasta era alguna clase de enfática bendición alucinada para que yo tuviera un viaje seguro. Alabado sea… Jah.

Aparcamos en el aeropuerto de Los Ángeles y, siguiendo un impulso, le pregunté al taxista rasta si alguna vez había oído hablar de 2012.

—Explíquese —respondió, mientras sacaba mi equipaje del maletero.

—Bueno, se dice que van a pasar cosas muy grandes en 2012. Quizá, ya sabe, el fin.

—Siempre dicen eso. Yo estaba esperando que eso ocurriera en el año 2000 —dijo, moviendo la cabeza tristemente. Pero era el momento de la propina, y el taxista rasta quiso terminar la conversación con algo positivo—. Si seguimos esforzándonos, tal vez usted acierte con el año.

1

¿POR QUÉ 2012, EXACTAMENTE?

Dos horas arrastrándome a través de la jungla de tarántulas y cocodrilos donde se filmó una de las últimas temporadas de *Sobreviviente*, pasando por una antiquísima cancha de pelota maya donde tanto perdedores como ganadores eran sacrificados (lo que, seguramente, habría aumentado la audiencia de *Sobreviviente*), y luego una sofocante subida por los cien empinados escalones en mal estado de la ruina de 1.800 años de antigüedad conocida como la Gran Pirámide, el eje central del Mundo Perdido, la sección más antigua de las ruinas de Tikal, fueron recompensadas con lo siguiente: «El problema tiene que estar en el servidor. Llama al servicio técnico y diles que lo reconfiguren...», le explicaba un veinteañero al otro.

Arrancad sus corazones sangrantes, arrojad sus cuerpos sin vida por los escalones de piedra, y apuntadlo todo como un sacrificio a Bill Gates. Estábamos en lo profundo de la jungla guatemalteca, en la cima de un antiguo templo sagrado, y estos dos obsesionados con la tecnología no podían dejar de pensar en sus ordenadores.

Yo había ido a Tikal, donde se originaron algunas de las más antiguas profecías mayas, para tener una sensación física de lo que, hasta el momento, no era más que una pila de factoides: por ejemplo, que en el calendario maya la era actual, conocida como la *cuarta era*, comenzó el 13 de agosto del 3114 AEC,* que en el calendario maya se representa como 0.0.0.0.1 (día uno), y terminará el 21 de diciembre de 2012 EC,** o 13.0.0.0.0 (último día). Yo podía repetir ese dato y muchos otros con bastante precisión, pero, al igual que las matemáticas de los años avanzados de la secundaria (la derivada de n al cubo es $3n$ al cuadrado, ¿pero qué es una derivada, exactamente?), en realidad no entendía lo que estaba diciendo.

El problema eran los calendarios, para mí un plomizo ingrediente básico de la existencia contemporánea. Andar por la vida sin ellos sería, desde luego, impensable, pero eso no va a ocurrir, de modo que ¿para qué pensar en ello? Al parecer, hubo una disputa entre papas sobre cuántos días deberían tener febrero y agosto, pero eso se resolvió hace medio milenio. Y cuando dieron las doce de la noche que daba paso a 2006, el operario de mantenimiento del reloj atómico oficial, que se encuentra en algún sitio, añadió un segundo por primera vez desde 1999 debido a que la rotación de la Tierra está disminuyendo la velocidad por causa del aumento de la fuerza de gravedad de la Luna, lo que podría ser un aspecto interesante si tuviéramos tiempo en nuestras ocupadas vidas de deducir por qué ocurre.

Los fundamentalistas insisten en que todo se encuentra en cualquiera que sea su libro sagrado, pero mi visita a la Guatemala maya fue la primera vez en que me decían que no está todo en un libro, sino en un calendario, y que no necesitaría ninguna otra cosa. Los mayas adoran sus calendarios y los ven como representaciones visuales del paso del tiempo, que es cómo se desenvuelve la vida. Trazaron este desarrollo no en uno sino en veinte calendarios, de los cuales sólo quince se han revelado al mundo moderno; los cinco restantes siguen ocultos en manos de los ancianos mayas. Los calendarios de los mayas están vinculados a los movimientos del

* La sigla AEC se refiere a «antes de la era común» (en inglés BCE, «*Before Common Era*»), forma no religiosa de designar lo que otros llamarían a. J.C. (antes de Cristo) o A.D. (Anno Domini). *(N. del t.)*.

** EC: Era común. *(N. del t.)*

Sol, la Luna, y los planetas visibles, a los ciclos de cosechas e insectos, y pueden abarcar desde 260 días hasta 5.200 años e incluso más.

En el Cholqij, el calendario de 260 días que representa el ciclo de embarazo de una mujer y también el número de días en que el planeta Venus se eleva por las mañanas dentro de cada año, cada día está representado por uno de veinte símbolos referidos a guías espirituales o deidades, llamados *ajau*. El veinte es un número sagrado para los mayas porque una persona tiene veinte dedos: diez en las manos para elevarse al cielo y diez en los pies para aferrarse al suelo. Consideran el número diez, tan significativo para nuestra matemática, como la mitad de algo, en el mejor de los casos.

Según Gerardo Kanek Barrios y Mercedes Barrios Longfellow, en su *The Maya Cholqij: Gateway to Aligning with the Energies of the Earth* (2005), son trece las fuerzas que influyen en las veinte deidades ajau. El número trece se deriva del hecho de que existen trece articulaciones principales (un cuello, dos hombros, dos codos, dos muñecas, dos caderas, dos rodillas y dos tobillos), que hacen las veces de puntos nodales de energía corporal y cósmica. Trece fuerzas por veinte deidades es igual a 260 días únicos y específicos.

Las profecías mayas para 2012 pertenecen al territorio del calendario de la Cuenta Larga, también conocido como Winaq May Kin, que abarca aproximadamente 5.200 años solares, lapso que los mayas llaman un *sol*. Según los curiosos cálculos de los mayas, un año tiene 360 días; los restantes 5,25 días (4 × 0,25, que equivalen al día saltado) se consideran «fuera del tiempo» y se dedican tradicionalmente a una acción de gracias por el año anterior y a celebrar el año por venir. De modo que 5.200 de estos años mayas se traducen a aproximadamente 5.125 de nuestros años gregorianos. Desde el surgimiento de la civilización humana, hemos atravesado plenamente tres soles, y ahora estamos terminando el cuarto sol, que llegará a su fin el 21/12/12.

El sistema numérico maya es predominantemente vigesimal, lo que significa que descansa sobre los poderes del veinte en lugar del diez. En este sistema, la primera variable (la que está más a la derecha) se reserva para unidades de un día; la segunda para unidades de veinte días; la tercera para unidades de 360 días, o un año solar maya; la cuarta para unidades de 7.200 días, o veinte años solares mayas; y la quinta para unidades de 144.000 días, o cuatrocientos años mayas solares. Un dato interesante es que el número 144.000 aparece de manera prominente en el Apocalipsis, aunque se refiere al número de personas que se salvarán y servirán al Señor durante la tribulación, el período de desastres que precede a la segunda venida de Cristo.

En 13.0.0.0.0, la forma maya de expresar la fecha 21/12/12, el número 13 se refiere al número de *baktuns*, períodos de cuatrocientos años mayas solares o 144.000 días. El trece, como hemos visto, es un número sagrado en su cosmología. Un sol resulta tener 144.000 días por 13, o 1.872.000 días, 5.200 años solares mayas de 360 días. El día después de que se completa un sol, el calendario de la Cuenta Larga se inicia de nuevo. Entonces, el 22 de diciembre de 2012, el día después del apocalipsis, si es que ese día realmente llega, será, una vez más, la fecha maya 0.0.0.0.1.

LAS FLECHAS Y LOS CICLOS DEL TIEMPO

¿Por qué estas personas, allá en las junglas y en las montañas, se obsesionaron tanto con el tiempo? Tampoco es que los antiguos mayas tuvieran que coger aviones o enviar mensajes de texto o ni siquiera viajar a ninguna parte.

«A primera vista parecía una exageración adjudicar tanta importancia al calendario sagrado (de los mayas). Sin embargo, cualquier persona familiarizada con su función en la vida de la Mesoamérica precolombina puede darse cuenta de que muchos, si no todos, los más sofisticados aspectos de la temprana vida intelectual de la región están relacionados con el calendario: la conciencia de una ciclicidad en el movimiento de los cuerpos celestes, la evolución de habilidades matemáticas mediante las cuales podían manipular los números derivados de esos ciclos, y el desarrollo de un sistema jeroglífico para registrar los resultados…; todo ello debe de haber estado acompañado con la mayoría de los símbolos de la civilización: la astronomía, la matemática, la escritura, la planificación urbana»,[1] escribe Vincent H. Malmstrom del Dartmouth College.

Todos sabemos intuitivamente que el tiempo se mueve tanto en líneas, al igual que al lanzar una flecha, como en ciclos. La flecha del tiempo se refiere al sencillo hecho de que cada minuto precede al siguiente en una línea recta hasta el infinito, o hasta que el tiempo mismo llegue a su fin definitivo. El ciclo del tiempo se refiere a los continuos eternos, tales como el día y la noche, el invierno, la primavera, el verano y el otoño, las lunas crecientes y menguantes. Los ciclos y las flechas del tiempo también pueden verse como reflejos de diferentes actitudes sobre la historia: «aquellos que la ignoran están condenados a repetirla» (ciclo) *frente a* «noticias de ayer» (flecha). Yo siempre me incliné hacia el segundo campo, pensando que la historia, aunque servía para generar buenos relatos, era el pasado. Pero después de separarme de mi esposa, más o menos a la misma edad que tenía mi padre cuando se separó de mi madre, y con casi la misma estatura, peso y rasgos que él, la idea de «condenados a repetirla» me empezó a resultar familiar.

Las culturas suelen tener predilección por o bien la flecha o bien el ciclo. No cabe duda de que la sociedad occidental postindustrial y contemporánea pone énfasis en un flujo hacia adelante del tiempo, como una flecha, que corre cada vez más rápido, parpadeando y pitando en relojes, hornos microondas, teléfonos móviles y torniquetes. La afinidad con una flecha habla de una orientación social hacia el cambio y el progreso, aunque a veces hasta un grado tal que se olvidan los valores recurrentes y eternos. Es posible que este desequilibrio surgiera de nuestro paso de una economía de base agrícola que, desde luego, está en fina sintonía con los ciclos de las estaciones, a una producción industrial y de información, que depende menos de esos ritmos naturales.

Los mayas eran y son una sociedad cíclica. Ven ciclos en todo, y les encanta lo que ven. En su espíritu cósmico, el progreso no tiene para nada la misma importancia que la serenidad proveniente de estar en armonía con los movimientos eternos de la Naturaleza. El lado negativo es, por supuesto, que al estar obsesionados con los ciclos eternos, los mayas podrían no darse cuenta de los cambios cotidianos que se producen a su alrededor, una indiferencia que ayuda a explicar por qué, como muchos historiadores han notado, la sociedad maya clásica degeneró y se desmoronó abruptamente, sin que ellos prestaran la más mínima atención a las señales de advertencia. Las teorías van de una retirada voluntaria, es decir, que los mayas simplemente abandonaron sus ciudades y gran parte de su estilo de vida por razones (ocultas) propias, pasando por las luchas intestinas, hasta las que sostienen que esa civilización en realidad no desapareció, sino que pasó a la clandestinidad.

La apuesta académica actual es que lo que los hundió fue la degradación ambiental. Por cierto, el último libro de Jared Diamond, *Colapso: por qué unas sociedades perduran y otras desaparecen*, retrata a los antiguos mayas como ejemplo de lo que las sociedades no deberían hacer con el ambiente local.[2] Diamond argumenta metódicamente que los mayas cultivaron en exceso, desforestaron y superpoblaron su tierra. Un estudio que realizó la NASA en 2004 confirma la sentencia de Diamond. El hallazgo de polen atrapado en sedimentos tomados en el área de Tikal, que data de aproximadamente 1.200 años atrás, justo antes del derrumbe de la civilización maya, indica que los árboles habían prácticamente desaparecido y que habían sido reemplazados por hierbajos.

Diamond cree que la densidad de población de la civilización maya clásica llegó a casi 3.900 personas por kilómetro cuadrado. Ése es el doble de la densidad actual de, por ejemplo, Ruanda y Burundi, dos de las naciones más pobladas y conflictivas de África. Como era inevitable, estalló una guerra por la escasez de recursos que llevó a un desmoronamiento total de la sociedad: la población, que había alcanzado picos de entre 5 y 14 millones en 800 EC, se redujo en un 80 o 90 por ciento en menos de un siglo.

«Debemos preguntarnos por qué los reyes y los nobles no reconocieron y resolvieron estos problemas aparentemente evidentes que socavaban su sociedad. Era obvio que dedicaban su atención a cuestiones de corto plazo como enriquecerse, librar guerras, erigir monumentos, competir entre sí, y producir alimentos suficientes para que los campesinos sostuvieran esas actividades. Como la mayoría de los dirigentes en toda la historia de la humanidad, los reyes y los nobles mayas no prestaron atención a los problemas a largo plazo, si es que los percibieron»,[3] escribe Diamond.

El derrumbe maya en poder, prosperidad y población es, muy posiblemente, el más drástico jamás experimentado por cualquier civilización. ¿Acaso esto invalida su sabiduría? No cabe duda de que no la recomienda, salvo tal vez en el terreno de las catástrofes que, históricamente, ellos conocen casi mejor que cualquiera.

GIRANDO COMO UN TROMPO

Una justificada indignación seguía golpeando mi cerebro cuando de pronto me di cuenta de que el diálogo entre aquellos dos obsesivos con los ordenadores en la cumbre de la pirámide de Tikal probablemente no se alejaba mucho en espíritu de las conversaciones que tenían lugar allí en un principio. De hecho, esa misma pirámide se construyó específicamente para que los astrónomos estudiaran los cielos y llevaran la cuenta del tiempo celeste.

Imaginemos a dos antiguos astrónomos mayas, uno mayor y otro más joven, discutiendo sobre las estrellas en la víspera del equinoccio vernal. El mayor observa que Polaris, la Estrella Polar del hemisferio norte, no está en la misma posición en que se encontraba en el equinoccio vernal de treinta y seis años antes, época en que él inició sus observaciones. Durante el transcurso de ese período, Polaris se ha desplazado en dirección oeste, declara el mayor, más o menos la misma distancia que el ancho de la luna llena (aproximadamente medio grado).

El astrónomo más joven se sobresalta ante tamaña herejía. Desde tiempos inmemoriales, un artículo de fe celestial dictamina que, en cualquier día y fecha determinada, se supone que las estrellas tienen que estar exactamente en la misma posición, más allá de los años que pasen. Decir otra cosa significaría que el gran reloj de los cielos no registra el paso del tiempo a la perfección.

En última instancia, la verdad se impuso, y el descubrimiento del mayor se incorporó a la cosmología maya. Tal vez hace ya dos milenios y medio, sus antiguos astrónomos se dieron cuenta del asombroso hecho de que, de una manera lenta e inexorable, los cielos se desplazan en dirección occidental a un ritmo de alrededor de 1 grado cada 72 años, y completan todo un círculo cada 26.000 años solares mayas, un período equivalente a cinco soles. En los cinco soles siguientes, la Estrella Polar dejará de ser Polaris, también conocida como la Estrella del Norte, y pasará a ser Vega, para luego volver a su posición original.

Como se nos ha recordado una y otra vez desde Copérnico, no son los cielos los que se mueven, sino la Tierra. De hecho, la Tierra gira como un trompo sobre su eje. Si observamos cómo gira un trompo, notaremos que su eje describe lentamente su propio círculo, que es diminuto. Ese proceso se denomina *precesión* y es totalmente análogo a lo que percibimos como la rotación de los cielos.

Al parecer, varias culturas diferentes descubrieron el fenómeno de la precesión más o menos al mismo tiempo. Tradicionalmente, se adjudica el mérito de haber sido el primero en entender que los cielos son, en realidad, un reloj gigantesco, que tarda eones en moverse, a Hiparco, un antiguo astrónomo griego que vivió en el siglo II AEC. Sin embargo, al parecer, también es probable que los antiguos egipcios, babilonios y sumerios hubieran comprendido ese concepto antes.

Los astrónomos persas e hindúes también conocían la precesión, tal vez a través de los antiguos griegos, y quedaron tan impresionados por el hecho de que los cielos se movieran con tanta lentitud practicando un círculo increíblemente inmenso que atribuyeron todo el fenómeno a una deidad, Mitra. Durante el siglo VI AEC, el mitraísmo se extendió rápidamente a través de la India, Oriente Medio y Europa. En su período de mayor popularidad, el mitraísmo alcanzó un número de acólitos superior al cristianismo a lo largo de todo el Imperio romano. Su doctrina central surgía del sacrificio de un toro sagrado, de cuyo cuerpo emanaba todo lo bueno. Aunque el mitraísmo prácticamente desapareció en el siglo III EC, y más tarde el islam terminó conquistando Persia, el año nuevo persa se sigue celebrando en el equinoccio vernal, por lo general el 20 de marzo, un festivo vestigio de los días mitraicos.

Los ciclos largos en la órbita y la rotación de la Tierra tienen una importancia que no es sólo cosmética, según Milutin Milankovitch, el brillante astrónomo serbio.[4] Él analizó tres ciclos, que en la actualidad se conocen como los ciclos de Milankovitch, tratando de descubrir su potencial impacto en el clima y en las catástrofes de la Tierra. El primer ciclo, conocido como excentricidad, simplemente explica el hecho de que la forma de la órbita de la Tierra alrededor del Sol se modifica y pasa de ser un círculo casi perfecto a ligeramente más elíptica, en el transcurso de un ciclo que dura entre 90.000 y 100.000 años. En este momento nos encontramos en la etapa más circular de ese ciclo, lo que significa que hay apenas un 3 por ciento de variación en distancia, y un 6 por ciento de variación en la energía solar recibida, entre el perihelio, el punto en el que nuestro planeta está más próximo al Sol, y el afelio, el punto en que nuestro planeta se encuentra más lejos del Sol. Sin embargo, a medida que el ciclo de excentricidad de la Tierra avanza hacia el punto en que nuestra órbita es más elíptica, la cantidad de radiación solar que recibe nuestro planeta en el perihelio será un 20 o un 30 por ciento superior que en el afelio. Esto producirá contrastes más agudos entre las estaciones y los grandes cambios climáticos. Milankovitch y sus seguidores creen que las anteriores edades de hielo pueden atribuirse en gran medida al ciclo de excentricidad de la Tierra.

En la actualidad, el perihelio tiene lugar durante la segunda semana de enero, poco después del solsticio de invierno en el hemisferio norte. Eso es bastante positivo, al menos para los que vivimos en la mitad norte del mundo, porque recibimos un 6 por ciento adicional de energía solar en pleno invierno. Pero, según observa Milankovitch, esta cómoda situación no durará eternamente. A medida que la Estrella Polar del norte pasa de ser Polaris a Vega, la orientación de la Tierra hacia el Sol también se modifica, hasta llegar a una situación en la que el perihelio se producirá durante el solsticio de verano del hemisferio norte, lo que significa que obtendremos ese impulso extra de energía en pleno verano. Y, para entonces, dentro de 13.000 años, ese aumento energético será dos o tres veces más poderoso que el que tenemos hoy, porque la órbita terrestre se habrá vuelto más elíptica, generando diferencias más grandes entre las cantidades de radiación solar recibidas en diferentes momentos del año. En definitiva, los veranos del hemisferio norte serán más calurosos y los inviernos más fríos, convirtiendo la propiedad inmobiliaria en el hemisferio sur en una buena inversión a largo plazo.

A todos nos enseñaron que la Tierra se inclina sobre su eje, aunque la razón por la que el eje terrestre se inclina en lugar de subir y bajar directamente sigue siendo pasto de conjeturas. Algunos creen que eones atrás la Tierra sufrió el impacto de un asteroide u otro planeta, lo que nos dejó torcidos; otros argumentan que la fuerza del campo gravitatorio del Sol, que sería más potente en el ecuador terrestre, donde se concentra la mayor parte de la masa de nuestro planeta, hace que la Tierra se incline «hacia el estómago», en dirección del Sol.

Esa inclinación en el eje de la Tierra es lo que produce las estaciones, puesto que a diferentes momentos del año distintas partes del planeta se acercan más o menos a la luz solar. Cuando el hemisferio norte recibe la luz solar directa, aquí estamos en verano y los días son más largos que las noches. En ese momento, el hemisferio sur está recibiendo una luz solar indirecta, es invierno, y las noches son más largas que los días. En dos días de cada año, correspondientes a los equinoccios de primavera y otoño, todas las partes de la tierra tienen noches y días equivalentes.

En un ciclo conocido como *oblicuidad*,[5] Milankovitch descubrió que, en el transcurso de unos 41.000 años, la inclinación del eje terrestre pasa de 22,1 a 24,5 grados. Hoy en día esa inclinación es de 23,5 grados. Cuanto mayor es la inclinación, más exagerado es el contraste entre las estaciones. Imaginemos que estamos en una fría noche de invierno, de pie junto a una hoguera. Ahora inclinemos la cara hacia el fuego. Se pone más caliente, y nuestro trasero se estira hacia atrás en dirección del frío. Eso es lo mismo que sucede con la Tierra cuando la inclinación de su eje se torna más pronunciada.

Aunque algunos científicos contemporáneos tiemblan ante esta idea, una gran cantidad de evidencias reunidas en textos y elementos arqueológicos indican claramente que los antiguos poseían una comprensión rudimentaria de ciclos astronómicos tales como la precesión, la excentricidad y la oblicuidad. Este conocimiento proporcionaba a aquellos astrónomos-sacerdotes una posición de poder en sus sociedades, puesto que daban la impresión de que se comunicaban con los dioses. Saber, por ejemplo, cuándo se alzaría Venus era impresionante no sólo como cálculo, sino más bien como una transmisión de información de los dioses a los sacerdotes y de éstos a sus seguidores. Así, las antiguas revelaciones mayas concernientes al 2012 se consideraban de origen divino.

Durante milenios, el cielo nocturno fue la fuente más a mano de noticias y entretenimiento para la humanidad. Los antiguos observaban las estrellas y los planetas con la misma avidez con que hoy miramos la televisión. Los cuerpos celestiales eran precisamente eso, cuerpos de deidades. Sus movimientos y cambios indicaban acontecimientos divinos. Los antiguos astrónomos-sacerdotes llevaron el arte y la ciencia de mirar el cielo al punto en que podían realmente predecir el futuro, por ejemplo, en el caso de los eclipses lunares y solares. Para ello hacía falta no sólo observación sino también los conocimientos matemáticos necesarios para correlacionar los movimientos de la Luna y el Sol. Tamaña sofisticación desmiente el característico ardid hollywoodense en virtud del cual el hombre blanco, sabiendo que está por producirse un eclipse, finge que está haciendo desaparecer el Sol, asustando de ese modo a los ignorantes nativos. En realidad, los blancos no sabían ni la mitad de lo que los antiguos y los pueblos indígenas sabían sobre las estrellas.

Van Gogh alzó la mirada al cielo estrellado y vio los remolinos de la imaginación de Dios. Tres milenios antes, Pitágoras escuchaba la «música de las esferas», muda para los oídos pero no para el alma inmortal. Pensemos en esos momentos poco comunes y maravillosos en que estamos familiarizados con un compositor pero no con la pieza que suena en ese preciso instante y, sin embargo, de alguna manera podemos percibir adónde va y cómo terminará. *Las cuatro estaciones* de Vivaldi y los seis *Conciertos de Brandenburgo* de Bach son así; si escuchamos las primeras notas, es posible que el resto, aunque de ninguna manera es manido ni redundante, se despliegue en nuestra mente antes de que suene. En el transcurso de dos docenas de siglos de embelesada comprensión, los astrónomos-sacerdotes mayas desarrollaron un oído para la forma en que se interpretaría la música de las esferas, incluidos los acordes del desastre.

> Antes del siglo XV, los ancianos sabían, a través de las profecías, que se avecinaba una invasión por parte de los españoles, que comenzaría el primer día de un ciclo llamado Belejeb Bolum Tiku (las Nueve Oscuridades). Se trataba de un período de 468 años consistente en nueve ciclos más pequeños de 52 años cada uno, que iba desde el 17 de agosto de 1519 hasta el 16 de agosto de 1987 (el día de la Convergencia Armónica). Como los Guardianes de las Profecías conocían con suficiente anticipación la invasión inminente, tuvieron mucho tiempo para preparar a sus comunidades. Informaron a la gente sobre el efecto que la invasión tendría sobre ellos, la tierra sagrada y su estilo de vida tradicional. Parte de esa preparación incluía pasos para asegurar la protección de todos los registros, también de los códices [textos sagrados].[6]

La mayoría de los códices mayas originales, miles de ellos, se quemaron durante las primeras semanas de la conquista española en 1519, por orden de la Iglesia católica romana. A continuación, el rey y la reina de España ordenaron al padre Diego de Landa, que supervisó la quema, que regresara a Guatemala y escribiera un libro que resumiera las creencias de los mayas. El texto resultante, *Relación de las cosas de Yucatán*, estaba lleno de distorsiones fácticas y culturales, entre otras la declaración, al principio del libro, de que todos los mayas adoraban a Jesucristo, de quien en realidad pocos de ellos habían oído hablar. Sin embargo, éste fue el primer texto sobre los mayas en cualquier lenguaje occidental y, por lo tanto, pasó a ser la base de prácticamente todos los estudios occidentales sobre las costumbres y las creencias de los mayas, errores que desde entonces no han hecho más que aumentar.

Se ha sostenido ampliamente que sólo cuatro códices mayas sobrevivieron a la quema de textos realizada por los españoles. Lo que eso significa es que hoy en día sólo se sabe que cuatro de esos códices están en manos angloeuropeas. Pero los guardianes de registros y los ancianos de diferentes tribus salvaron muchos textos sagrados más y se escondieron en las montañas y en las áreas más lejanas. Durante más de veinte años, Gerardo Barrios visitó aldeas en Guatemala, El Salvador, Honduras y México, buscando a los descendientes de aquellos ancianos, algunos de los cuales seguían viviendo en las mismas cuevas donde sus antepasados se ocultaron de los conquistadores.[7] Como escribe en *The Maya Cholqij*, con excepción de unas mínimas variaciones en el lenguaje, «todos los calendarios utilizados por las comunidades mayas tradicionales se corresponden y continúan el preciso registro (la cuenta) de días que los mayas han mantenido durante miles de años». Estos textos se salvaron porque las estrellas advirtieron a los mayas del desastre que se avecinaba para su cultura. Ahora los calendarios mayas nos cuentan lo que le espera al mundo entero.

El 21/12/12, como los mayas han sostenido durante milenios, nuestro sistema solar, con el Sol en su centro, eclipsará la vista de la Tierra del centro de la Vía Láctea. Esto ocurre sólo una vez cada 26.000 años. Los antiguos astrónomos mayas consideraban que este punto central era la matriz de la Vía Láctea, una creencia que ahora ha sido fundamentada por una voluminosa evidencia de que allí se originan las estrellas de la galaxia. Hoy en día los astrónomos sospechan que hay un agujero negro justo en el centro que absorbe toda la materia, energía y tiempo que servirán como materia prima para la creación de futuras estrellas.

En otras palabras, cualquier energía que normalmente fluye a la Tierra desde el punto central de la Vía Láctea se interrumpirá, sin duda, el 21/12/12, a las 23:11 tiempo universal, por primera vez en 26.000 años. Todo por causa de un pequeño temblor en la rotación de la Tierra.

¿Pero por qué una breve alteración de una fuente tan lejana como el centro de la galaxia debería tener alguna consecuencia real para nuestro planeta o sus habitantes? Después de todo, podemos estar días, incluso semanas, sin luz del Sol o de la Luna y que ello no represente ningún peligro significativo. La mejor analogía es la forma en que incluso una interrupción momentánea de la corriente eléctrica puede hacer que los relojes de los reproductores de videocasetes y los hornos microondas parpadeen sin concierto hasta que los volvemos a poner en hora manualmente. Los mayas creen que el hecho de que las emanaciones del centro de la galaxia se interrumpan, aunque sea brevemente, estropeará mecanismos vitales de nuestros cuerpos y de la Tierra.

Mientras descendía con cuidado los escalones de la Gran Pirámide, sentí una punzada de angustia por aquellos tíos que parloteaban obsesivamente sobre ordenadores. Hay un mal presentimiento en el aire. Todos podemos sentirlo, incluso aquellos tipos, y todos podemos encontrar maneras de negar esas sensaciones, como, por ejemplo, parlotear nerviosos sobre cualquier cosa excepto eso. Ahora resulta que una cultura antigua y oscura lleva dos milenios prediciendo que la fecha del apocalipsis es 2012. Hay una lógica interna y una precisión en el pensamiento maya, y ellos siguen sosteniendo que ésa es la fecha. La negación se ha vuelto un poquito más difícil. Tal vez mucho más difícil.

2
LA SERPIENTE Y EL JAGUAR

—Cuenta hasta cien y pregúntame si soy Peter Pan.

Yo había usado esa vieja broma de escuela primaria demasiadas veces, tratando de mantener una cara seria mientras el incauto de turno obedecía y contaba. Luego, finalmente, le espetaba esa ridícula pregunta. La respuesta, por supuesto, es no. Pero después de haber gastado miles de dólares y horas en un viaje a Guatemala para subir a templos en ruinas y para luego reunirme con chamanes mayas, me pregunté si no había llegado mi turno de ser el incauto.

—¿El mundo va a terminar el 21 de diciembre de 2012?

—No. No necesariamente. Todo podría salir bastante bien, en teoría —respondió Carlos Barrios, un hombre elegante de barba gris que es chamán de los mam, una de las veintiséis tribus mayas de Guatemala.

Nos encontrábamos en Árbol de Vida, un restaurante vegetariano cuyo dueño es Tony Bono, hermano del difunto cantante y miembro del Congreso Sonny Bono. La decoración de este hermoso sitio podría describirse como zen-maya; en la pared del otro extremo, una abstracta escultura contemporánea de un pájaro-serpiente me distrae todo el tiempo de la conversación. La figura es Kukulcán, la versión maya de Quetzalcoatl, la suprema deidad mesoamericana de la luz y el cielo.

—Hoy en día la gente vive aterrorizada. Ésta es una era de armas nucleares, terror, pestes, desastres naturales. El año 2012 se ha convertido en un imán para todos esos temores, y aquellos a los que les gusta jugar con la angustia de la gente lo han sacado de contexto. Nosotros no lo vemos como un momento de destrucción, sino como el nacimiento de un sistema nuevo —explicó Carlos en un fluido *spanglish*.

Un nacimiento, observé, trae aparejado sangre y dolor.

—Yo he atendido unos cuantos partos —me recordó con amabilidad el chamán, un sanador profesional.

Carlos ha seguido la senda de los chamanes desde que tenía diecisiete años. Estaba conduciendo el coche de su padre en una zona montañosa y rural cuando, a través del polvo, vio a varios hombres con extravagantes vestimentas. Resultaron ser lamas tibetanos, que llevaban a cabo una ceremonia en medio del campo. Él salió del coche de un salto, corrió hasta ellos y les preguntó qué ocurría. Un chamán local que guiaba a los tibetanos trató de alejar a Carlos, pero los lamas se compadecieron de él. Carlos miró con sobrecogimiento cuando los sacerdotes cogieron cuatro lingotes de forma fálica llamados *lingam* —uno de bronce, uno de cobre, uno de plata y uno de oro, de unos dos kilos y medio cada uno— y los enterraron en el campo.

Los chamanes locales temían que Carlos volviera y robara los lingam, pero los tibetanos no se preocuparon.

—Y, aunque no puedo explicar cómo ocurrió, mi memoria, de alguna manera, se borró. En mi mente puedo ver cada detalle de esa ceremonia, pero desde aquel día jamás he podido recordar dónde se encuentra el campo con esas cosas enterradas —aseguró Carlos.

Se quedó unos cuantos días con el grupo de tibetanos y se enteró de que los lamas llevaban viajando casi veinte mil kilómetros, repitiendo esta ceremonia en los puntos nodales geomagnéticos más importantes del camino, con el objeto de desplazar el campo de energía sagrada de la Tierra del Viejo Mundo, el monte Kailas, también conocido como Kang Rimpoche o Preciosa Joya de Nieve, en el Himalaya, hasta el lago Titicaca de Bolivia.

—Todo aquello me entusiasmó tanto que decidí, en ese mismo momento, que tenía que ir al Tibet. Pero el visado y el billete eran muy caros, unos diez mil dólares, de modo que le mandé un mensaje a mi padre para pedirle el dinero. Él me contestó con un telegrama que decía «¡Ja ja ja!» —rememoró Carlos, todavía riéndose aunque habían pasado cuarenta años.

Carlos es un Ajq'ij, un sacerdote maya. Se ha entrenado en el uso de la tierra, el aire, el agua y el fuego, que, como en muchas tradiciones indígenas, son los cuatro elementos básicos. Los chamanes mayas se especializan en el uso de uno de estos elementos para curar, para predecir el futuro y para armonizar el espacio. La especialidad de Carlos es el fuego, que recrea el poder del Sol. Una vez más, Kukulcán, el dios emplumado, captura mi atención mientras Carlos me explica que el fuego es la puerta hacia otra dimensión, el «portal estelar», a través del cual están regresando los grandes sabios del pasado. Según una creencia maya contemporánea, los antepasados ya han comenzado a regresar y se están mezclando con la población. No están interesados en que los reconozcan, dice Carlos. Para el 2012 todos habrán regresado, para cumplir la misión sagrada de ese año fundamental.

—La Resurrección se produce en los niños que nacen hoy. Todo aquel que haya nacido y muerto en el pasado habrá regresado para el 2012 —dijo Carlos, y luego asintió cuando le pregunté si el explosivo incremento de la población del mundo es una prueba de esta reencarnación masiva.

Me explicó que siempre hay una razón por la que el ciclo de reencarnaciones de una alma llega a un callejón sin salida. Para algunas almas, el obstáculo con el que se tropiezan puede ser el amor; para otras, la valentía.

»Entre hoy y 2012, todos tendremos una oportunidad de confrontar, y superar, los desafíos para nuestra evolución personal. Aquellos que aprueben esos exámenes seguirán adelante y vivirán en una era nueva e iluminada. —Carlos añadió que aquellos que fracasen quedarán atrapados en esta dimensión durante varios miles de años, período después del cual es de suponer que obtendrán una nueva oportunidad para aprobar el examen.

En ese momento llegó Gerardo Barrios, hermano de Carlos y coautor de *The Maya Cholqij*. Aquel sensible cavernícola, de largo pelo negro y barba, sin una cana a pesar de que tiene por lo menos sesenta años, pidió un batido de soja y papaya. Carlos y yo pedimos otra cerveza.

—¿Por qué estás escribiendo un libro sobre 2012? —preguntó Gerardo en tono exigente, atrapándome con la guardia baja. Los periodistas, como todos los otros fiscales, están para hacer preguntas, no para responderlas.

—Era lo único que podía hacer para sentirme mejor —espeté. De pronto me sentí como si hubiera vomitado tonterías sobre la mesa del almuerzo. Traté de disimularlo sosteniendo que en realidad lo que había querido decir era que acababa de sufrir un divorcio y que el trabajo me resultaba una distracción bienvenida—. Me siento mal, de modo que el resto del mundo debe morir —dije de manera inexpresiva.

Carlos sonrió por la broma, pero Gerardo no estaba del todo seguro respecto de aquel gringo loco.

—El año 2012 es una costura en el tiempo, la coyuntura de dos eras diferentes —dijo—. La muerte, posiblemente en grandes cantidades, será parte de esa transición.

¿Entonces 2012 es el equivalente de un «equilibrio puntuado», la descripción que ha hecho Stephen Jay Gould de los saltos y las tempestuosas transiciones que marcan el avance de la evolución? ¿O, en el lenguaje de la cibernética, en 2012 nosotros efectuaremos el salto de un estado constante al siguiente? Gerardo asintió, pero luego matizó ese asentimiento.

—El cambio será gradual, más como el oscurecimiento del crepúsculo que como accionar un interruptor de luz.

Durante el crepúsculo oscurece rápido, lo que significa que será mejor que empecemos a estudiar para este examen.

—Los ancianos dicen que en la nueva era que se avecina, después de 2012, el dolor y la felicidad se compartirán cada vez más. Las comunicaciones masivas nos hacen parecernos más a hermanos y hermanas, a ser más como una familia. En 2012 también habrá exámenes colectivos de armonía y entendimiento —dijo Gerardo.

Noté que Kukulcán, el pájaro-serpiente, sólo me hacía desviar la vista cuando hablaba Carlos; él mismo parecía una serpiente emplumada de otro mundo. Hay una oscuridad en Gerardo que es inmensamente atractiva. Él es el hombre que uno querría tener a su lado en un descenso al submundo, el reino de Balam, el jaguar negro que es un dios en la mitología maya.

Gerardo, de hecho, se entrenó en la oscuridad, para lo cual debió encerrarse en una diminuta habitación subterránea y en la negrura más absoluta durante unas dos semanas. Después de un tiempo perdió todo rastro del tiempo y el espacio, noche y día. Comenzó a alucinar y en poco tiempo consiguió visualizar separadamente y con toda claridad cientos de jeroglíficos mayas utilizados en los diversos calendarios. En la habitación negra también oyó un lenguaje secreto que no entendió, aunque estaba seguro de que, si prestaba atención, ese lenguaje lo ayudaría algún día a guiar sus pronósticos.

La inmersión en la oscuridad es una temática recurrente en la preparación de los chamanes mayas. Gerardo explica que en ocasiones los ancianos saben que un niño está destinado a convertirse en un gran chamán cuando todavía se encuentra en la matriz. Cuando el bebé nace, le cubren la cabeza con trece vendas, que le tapan los ojos. Esas vendas permanecerán allí hasta que el niño cumpla nueve o trece años, aunque las van aflojando periódicamente a medida que la cabeza crece. Este procedimiento tiene como fin agudizar los otros sentidos del joven chamán y también permitirle leer auras. En el último año de esta ceguera impuesta, quitan una venda cada mes lunar, para que los ojos se acostumbren gradualmente a la luz. Los ancianos le quitan la última venda en el interior de una cueva sagrada, iluminada con la luz suave de unas velas. Lo primero que ve el joven chamán es un código maya, un antiquísimo libro sagrado hecho de papel de corteza y piel de ciervo y lleno de coloridos e intrincados jeroglíficos, los mismos que Gerardo visualizó.

Según el folklore popular, algunos astrónomos antiguos conocían el cielo tan bien que podían estar en la oscuridad durante varias semanas hasta que perdían todo sentido del tiempo y el espacio. Entonces, en la primera noche que salían, aquellos astrónomos podían mirar el cielo, revisar en su memoria, y decir la fecha exacta de acuerdo a la posición de las estrellas.

Apenas en el último medio siglo, más o menos, una fracción diminuta de la historia de la humanidad, las comunicaciones masivas han hecho posible que reaccionemos emocionalmente a situaciones tales como el *tsunami* del océano Índico. Gerardo observa, por lo tanto, que la humanidad todavía está en la infancia en cuanto a su capacidad de experimentar una empatía con los sentimientos de personas muy lejanas. De todas maneras, esa empatía es fundamental para la supervivencia y la trascendencia de las especies, razón por la cual esa capacidad es parte de la hora de la verdad que se avecina.

La hora de la verdad que se avecina... ¿Estamos hablando del día del Juicio Final?

Gerardo me explica que en diferentes etapas de la historia humana surgen diferentes mesías. Ésta es una era en la que habrá muchos guías pequeños, en lugar de un gran mesías, según los ancianos.

Gerardo enciende su asombroso ordenador portátil HP y la gigantesca pantalla se llena con imágenes de ancianos, la mayoría hombres, la mayoría viejos, de mirada penetrante. Él y Carlos pasaron veinte años yendo de aldea en aldea recorriendo los territorios mayas de Guatemala, México, El Salvador y Honduras, en busca de estos ancianos. Algunos seguían viviendo en las mismas cuevas donde sus antepasados se habían escondido para huir de la conquista española del siglo XVI que casi extinguió la cultura maya.

Gerardo ha visto personalmente seis códices salvados de la Inquisición y sabe de la existencia de varios más. Pero los ancianos mayas que protegen esos textos sagrados no están muy interesados en compartir sus contenidos con académicos angloeuropeos. Gato escaldado, del agua fría huye.

—Aún no ha llegado el momento de revelar sus secretos —refunfuña.

IMPERIALISTAS CULTURALES

Por un momento, durante el almuerzo con Carlos y Gerardo en Árbol de Vida, me di cuenta de que estaba preguntándome si tal vez todo este asunto del apocalipsis en 2012 no sería alguna especie de retorcida broma maya para vengarse del norte. Dios sabe que tienen razones para hacerlo. Mientras estaba sentado en el mismo restaurante donde Sonny y Cher habían cenado una vez, me percaté de que prácticamente todos los ganadores de todos los premios de la Academia, Emmys, Globos de Oro, Grammys, premios People's Choice, el galardón que sea, habían hecho criar a sus hijos, cuidar sus casas o sus jardines por una suma que comparativamente es una miseria gracias al trabajo, legal e ilegal, de mexicanos y centroamericanos que descendían de mayas u otros indígenas, ninguno de los cuales había recibido ni siquiera uno de esos agradecimientos que fluyen como vino espumoso barato durante las ceremonias de entrega de esos premios. Es macabra esa dicotomía entre lo famosas que son las luminarias de Hollywood y lo invisibles que son esas personas que mantienen en funcionamiento las vidas (por lo general, bastante desordenadas) de las estrellas.

Los hermanos Barrios se encogieron de hombros ante la mención de la condescendencia de Hollywood, pero se enfadaron cuando traje a colación la cuestión de los arqueólogos, que se tornan bastante irritantes a la hora de tratar con los mayas y otras culturas indígenas. Groseras inexactitudes, parcialidades culturales, egoístas intereses de enriquecimiento o fama personal..., la letanía de quejas contra los arqueólogos es interminable, aunque en realidad son más las críticas a la mala arqueología que a la disciplina misma. Por ejemplo, la imagen que surge de siglos de «conocimientos académicos» sobre el antiguo juego de pelota de los mayas, en el que dos equipos pateaban una pelota de látex, líquido procedente de los árboles de caucho, por toda la cancha e intentaban hacerla pasar por un aro, es que se trataba de un juego sanguinario, porque terminaba con la ejecución de determinados jugadores. A decir verdad, era bastante civilizado. En vez de librar guerras por las principales rutas de comercio, los bandos en disputa mandaban a sus mejores equipos al campo de juego. Los perdedores eran sacrificados, lo que evitaba un baño de sangre mucho mayor en el campo de batalla. Es cierto que en algunos casos se obligaba a jugar a los esclavos y que se mataba a los perdedores por ninguna otra razón que para ver sangre, pero aquello era un abuso de lo que en otras situaciones era un razonable sustituto de la guerra.

También había ocasiones en que los ganadores encontraban la muerte. Para las celebraciones importantes, tales como el final de un ciclo sagrado de cincuenta y dos años, no era raro que los mayas se ofrecieran como voluntarios para el sacrificio. ¡Qué manera de despedirse! En Tikal, por ejemplo, grandes cantidades de ciudadanos ataviados con extravagantes ropajes llenaban la plaza y se sentaban delante de los escalones de la pirámide del Gran Jaguar, donde sacerdotes vestidos como animales y entidades míticas realizaban ritos que enseñaban básicos preceptos mayas de cosmología y moral. La posibilidad de ser sacrificado como parte de esa festividad atraía a más personas que las que se podía atender, de modo que dividían a los candidatos en equipos y los hacían jugar a la pelota. Los ganadores recibían su recompensa.

Lo que más duele es la presunción de los arqueólogos de estar redescubriendo culturas «perdidas». ¿Cuán insultado se sentiría un italiano medio si todo el mundo supusiera que la caída del Imperio romano tuvo como consecuencia que todos sus logros lingüísticos, culturales y tecnológicos se perdieron porque sus descendientes eran demasiado ignorantes o descuidados como para preservar el legado? Los mayas se enfadan por dentro cuando unos académicos engreídos desdeñan la sabiduría milenaria de los ancianos nativos para imponer sus propias interpretaciones sobre las ruinas y los jeroglíficos.

La necesidad de los imperialistas culturales de descubrir algo que están seguros que todos los sabios indígenas han pasado por alto puede ser muy irritante. Por ejemplo, John Mayor Jenkins, autor de *Maya Cosmogenesis 2012*,[1] un empecinado investigador que va por libre y que, por pura fuerza de voluntad, ha conseguido hacerse un lugar en el debate sobre la historia y la cultura maya, cree que Izapa, unas ruinas poco conocidas justo al otro lado de la frontera con México, eran el centro de un imperio del que finalmente surgieron los mayas. Jenkins despliega página tras página de cálculos complejos y muchas veces exagerados usando mapas, calendarios y mapas de las estrellas para reafirmar el legado prehistórico de Izapa. Los hermanos Barrios agradecen gentilmente el interés académico, pero están hartos de que los forasteros les digan que Izapa es su verdadero Vaticano.

Los arqueólogos son impertinentes. Comparan culturas y las clasifican según diferentes escalas: desarrollo tecnológico, códigos legales, estructuras de gobierno y sistemas sanitarios. Bajo la columna de los mayas, el casillero señalado con «inventaron la rueda» está en blanco, un tema muy delicado. Aunque los antiguos mayas comprendían el concepto de círculos, ciclos y órbitas de una manera más completa que cualquiera de sus contemporáneos, y en algunos casos incluso mejor que lo que lo hacemos nosotros en la actualidad, jamás tradujeron ese concepto en ruedas reales y tangibles. Así como tampoco hay arcos que engalanen la antigua arquitectura maya, que se desarrolló aproximadamente en los dos milenios comprendidos entre 100 AEC y 1000 EC, un milenio después de que otras culturas hubieran descubierto la belleza y la utilidad de la curva.[2]

Con demasiada frecuencia, los arqueólogos se convierten en pararrayos de las inseguridades de una cultura. Las réplicas poco convincentes de los hermanos Barrios en el sentido de que las ruedas no habrían sido de mucha utilidad en la jungla se desmienten fácilmente cuando uno visita los inmensos templos mayas y se pregunta si aquellos pequeños esclavos cuyo trabajo consistía en levantar losas de 50 kilos no habrían agradecido algunos carros rodados y una rampa. Por otro lado, a nosotros, los estadounidenses, no nos conviene meternos en el tema de cómo tratar a los esclavos.

Carlos meneó la cabeza con un gesto de cansancio cuando le pregunté por la banda de mayanistas que creen que la gran fecha no es 2012, sino 2011. Encabezados por Carl Johann Calleman, un investigador del cáncer relacionado con la Organización Mundial de la Salud que lleva varios años estudiando a los mayas, estos tipos creen que los mayas erraron en el cálculo de su propio calendario. Ése es el gancho de Calleman, su identidad académica. Toda esta confusión recuerda a la disputa sobre cómo se calculaba el Y2K, y si el milenio terminaría el 1 de enero de 2000 o de 2001. Carlos, que le tiene cariño a Calleman, me explicó pacientemente que el cuarto sol (la era) llegará a su fin el 21/12/12, en el solsticio de invierno, que da la casualidad que se supone que ocurrirá a las 23:11 TU (Tiempo Universal, antes conocido como tiempo medio de Greenwich).

Según Carlos, el primer sol comenzó aproximadamente hace 20.000 años, estaba dominado por la energía femenina y relacionado con el elemento fuego. El segundo sol se caracterizó por la energía masculina y se relacionaba con el elemento tierra. El tercer sol estaba caracterizado por la energía femenina y relacionado con el elemento aire. El cuarto sol, que justo ahora estamos terminando, ha estado dominado por la energía masculina y relacionado con el elemento agua. El 21/12/12 entraremos en el quinto sol, era en la cual la energía se equilibrará entre lo femenino y lo masculino. Al estar relacionado con el elemento éter, el quinto sol traerá consigo una sabiduría más sutil.

El fuego, la tierra, el aire y el agua son todos elementos conocidos y juntos constituyen prácticamente la totalidad de la vida física. Pero ¿qué es el éter, exactamente? ¿Un aire que no se puede respirar? ¿Pensamientos? Aunque no lo entiendo del todo, a mí me da la impresión de que la perspectiva de que el éter sea el elemento temático de la nueva era en la que estamos entrando es una buena noticia. A diferencia de, por ejemplo, el fuego, que se presta a holocaustos, o el agua, que puede generar heladas o inundaciones, el éter parece... etéreo, para nada un componente del apocalipsis. Sin embargo, es la inminente transición hacia semejante nada lo que causa tanta consternación.

La serpiente emplumada y el jaguar negro, que es como yo imaginaba a Carlos y Gerardo, dedicaron los mejores años de su vida a revitalizar la red maya, a ayudar a los ancianos necesitados y a recuperar los códices y otros artefactos. Por herencia, preparación y pura dedicación, destacan como las autoridades más importantes que hoy en día escriben y hablan al mundo exterior sobre la cultura, la ciencia y las profecías de los mayas. Pero, mientras Gerardo me enseñaba la lista de los ancianos en su ordenador portátil, entendí que, si bien él y Carlos tienen puestos que en términos comparativos son de perfil alto y están bien remunerados, porque interactúan con los forasteros y la prensa, dentro de la jerarquía espiritual maya, en el mejor de los casos apenas alcanzan un rango medio. A diferencia, por ejemplo, de la Iglesia católica romana, donde los salarios y los beneficios aumentan de manera constante a medida que uno pasa de cura a papa, la estatura espiritual de un chamán maya tiene poco que ver con su nivel material. Su reino, como diría Jesús, no es de este mundo.

Las profecías sobre 2012, por otra parte, sí son de este mundo, de este espacio y de este tiempo. A pesar de los intentos de los hermanos Barrios de dorar la píldora y de las reservas que manifiestan, y que son una táctica de supervivencia para evitar que se genere una situación de pánico y también para tranquilizarse a sí mismos y a sus seres queridos, la llegada de 2012 sí augura catástrofes y trastornos en una escala global. Cuanto más tiempo pasaba con Carlos, más sincero se volvía él respecto de sus temores sobre aquel año. Lo que realmente lo asustó fue que un anciano al que él reverencia especialmente se negó a hacer su discurso habitual durante una ceremonia anual sagrada. Ese silencio significaba que no había nada más que decir sobre 2012 y los peligros que trae aparejado.

No fue hasta mis últimos cuarenta y cinco minutos en Guatemala que Gerardo se sinceró. Eran las 5.30 de la mañana en el Aeropuerto Internacional de la Ciudad de Guatemala, y estábamos sentados, con las piernas cruzadas, yo con una actitud muy rígida y pantalones blancos recién planchados, sobre el suelo, que estaba muy sucio, debajo de una escalera de mantenimiento. Gerardo había tenido la gentileza de venir a hacerme una lectura astrológica de despedida. Me entregó una bolsita blanda y me indicó que la soplara cuatro veces, una vez por cada uno de los cuatro puntos cardinales y de cada uno de los cuatro elementos: la tierra, el aire, el fuego y el agua. Un soldado con un rifle automático colgado del hombro se interesó repentinamente por nuestra actividad; yo creo que quería asegurarse de que estaba exhalando, no inhalando. Gerardo no le prestó la más mínima atención, cogió la bolsa, y dejó caer su contenido —frijoles colorados, dientes de jaguar, varios pedacitos de cristal— sobre la alfombra multicolor que había ubicado en el suelo entre nosotros, y luego lo estudió un momento. Tema: mi divorcio. Respuesta: filosófica.

Mis padres se habían separado cuando yo tenía ocho años, y durante los dos años siguientes me desempeñé como mensajero diplomático entre ellos para intentar que volvieran a estar juntos, pero justo entonces mi padre murió en un accidente de tráfico. Su coche patinó en el hielo y chocó contra un camión que venía por la vía contraria. Creo que estaba conduciendo a demasiada velocidad porque se le hacía tarde para venderle asfalto a un hombre que quería pavimentar su entrada para coches. Por eso tengo la tendencia de mezclar la muerte y el divorcio. En aquel momento, en que me enfrentaba a mi propio divorcio, al parecer no podía evitar que mi vida interna se orientara hacia la muerte. De hecho, no quería hacerlo. La idea me gustaba bastante. Salvo que uno no puede sentirse de esa manera cuando tiene dos hijos pequeños. Gerardo había deducido todo eso y, con sus frijoles colorados y sus cristalitos y sus dientes de jaguar, me enseñó, de alguna manera, la calma, no sólo la resignación, sino la paz verdadera que conlleva aceptar que la muerte —de uno mismo, de un ser amado, del matrimonio de uno, del mundo— no es algo que podamos controlar.

—¿Nos dirigimos hacia un divorcio? ¿Del tiempo, de la naturaleza, de nuestra vida civilizada? ¿De eso tratan las profecías sobre 2012? —pregunté de pronto, atrapándolo con la guardia baja. Como los ancianos a los que reverenciaba, Gerardo no quiso hablar.

Los jaguares negros son los únicos felinos que nadan bajo el agua. Pueden quedarse así durante un tiempo bastante largo, pero tarde o temprano salen a la superficie en busca de aire.

SEGUNDA PARTE

LA TIERRA

En una ocasión me dejaron plantado por causa del señor Spock, aquel personaje de la serie «Star Trek», que poseía una lógica suprema y que provenía del planeta Vulcan. La culpable era Barbara Wetzel, la más bonita de todos los prodigios en matemáticas que pasaron por la escuela secundaria n.º 51 de Park Slope, Brooklyn. Barbara, que vivía con una tía y su hermana en un apartamento que estaban en los altos del taller de un embalsamador, y cuyos largos cabellos rubios siempre despedían un delicado y dulce olor a formaldehído, me informó de que había perdido todo interés por los hombres.

Yo seguí mirando «Star Trek», aunque a partir de ese momento lo hice de la misma manera en que mi padre solía seguir la campaña de los New York Yankees: deseando que perdieran. La mejor probabilidad de ver al señor Spock, el capitán Kirk, y todos sus adláteres masacrados era que la nave espacial Enterprise *sufriera feroces ataques justo en el momento en que sus escudos protectores estaban desactivados. Aquello ocurría en algunas ocasiones, justo cuando los Klingons, los Romulanos y toda clase de alienígenas enfadados los machacaban, aunque en todos los casos, antes de que terminara la hora de transmisión, tanto la tripulación como la nave escapaban intactos. La diferencia, desde luego, es que las naves espaciales vuelan. Nosotros, marineros de agua dulce, no tenemos alternativa: debemos quedarnos aquí y soportar las palizas.*

3

LAS FAUCES DE 2012

El aliento del gran tiburón blanco era tan pestilente que pude olerlo bajo el agua. O tal vez eran los submarinistas que estaban a ambos lados en la misma jaula que yo, vomitando todo el contenido de sus entrañas. El tiburón, una bestia llena de cicatrices que pesaba dos toneladas, medía cuatro metros y poseía inmensas filas dobles de dientes manchados de sangre y grandes como cuchillos de cortar carne, tenía el aspecto enloquecido de un depredador que no había evolucionado nada en los cuatrocientos millones de años que llevaba sembrando el terror en los mares. Golpeó con su espantoso hocico la jaula abollada y luego empezó a masticar los barrotes. No fue la imagen de Ulises, atado al mástil, escuchando la canción hermosa y enloquecedora de las sirenas, la que cruzó por mi mente. Pero sí sentí la misma clase de excitación, un momento robado a los dioses.

Una buena preparación, pensé, para contemplar las fauces de 2012.

Me encontraba en la costa sur de Sudáfrica y al día siguiente tenía prevista una visita al observatorio magnético Hermanus, donde unos geofísicos están examinando las grietas del tamaño de California que han aparecido en el campo magnético protector de la Tierra. La parada siguiente era Johannesburgo, para encontrarme con 123Alert, un grupo de parapsicólogos con un impresionante historial de previsiones de terremotos, erupciones volcánicas y fenómenos similares. Mi pequeña aventura en el *Shark Lady* había sido sólo para divertirme, hasta que miré dentro de aquellas grandes mandíbulas blancas.

Por primera vez desde hacía más o menos un año, cuando había empezado a investigar los horrores de 2012, me detuve a dar las gracias, en este caso por los barrotes de la jaula. Mi vida había sido tan protegida y saludable que yo había dado totalmente por sentado que estaría vivo cuando llegara 2012. Yo tendría cincuenta y ocho años, que da la casualidad que equivale a la esperanza de vida promedio para los hombres de la ex Unión Soviética, lo que significa que son tantos los que no vivirán todo ese tiempo como los que sí. Allí donde yo vivo, en Beverly Hills, donde todos son jóvenes y viven eternamente, hablar de la muerte equivale a pronunciar un discurso racista. Pero en Sudáfrica, aproximadamente uno de cada cinco adultos, con tendencia hacia los más jóvenes, probablemente morirán antes de 2012 en cualquier caso, incluso aunque el año pase sin ninguna señal apocalíptica.

—Gracias, India. Gracias, Providencia.

Ya de regreso y a salvo, a bordo del *Shark Lady*, mis altavoces mentales retumbaron con la tensa elegía al agradecimiento de Alanis Morisette. Esa canción desafía a uno a pensar en nuevas cosas por las que sentir gratitud..., las jaulas de metal, por ejemplo. La indignación del gran tiburón blanco por tener una cena exquisita, es decir, yo, colgando delante de la nariz sin poder alcanzarla, me recordó una de mis preguntas favoritas: si Dios o algún otro poder más alto en el que tú creyeras te ofreciera darte exactamente lo que mereces, ni más ni menos, durante el resto de tu vida, ¿aceptarías el trato?

Esa pregunta apunta directamente al concepto que cada persona tiene de sí misma. La mayor parte de la gente diría que sí aceptaría el trato, y algunos lo harían con tanto énfasis que pensarían que es una pregunta tramposa. ¡Desde luego! ¿Quién no? Los tipos que se entusiasman con esta oferta tienden a creer que su vida, o la vida en general, es injusta. Y están dispuestos a recibir «justicia» con los brazos abiertos. Otros se ponen pedantes y argumentan que por definición todos obtenemos exactamente lo que merecemos, porque merecemos exactamente lo que obtenemos. Dios es justo, de modo que la forma en que se nos trata tiene que ser, por fuerza, justa... Esa clase de razonamiento circular.

Personalmente, yo rechazaría el trato en un instante. Sé que me ha ido bien. Tal vez mejor de lo que merezco.

¿Y si se le planteara esa misma proposición a la humanidad en su totalidad? ¿Y si los cielos se abrieran y Dios o la Fuerza Más Alta o el Poderoso Alienígena le ofreciera a nuestra civilización exactamente lo que ésta mereciera colectivamente? Ni más ni menos. ¿Cómo votarían ustedes? ¿Acaso la humanidad merece tantos problemas y angustias? ¿Tanta violencia, enfermedad y degradación?

«24 niños mueren por la explosión de un coche bomba en Bagdad: Se dice que soldados americanos estaban regalando caramelos y juguetes.» Según el informe del servicio de noticias del *New York Times*, los soldados, uno muerto y tres heridos, habían entrado en aquel barrio de Bagdad para advertir a los residentes de que había un dispositivo explosivo en la zona.

Por otra parte, ¿acaso nosotros, la misma especie que ha instalado esas bombas, nos merecemos todas las maravillas del romance, la belleza de la naturaleza, el dulce amor de los niños pequeños? En realidad yo no podría decir quién se merece qué. Pero apostaría que, en una votación global directa, la proposición del Todopoderoso de dar a la humanidad exactamente lo que ésta merece, ni más ni menos, sería aprobada por una mayoría abrumadora. ¿Por qué los atestados millones del Tercer Mundo no verían como positiva una justicia económica? Veamos, en Occidente la gente gana, digamos, entre diez y cien veces más dinero, vive un 50 por ciento más, viaja, educa a sus hijos, y hasta se obsesiona, como nos recuerda el comediante Chris Rock, sobre cosas tales como la intolerancia a la lactosa.

Otra cosa por la que dar las gracias: el hecho de que para mí la perspectiva del apocalipsis en 2012, ese juicio final de dientes ensangrentados que golpea su hocico contra la frágil jaula de la existencia humana, es terrorífica. En Ciudad de El Cabo, donde me alojé durante varias noches en una prisión reformada, no pude dejar de preguntarme quién, de hecho, podría aceptar de buena gana el cataclismo definitivo. Nadie que estuviera cuerdo, desde luego. Pero da la casualidad de que hay mucha gente que no está en su sano juicio, y no todas las personas enajenadas lo están por su propia culpa. Era fácil, sentado en aquella celda convertida en habitación de hotel, imaginar a un prisionero político tan furioso y temeroso que podría aceptar la destrucción, siempre que ésta incluyera a sus carceleros; que tal vez estaría contento con tener un momento de libertad justo antes de que los muros de la prisión se desmoronaran y el suelo se abriera bajo sus pies.

Mientras aquella gran bestia blanca se alejaba en busca de cachorros de delfín y sabrosas focas, recordé haber leído que hay una pequeña concentración de magnetita de hierro en el cerebro del tiburón que le permite moverse siguiendo el campo magnético de la Tierra. Si aquellas grietas aumentan de tamaño o los polos magnéticos se desplazan, aquel tiburón jamás podrá encontrarme ni a mí ni a ninguna otra presa. No sabrá en qué dirección va.

El campo magnético de la Tierra: otra cosa más para que los tiburones, y los humanos, nos sintamos agradecidos.

ESCUDOS DESACTIVADOS

Hermanus es una pintoresca localidad del cabo suroccidental de Sudáfrica. Con sus calas protegidas, este territorio de cría de ballenas francas australes está considerado uno de los mejores sitios para avistar ballenas desde tierra.

Yo ya había divisado al menos diez cuando Brian, un activista de la bahía local, se acercó y me preguntó si me gustaría ver las ballenas más de cerca. Yo asentí, él extrajo un complicado instrumento, se lo llevó a los labios, y sopló, emitiendo su propia y particular versión del sonido que Gabriel hará algún día para indicar que ha llegado el día del Juicio Final. Después de varios bramidos torturados y extrañamente musicales, alrededor de una media docena de ballenas nadaron hacia nosotros; una de ellas, de setenta toneladas, según las estimaciones de Brian, expulsó un chorro de agua para saludarnos. Con amabilidad, me vendió el instrumento, que había hecho de kelp desecado, por cuarenta rands (siete dólares). Luego me recomendó la excursión en el *Shark Lady*.

—Nunca saque los dedos de la jaula —me aconsejó con un solemne gesto de la cabeza.

Brian adora sus ballenas; preferiría sufrir el mismo destino que Jonás antes de que ellas sufrieran algún daño, de modo que me abstuve de preguntarle qué pensaba sobre el hecho de que el campo magnético que guía a esas grandes ballenas en sus desplazamientos oceánicos desde la Antártida hasta Hermanus y en el viaje de regreso estaba debilitándose. Tarde o temprano se reducirá a un punto tal que ellas no podrán percibirlo. Me reservé esa pregunta para Pieter Kotze, uno de los geofísicos que había venido a ver a Hermanus.

Kotze es un personaje sereno, un hombre que espera plenamente tener una vida buena, larga y tranquila. Cuando lo visité en el Observatorio Magnético, un adorable espacio verde sobre una colina que daba a la bahía, el geofísico, haciendo gala de hospitalidad, me guió a través de los pintorescos laboratorios llenos de avanzados ordenadores que analizaban los datos transmitidos desde sondas electromagnéticas enterradas muy profundamente bajo la corteza terrestre. El campo magnético terrestre se origina por la rotación de su núcleo de hierro derretido, que es la razón de que los sensores estén enterrados. Kotze me preguntó si tenía hijos y cuáles eran sus fechas de nacimiento. Luego se excusó y un momento después reapareció con dos lecturas, parecidas a las que emiten los sismógrafos, de cómo se comportó el campo magnético terrestre el día en que nació cada uno de ellos.

El trabajo de Kotze es tan perturbador como amables son sus modales. Está llevando una meticulosa crónica de la reducción del campo magnético protector de la Tierra. Después de la visita, me puso al corriente con mucha paciencia respecto de lo que todo aquello significa.

No podemos revocar la ley de gravedad, lo que es bueno, puesto que, si no revocáramos también la ley de la inercia, todos saldríamos volando de la Tierra. Tampoco podemos revocar las leyes que gobiernan la electricidad o el magnetismo. Pero no hay ninguna ley que diga que la Tierra tiene que tener un campo magnético que nos proteja de una excesiva radiación de protones y electrones del Sol que dispararía una epidemia de cánceres en los seres humanos y en muchas otras especies, lo que transformaría la cadena alimenticia global. La superabundancia de radiación solar también bloquearía rayos cósmicos, partículas y ondas altamente energéticas del espacio exterior que, según creen los científicos en la actualidad, explican gran parte de la formación de nubes en torno a la Tierra. Las nubes, en especial las bajas, bloquean la radiación infrarroja —el calor— del Sol y ayudan a mantener fresca la superficie terrestre.

El campo magnético de la Tierra desvía la radiación solar y la canaliza en cinturones que rodean inofensivamente la atmósfera exterior de nuestro planeta. Ninguno de los planetas vecinos tiene un campo similar, al menos en el grado en que la Tierra lo tiene en la actualidad. De hecho, no debemos dar por sentado nuestro fuerte y operativo campo magnético, en particular teniendo en cuenta que, al parecer, está sufriendo un proceso de reversión y tal vez disminución, hasta que llegará al punto en que no ofrezca más que una defensa escasa o nula ante los ataques del Sol.

Según la geología tradicional, el campo magnético de la Tierra, o magnetosfera, está generado por la rotación del núcleo del planeta, una mezcla de hierro derretido y sólido que en esencia actúa como una dinamo del tamaño de la Luna, creando un gigantesco campo electromagnético que se desprende por los polos, se une con el mismo patrón básico con que las limaduras de hierro son atraídas por un imán, y asoma extensamente hacia la atmósfera. Kotze me explicó que el campo magnético interplanetario (CMI), en esencia, el campo magnético que emana del Sol, también influye en el tamaño y la forma de la magnetosfera. En algunas ocasiones, el CMI energiza la magnetosfera con aportaciones de energía solar. En otras, el CMI presiona el campo magnético de la Tierra, condensándolo, distorsionándolo y hasta haciéndole agujeros.

El punto de vista antropocéntrico de la función de la magnetosfera es que su principal propósito consiste en impedir que radiaciones solares potencialmente letales alcancen la superficie de la Tierra. No hay ninguna razón científica por la que nuestro planeta debería tomar precauciones para defender a sus organismos vivientes. Hay, sin embargo, válidas razones religiosas por las que Dios podría proteger a Su creación de esta guisa. Si no encontramos otra explicación mejor, podríamos que decir que es pura buena suerte el hecho de que la Tierra posea un núcleo derretido que durante los últimos cinco mil millones de años ha rotado creando un poderoso campo magnético protector mil veces más fuerte que el de cualquiera de los otros planetas cercanos: Mercurio, Venus o Marte. Sin ese escudo, probablemente la vida en la Tierra jamás habría tenido la oportunidad de evolucionar.

La magnetosfera de la Tierra canaliza la radiación solar entrante en dos cinturones, conocidos como los cinturones de Van Allen, descubiertos en 1958 durante las misiones de investigación en la atmósfera superior de los satélites *Explorer I* y *Explorer II*, bajo la dirección del ahora legendario James A. Van Allen. Los cinturones de Van Allen son anchos, tienen una altitud de entre 10.000 y 65.000 kilómetros, y su máxima densidad se encuentra a una altura de unos 15.000 kilómetros. El cinturón interior está compuesto en su mayoría de protones; y el exterior, mayormente de electrones. Cuando estos cinturones llegan a su capacidad máxima, la radiación se derrama hacia fuera, choca contra la atmósfera superior y se enciende como una luz fluorescente, lo que causa las auroras polares. Como los cinturones de radiación de Van Allen representan ciertos riesgos para los astronautas que pasen a través de ellos, así como para los satélites, se han presentado varias propuestas desatinadas de vaciarlos. La buena noticia es que eso no será necesario si la magnetosfera, responsable de canalizar hacia ellos las partículas cargadas de radiación, deja de funcionar. La mala noticia, por supuesto, es que no serán sólo los astronautas los que se preocupen por las radiaciones letales si nos metemos con esos cinturones.

El núcleo, una película de Hollywood que Kotze disfrutó pero que, según él, no tiene ninguna seriedad científica, retrata la catástrofe que ocurriría si el núcleo de la Tierra parara de girar como una dinamo y, por lo tanto, dejara de generar el campo electromagnético terrestre. Por supuesto que, para que el núcleo se detuviera, la Tierra debería dejar de rotar sobre su eje, lo que tendría consecuencias todavía más funestas, como profundas alteraciones de elementos básicos de nuestra existencia, tales como las estaciones y hasta la noche y el día. De todas maneras, el filme introducía la noción válida de que nuestro campo magnético es vital para nuestra existencia, y que tal vez esté deshilachándose un poco.

Los científicos, básicamente, no tienen la menor idea de por qué el campo magnético está reduciéndose. Las hipótesis van desde una turbulencia en el campo magnético interplanetario hasta caóticas fluctuaciones en la dinámica de fluidos del núcleo derretido de la Tierra. Podría ser algo azaroso o estrictamente cíclico. De todas maneras, Kotze me confirma que todo esto ya ha ocurrido antes.

Hay numerosas y tensas especulaciones sobre si la disminución del campo magnético de nuestro planeta significa que los polos están por volverse locos. Las brújulas que ahora apuntan hacia el norte indicarían el sur, y viceversa. El primer paso en una inversión de los polos magnéticos es el debilitamiento del campo global, tal como lo estamos experimentando ahora. Imaginemos a un luchador de sumo encima de otro, aplastándolo contra el suelo. Antes de que el luchador que está debajo pueda cambiar de posición y terminar arriba, tiene que haber muchas sacudidas, apretones y tirones. Durante unos cuantos momentos, como mínimo, ambos luchadores estarán lado a lado, antes de que la inversión se complete. La misma imagen puede aplicarse al cambio de posición de los polos magnéticos, salvo que, en vez de momentos, el proceso de inversión tardaría cientos de años, durante los cuales la Tierra tendría múltiples polos magnéticos y las brújulas apuntarían al norte, al sur, al este, al oeste y a todos los puntos que estén en el medio. Las aves se perderían; los tiburones, como la frustrada bestia blanca que no logró comerme, nadarían sin rumbo fijo; las ranas, las tortugas marinas y los salmones tampoco podrían regresar a sus territorios de cría; y las auroras polares resplandecerían en el ecuador. Con toda probabilidad, el clima se pondría todavía más raro, puesto que la maraña de meridianos magnéticos haría travesuras con la dirección y la intensidad de los huracanes, los tornados y otras tormentas eléctricas.

Unos estudios de muestras de núcleos de hielo y sedimentos extraídos del lecho oceánico indican que los polos magnéticos se invirtieron por última vez hace unos 780.000 años.[1] En aquel momento histórico de los registros geológicos, las rocas y pedacitos magnéticos que ahora apuntan al norte apuntaban al sur, y viceversa. Durante los siguientes mil años, más o menos, se encontraron especímenes magnéticos que apuntaban en todas las direcciones diferentes, antes de alinearse en el patrón norte-sur que tal vez esté erosionándose hoy en día.

> Volviendo a la cuestión de los cambios físicos: la Tierra se dividirá en la porción occidental de América. La mayor parte de Japón se hundirá en el mar. La porción superior de Europa se modificará en un abrir y cerrar de ojos. Aparecerá tierra cerca de la costa oriental de América. Habrá levantamientos en el Ártico y en la Antártida que generarán erupciones de volcanes en las zonas tórridas, *y entonces se producirá un desplazamiento de los polos... de modo que las zonas frías o semitropicales se volverán más tropicales, y crecerán moho y helechos.* (Las cursivas son mías.)[2]
>
> EDGAR CAYCE, *Lectura 3976-15, 19 de enero de 1934.*

Se supone que en esta lectura, que dio cuando estaba en su «estado de sueño», Cayce estaba canalizando al arcángel Haladriel, un enemigo de Satán y compañero de Cristo. Por supuesto que la mayor parte de sus dramáticas predicciones aún no se han cumplido y, si Dios quiere, nunca lo harán. Sin embargo, dos importantes elementos, el desplazamiento de los polos magnéticos y el calentamiento de la Tierra, están, en realidad, ocurriendo. Uno se pregunta cómo puede ser que Cayce, tendido en una cama en un apartamento neoyorquino en 1934, supiera lo que los mejores y más brillantes científicos, con toda su avanzada tecnología, apenas están empezando a comprender.

Tal vez no sea más que la ley de los promedios. Si se predicen muchas clases diferentes de catástrofes, lo más probable es que algunas de ellas se cumplan. Pero en los *Hutton Commentaries*, un sitio web de un nivel académico poco habitual, el geólogo William Hutton sostiene que incluso unos desplazamientos pequeños de los polos magnéticos pueden tener consecuencias significativas. Hutton señala que hay dos clases posibles de desplazamientos polares: «En el primer mecanismo, todas las capas de la Tierra siguen juntas y las inclinaciones del eje y la totalidad del globo en rotación quedan relativas al plano de la órbita de la Tierra alrededor del Sol»,[3] escribe. Explica también que esta clase de desplazamiento tiene como resultado que los polos norte y sur se muevan sólo con relación a la posición de estrellas fijas. Esto no provocaría ninguna perturbación sísmica o volcánica, puesto que la corteza, el manto y el núcleo de la Tierra se mueven todas juntas. Por desgracia, sostiene Hutton, no es ésta la clase de desplazamiento terrestre que estamos experimentando en la actualidad, porque los únicos movimientos de los polos relativos a la Tierra en esta situación se deberían al arrastre infinitamente lento, milímetro a milímetro, de la deriva continental.

En cambio, los polos parecen estar moviéndose mucho más rápidamente, deslizándose a través del norte de Canadá y la Antártida a unos 20 y 30 kilómetros por año respectivamente. Hutton cree que estamos experimentando lo que se conoce como *mecanismo del deslizamiento del manto*, que se refiere al deslizamiento del manto y la corteza terrestre sobre el núcleo líquido o sobre alguna superficie maleable justo encima del núcleo. Este proceso podría causar fácilmente el síndrome del «polo errante», que se ha observado con cierta alarma durante la última década.

«Este tipo de desplazamiento polar generado por un deslizamiento del manto también causa que el ecuador anterior al desplazamiento se mueva sobre la superficie de la Tierra —escribe Hutton—. A medida que el ecuador anterior al desplazamiento avanza sobre nuevas regiones de la superficie terrestre, estas regiones comienzan a experimentar cambios en las fuerzas centrífugas y el nivel de los mares. Esto genera nuevas distribuciones del mar y la tierra, y movimientos tectónicos de la corteza.»[4] Tales movimientos, sostiene Hutton, podrían presagiar la clase de calamidades sísmicas y volcánicas predichas por Cayce.

Kotze, el geofísico sudafricano, no está tan seguro de que haya una inversión polar inminente. Como tampoco lo está Jeremy Bloxham, de la Universidad Harvard, quien cree que el proceso puede llevar un milenio o más.[5] Sin embargo, Bloxham advierte de que el debilitamiento del campo magnético, incluso aunque esté muy lejos de un desplazamiento completo de los polos, disminuirá su efecto protector. Todos seremos mucho más susceptibles a la radiación que se bombardea constantemente sobre nuestro planeta desde el espacio, de una manera muy similar a lo vulnerable que se volvía la nave espacial *Enterprise* de la serie «Star Trek» cuando sus escudos —campos de energía que protegían la nave— estaban desactivados. La *Enterprise* y su tripulación siempre se las arreglaban para escapar de la inmolación, la desintegración y todas las otras consecuencias de los rayos mortales que les disparaban, porque así son las series de televisión. Por supuesto que la Tierra y sus habitantes no tienen ninguna garantía de un final feliz.

AGUJEROS

La Agencia Espacial Europea lanzará *Swarm*, un trío de satélites de investigación que examinarán exhaustivamente el campo magnético terrestre desde 2009 hasta 2015. Pero será mejor que los científicos descubran mucho antes por qué ese campo se ha mantenido abierto hasta nueve horas seguidas. La grieta más larga, una brecha de 160.000 kilómetros conocida como la Anomalía del Atlántico Sur, se ha abierto sobre el océano entre Brasil y Sudáfrica. El peligro es, sencillamente, que este agujero, que bien puede ser el primero de muchos, sea una rendija cada vez más amplia en nuestra armadura contra las radiaciones solares y cósmicas. Un número de satélites en su paso por la Anomalía del Atlántico Sur ya han sufrido daños por causa de explosiones solares que han penetrado a través de ese campo magnético reducido, incluyendo, irónicamente, un satélite danés diseñado para medir el campo magnético terrestre.[6]

«Cuanto más avanzada es una comunidad, también es más vulnerable a los efectos del espacio exterior», declaró Kotze en nuestra entrevista. Lo que más le preocupa son las grandes cadenas de redes de suministro eléctrico que mantienen el mundo electrificado. Estas cadenas son muy susceptibles a las explosiones solares, en especial aquellas que en la actualidad penetran regularmente a través de la Anomalía del Atlántico Sur. Los apagones son siempre inconvenientes, y en naciones tales como Sudáfrica, que poseen una elevada tasa de criminalidad, representan una amenaza al orden social.

La Anomalía del Atlántico Sur está alarmantemente cerca, apenas a unos grados al norte, del infame agujero en la capa de ozono de la estratosfera sobre la Antártida. Bien podrían tratarse de dos agujeros relacionados. La disminución del campo magnético terrestre podría, en realidad, estar causando una disminución consiguiente en la capa de ozono. Kotze explica que cuando la radiación de protones del Sol penetra en el escudo magnético de la Tierra, la química de la atmósfera se ve afectada; las temperaturas repuntan y los niveles del ozono estratosférico caen en picado.

Sería útil hacer en este punto un breve resumen de la controversia del ozono. A mediados de la década de 1970, James Lovelock, un inconformista químico atmosférico inglés, cogió su galardonado invento, un detector de captura de electrones, una cámara de ionización radiactiva del tamaño de la palma de la mano, capaz de captar gases ionizados en concentraciones del orden de partes por billón, y navegó desde Gran Bretaña hasta la Antártida, y luego hizo el viaje de regreso, analizando el aire por el camino.[7] En todos los puntos, incluso a miles de kilómetros en mar abierto, se encontraron clorofluorocarbonatos (CFC), gases hechos exclusivamente por el hombre. Al parecer, los CFC jamás se descomponen. Lovelock publicó sus resultados en *Nature*, aunque sin mencionar cuál podría ser el impacto de esos peculiares aerosoles.

Ese mismo año, Ralph Cicerone y su colega Richard Stolarski, del Centro Nacional de Investigaciones Atmosféricas (NCAR) de Boulder, en Colorado, llamaron la atención del mundo científico sobre el hecho de que el cloro cataliza la destrucción del ozono, y demostraron cómo un solo resbaladizo y promiscuo ion de ozono puede entrar y salir de cientos de miles de inestables moléculas de ozono, permaneciendo en ellas el tiempo suficiente para destruir sus conexiones. En 1974, F. Sherwood (Sherry) Rowland y Mario Molina, de la Universidad de California, en Irvine, demostraron que los CFC, como portadores de cloro a la estratosfera, representaban, por lo tanto, una grave amenaza para la capa de ozono de la estratosfera.[8] Rowland y Molina delinearon la compleja secuencia de reacciones del mecanismo de destrucción de los CFC, y por su trabajo compartieron con el investigador Paul Crutzen, del Instituto Max Planck de Alemania, el Premio Nobel de Química de 1995.

Una reducción en la capa de ozono vuelve la atmósfera más permeable a los rayos ultravioletas (UV) del Sol. Es importante que tengamos en cuenta que el aumento de la radiación UV que llega a la superficie de la Tierra es casi siempre una función del adelgazamiento de las defensas de la atmósfera, adelgazamiento causado por gases hechos por el hombre. Uno se estremece al pensar en el impacto que los fuertes rayos UV que se vierten a través del resquebrajado campo magnético de la Tierra podrían tener sobre nuestro planeta, en particular considerando que nos dirigimos a la agitación sin precedentes del máximo solar proyectado para 2012.

Como la mayoría de los que gustan de tomar baños de sol ya saben a estas alturas, la radiación ultravioleta puede dividirse en dos categorías básicas: la ultravioleta blanda (UVA), que no quema la piel, y la ultravioleta dura (UVB), que sí lo hace. Un aumento en la exposición a la radiación UVB ha elevado la incidencia de trastornos de la piel, que van desde quemaduras hasta melanomas, y también de determinados trastornos oculares. Los riesgos para la salud son considerables (al menos para la gente de piel clara), pero lo que realmente fue toda una sorpresa en nuestra cultura adoradora del Sol era que ya no teníamos que rendir reverencia al Sol, sino temerlo. Era el fin de una era que había comenzado en 1920, cuando Coco Chanel admiró a los bronceados marineros del yate del duque de Westminster y a continuación «inventó» una moda bronceándose ella misma. Esa era llegó a su clímax con un pícaro cachorrito tironeando de la parte inferior del traje de baño de la chica Coppertone, bronceada como el carbón, alias Jodie Foster, y dejando al descubierto su trasero blanco y brillante.

Hoy en día los pequeños traseros blancos se quemarán más rápido, porque son mucho más numerosos los rayos cósmicos que se cuelan a través del campo magnético terrestre, destrozando las moléculas de ozono de una manera muy similar a como lo hacen los átomos de cloro: separando los enlaces entre los átomos de oxígeno del ozono. Por supuesto que los eventuales fabricantes de CFC podrían aprovechar este descubrimiento para argumentar que el impacto de la disminución del campo magnético terrestre es la causa de la reducción del ozono estratosférico. Según esta línea de pensamiento, los CFC podrían ser menos perjudiciales de lo que se creía, y, por lo tanto, no es necesario reglamentarlos de una forma tan estricta. Los ambientalistas dirán que deberíamos controlar todo lo que podamos, en este caso los CFC, para reducir al mínimo los daños a la capa de ozono.

No hay dudas de que está desarrollándose una sinergia adversa entre el debilitamiento del campo magnético y la reducción de la capa de ozono, lo que tiene como resultado una mayor amenaza a la salud de los humanos y del ambiente. Sin embargo, son muy escasos o prácticamente inexistentes los foros en los que los científicos especializados en el agujero de ozono se encuentran regularmente con científicos especializados en el campo magnético terrestre.

Carlos Barrios tiene su propia opinión sobre la disminución del campo magnético terrestre. Le pregunté al chamán maya si en cierta forma no era suicida que la Tierra baje la guardia ante su ardiente amante, el Sol. Barrios me miró con una pena que dejaba traslucir su hartazgo, una expresión reservada para los ingenuos incorregibles.

—¿Alguna vez ha tenido hongos en la piel? —preguntó.

No, pero conocía gente que sí. Mucha picazón y lociones malolientes y desagradables manchas rojas.

—¿Quiere decir que nosotros somos los hongos en la piel de la Tierra?

Carlos me indicó con un gesto que eso, sin duda, era posible. Luego añadió:

—El tratamiento para los hongos de la piel es tumbarse al Sol.

4

EL CALOR DEL FUEGO ETERNO

Mientras nos balanceábamos en una embarcación en el muelle de Heimaey, en el sudoeste de Islandia, Hjalli, el capitán, suplicó la misericordia de Dios durante veinte minutos, pidiéndole que nos permitiera sobrevivir. Estábamos a punto de partir hacia Surtsey, la isla más joven del mundo, bautizada así como homenaje a Surtur, el gigante de la mitología islandesa que mantiene ardiendo los fuegos del infierno. Cuando Surtsey surgió, el 14 de noviembre de 1963, el océano entró en hervor. La tripulación de un barco pesquero que se encontraba en la zona estaba demasiado ocupada con sus redes para notar algo, hasta que una gran columna se elevó de las aguas a proa de la embarcación y tapó todo el horizonte. Cuatro años más de erupciones volcánicas formaron esa regordeta lágrima de 1,3 kilómetros cuadrados y que desde entonces se niega a sumergirse, a pesar de estar ubicada en uno de los lugares más tormentosos de la Tierra, con más de doscientos días al año de vientos tempestuosos, y olas de hasta 26 metros de altura.

Desde su nacimiento, Surtsey fue preservada como reserva ecológica, totalmente prohibida para los turistas, sin que se permitiera la construcción de estructuras permanentes de ninguna clase, incluidos muelles e incluso amarras. A mí me había llevado un año obtener todos los permisos necesarios para visitarla, y eso después de haber sido invitado personalmente por la presidenta de Islandia, Vigdis Finnboggadottir. Pero cuando Hjalli terminó sus oraciones y luego sopló su trompeta para informar a Gabriel de que tal vez lo veríamos poco después, me pregunté en voz alta si no deberíamos dar unas vueltas más o menos cerca del puerto y luego pactar entre nosotros que el viaje a Surtsey había sido, bueno, indescriptible.[1]

Mi misión consistía en escribir un artículo para una revista sobre la forma en que Surtsey había desarrollado un ecosistema, cómo un humeante pedazo de lava rodeado de agua salada cobra vida. Mierda de pájaros, en resumen. Yo entendía, por lo que había averiguado en mis investigaciones, que las aves oceánicas comen peces y defecan en la isla, proporcionando puntos fértiles para las semillas transportadas por el viento o que llegan sobre las superficies de las olas. La arenaria de mar, una tenaz suculenta verde con flores blancas y amarillas es, por lo general, la primera colonizadora, porque su estructura, semejante a una hamaca, atrapa la arena que sus raíces necesitan para impedir que los feroces vientos oceánicos la arrastren. En suma, todo muy interesante, pero no tanto como para morir en el mar.

Snorri, el naturalista que me habían asignado como guía, me confirmó que Hjalli era el único capitán con la suficiente experiencia como para llevarnos sanos y salvos a Surtsey y me aconsejó que no prestara atención al hecho de que su embarcación había quedado hecha trizas de fibra de vidrio contra aquella costa tan irregular. Todos sus tripulantes, después de todo, habían sobrevivido. Además, añadió Snorri, que era fundamentalista cristiano, la próxima vida será mejor que ésta.

Aquel viaje a Surtsey en 1993 terminó siendo una tarde inolvidable, en la que nos deslizamos por negras lenguas de lava tan largas como las escaleras mecánicas del metro londinense, trepamos hacia cráteres inmensos con forma de vagina y rodamos en su cautivador musgo verde, calentándonos las manos en fisuras que escupían un vapor sulfuroso.

Después de esquivar un cuervo cuyas alas extendidas eran tan anchas como mis brazos, Snorri me preguntó si tenía hambre, y luego se echó a reír. No entendí la broma, pero el taxista rasta la hubiese captado de inmediato. Ahora sé que Jah se refiere a Elijah (o Elías), el profeta del Antiguo Testamento a cuya historia en Reyes I se refería Snorri. Bajo el malvado rey Acab, los hebreos le habían dado la espalda a Dios, quien decidió castigar a la tierra de Israel con tres años y medio de una severa sequía. Dios ordenó a Elías que le anunciara a Acab que esa sequía se produciría y que luego huyera de la ira del rey ocultándose en el arroyo de Querit, donde se mantuvo vivo gracias a unos cuervos que le traían comida.

Sin embargo, no fue hasta que me encontré con los hermanos Barrios en Guatemala, una docena de años más tarde, que comprendí la verdadera importancia de aquel viaje. Surtsey fue mi primer vistazo a la forma física que podría adoptar nuestro futuro: un desierto posvolcánico. Lo que yo siempre había descartado como una posibilidad remota aunque cataclísmica bien podría ser inminente ahora que el Yellowstone, uno de los supervolcanes más grandes del mundo, se prepara para entrar en erupción.

CUANDO ESTALLE EL YELLOWSTONE

¿Cuán traicionados nos sentiríamos si el Yellowstone, el primer parque nacional de Estados Unidos y también el más famoso y el más emocionante, entrara en erupción y pusiera fin a nuestra sociedad? Más vale sentirnos traicionados que no sentir otra cosa que azufre hirviendo en nuestros pulmones.

La cuestión no es si el Yellowstone va a estallar; ni siquiera cuándo. No es que haya un reloj despertador dentro del supervolcán más peligroso del mundo avanzando hacia alguna fecha prefijada. El hecho es que podría entrar en erupción en cualquier momento, llenando la atmósfera con ácido sulfúrico y ceniza y hundiendo el planeta en una catástrofe al estilo invierno nuclear, que atacaría la economía y la agricultura de una manera tan severa que tal vez la civilización no resurgiría jamás.

La perspectiva del supervolcán es muy parecida al invierno nuclear imaginado por Carl Sagan y el equipo TTAPS* a finales de los setenta.[2] Cada clase de explosión crea círculos concéntricos de desastre. La zona cero quedaría, desde luego, achicharrada y ningún ser vivo sobreviviría. Una erupción del Yellowstone haría que la mayor parte de Wyoming y Montana se parecieran rápidamente a Surtsey: escombros negros y humeantes esperando los excrementos de las aves.

El siguiente círculo del infierno del invierno nuclear quedaría envenenado por la lluvia radiactiva, algo probable en lo que respecta al supervolcán Yellowstone, que se encuentra encima de enormes reservas de uranio.[3] Los vientos trasladarían esa lluvia a miles de kilómetros de distancia, y tanto los seres humanos como los animales sufrirían enfermedades letales. El cáncer de tiroides sería la primera en atacar.

Estos dos círculos de muerte, por infernales que sean, palidecerían en comparación con los efectos de la nube de cenizas transportada por los vientos occidentales sobre el continente norteamericano. La ceniza obturaría los motores de los aviones, volvería irrespirable el aire, y, a largo plazo, bloquearía la luz solar; haría que las temperaturas se desplomaran y, por lo tanto, que los cultivos se perdieran y las economías se tambalearan. En el hemisferio norte, donde están ubicados dos tercios de la masa terrestre global y de la población, sus sociedades interdependientes se desmoronarían a medida que los alimentos escasearan y la oscuridad sumiera en la depresión a miles de psiques atemorizadas. Considerando que la población mundial es de casi 6.500 millones, ¿quién puede vaticinar qué clase de carnicerías y guerras resultarían de esta calamidad?

El Yellowstone ha sufrido al menos cien grandes erupciones, tres de las cuales fueron inconcebiblemente inmensas, cada una de ellas lo bastante grande como para generar una calamidad en todo el hemisferio si tuvieran lugar hoy en día. La primera erupción ocurrió

* El equipo TTAPS es como se conoce al grupo de científicos formado por P. Turco, O. B. Toon, T. P. Ackerman, J. B. Pollack y Carl Sagan, que en 1983 publicaron el artículo «Global Atmospheric Consequences of Nuclear War», considerado el texto fundacional de la teoría del Invierno Nuclear. *(N. del t.)*

hace dos millones de años y la siguió otra hace un millón trescientos mil años. Según el artículo de portada del número de marzo de 2006 de *Nature*, en el que se investigaba unas desconcertantes corrientes de magma que entraban y salían del supervolcán, la última erupción a gran escala del Yellowstone tuvo lugar hace aproximadamente 640.000 años y escupió unos mil kilómetros cúbicos de ceniza hacia la atmósfera.[4] Esa cantidad bastaría para enterrar la totalidad del territorio continental de Estados Unidos bajo al menos un metro de hollín y toba volcánica. Como si los Grandes Lagos se llenaran dos veces de ceniza y luego ésta fuera arrojada sobre el continente, en una cantidad más que suficiente para bloquear la luz solar durante casi una década.[5]

Unos rudimentarios cálculos matemáticos indican que las erupciones del supervolcán tienen una periodicidad de entre 600.000 y 700.000 años, lo que significa que, en términos cronológicos, éste es el momento justo para el próximo gran estallido.

Más importante que las estadísticas de probabilidad es lo que está ocurriendo bajo tierra. En un documental de BBC Horizon sobre el supervolcán Yellowstone, un invitado, el profesor Robert Christiansen, del U. S. Geological Survey, el organismo de reconocimiento geológico de Estados Unidos, recordaba que había encontrado muchas rocas hechas de ceniza comprimida en sus visitas al Yellowstone, pero durante varios años no había podido hallar ninguna evidencia del volcán del que, sin duda, debían de haber surgido. Se consoló con la idea de que ese volcán era seguramente muy diminuto. Pero esa idea dejó de tener sentido en 1993, cuando la NASA, que estaba probando un equipo de fotografía infrarroja diseñada para explorar la Luna, tomó muestras de calor del Yellowstone y dejó al descubierto la mayor caldera volcánica que se conoce. Las calderas volcánicas son grandes depresiones subterráneas que contienen magma, una mezcla de rocas sólidas y licuadas y gases volcánicos altamente combustibles. La caldera volcánica del Yellowstone es increíblemente grande, del tamaño de la ciudad de Tokio, entre 40 y 50 kilómetros de largo y 20 de ancho, como el corazón derretido y latiente del parque Yellowstone.

Unos reconocimientos geológicos posteriores revelaron que la caldera se había elevado unos 75 centímetros desde 1992, llenándose de magma y preparándose para estallar. En comparación con otras escalas de tiempo geológico, tales como la deriva continental de unos milímetros por siglo y la erosión prácticamente imperceptible de las montañas, ese cambio es francamente trepidante.

Como informa Robert B. Smith, un geólogo y geofísico de la Universidad de Utah, la distorsión topográfica de este volcán es tan pronunciada que el lago Yellowstone, que se encuentra justo encima de la caldera, está inclinándose debido a ese crecimiento. El agua está saliendo por el extremo sur, inundando árboles que pocos años antes crecían normalmente en el terreno a lo largo de la orilla.

«Provocaría una devastación extrema, a una escala en la que probablemente nunca habíamos pensado»,[6] dice Smith respecto de la inminente erupción del Yellowstone. Las estimaciones sobre su fuerza explosiva llegan hasta el equivalente de mil bombas atómicas como la que cayó en Hiroshima... por segundo. Lo que en términos aproximados equivaldría a toda la energía violenta utilizada en todas las guerras libradas, por minuto.

«No estoy seguro de qué deberíamos hacer» —dice Steve Parks, profesor de geología en la Universidad de Bristol, en el caso de que ocurriera una erupción en el Yellowstone—, salvo escondernos bajo tierra.[7]

Los supervolcanes son totalmente diferentes de los volcanes cónicos con los que estamos familiarizados. Son depresiones en el suelo, a una profundidad que puede ir de varios cientos de metros a miles de kilómetros, por lo general acompañadas de una compleja red de arroyos, cámaras subterráneas y afluentes por los que el magma fluye. Hay algunos desacuerdos sobre la forma en que operan las estructuras profundas de los supervolcanes; la mayoría parece canalizar el magma y la explosividad desde lo profundo del manto, esa capa gruesa y líquida entre la corteza y el núcleo, que ocupa la mayor parte del volumen de la Tierra.[8]

Los supervolcanes son mucho más poderosos que los volcanes convencionales. Por definición, alcanzan un 8 en el índice de explosividad volcánica (IEV), que va de 1 a 8. Al igual que la escala Richter de los terremotos, el IEV es logarítmico, lo que significa que cada número indica un estallido diez veces superior al anterior. El del monte Santa Elena, considerado un gran estallido, alcanzó un 5 en el índice.

Entre los otros supervolcanes del mundo se incluyen la caldera Kikai de las islas Ryukyu, en Japón; la caldera de Long Valley, en California; la caldera Garita, en Colorado; y los Campos Flégreos de Campania, en Italia. La erupción de un supervolcán en lago Taupo, Nueva Zelanda, que tuvo lugar en el año 186 EC, devastó la isla del norte de ese país. Sin embargo, en comparación con una erupción en el Yellowstone, la del lago Taupo sería como una nubecilla de vapor.

Para entender cómo funcionan los supervolcanes, imaginamos un absceso ardiente moviéndose y creciendo bajo la piel, invadiendo la carne que está debajo con un pus abrasador. En términos geológicos, este absceso se conoce como «punto caliente», y la piel de la Tierra, es decir, la corteza, se mueve sobre él. En *Windows into the Earth*, Robert Smith y su coautor, Lee J. Siegel, ex editor de ciencias del *Salt Lake Tribune*, explican que la mayoría de los puntos calientes son «columnas de roca caliente y derretida que se inician a 3.000 kilómetros de profundidad, en el límite entre el núcleo de la Tierra y la parte inferior del manto, y luego fluyen lentamente hacia arriba [porque el calor sube] atravesando todo el manto y la corteza».

Los puntos calientes, por lo general, están ubicados en los límites de las placas tectónicas, que en esencia flotan sobre mares de roca derretida. También tienden a estar ubicados a lo largo del lecho marino, puesto que la mayor parte de la Tierra está cubierta por agua. La mezcla derretida de estos puntos calientes se compone mayormente de basalto, que, más que explotar, suele filtrarse y fluir.

«De los aproximadamente treinta puntos calientes activos de la Tierra, casi todos excepto el de Yellowstone se encuentran bajo los océanos o cerca de franjas costeras u otro límites entre placas tectónicas. Los otros puntos calientes más conocidos son los producidos por Islandia [incluido Surtsey], las islas Hawai y las Galápagos», escriben Smith y Siegel.[9]

El punto caliente del Yellowstone, en cambio, está justo en el centro de nuestro continente, y bastante lejos de cualquier océano o límite de placa tectónica, el más próximo de los cuales está aproximadamente a la altura de la costa del Pacífico. Y el punto caliente del Yellowstone no se encuentra a la misma profundidad que los otros. Según las estimaciones actuales, está a una profundidad de apenas 400 kilómetros, menos de un décimo de lo normal. Lo que significa que su impulso no proviene del núcleo derretido de la Tierra. En realidad, parece haberse formado en su mayoría a partir del calor producido por la putrefacción de grandes cantidades de uranio y otros elementos radiactivos de la región, un calor que luego derrite las rocas basálticas ricas en hierro, las cuales periódicamente ascienden formando la superficie en grandes charcos.

«Las gotas derretidas de basalto calientan las rocas de la corteza que lo recubren, creando una "cámara de magma" en el granito de la corteza, rica en sílice, que se derrite parcialmente, formando, cuando sale en erupción, una roca derretida conocida como *riolita* [...]. Como la riolita derretida es espesa y viscosa, las principales erupciones del punto caliente del Yellowstone han sido explosivas, a diferencia del basalto, que sale de una manera más suave de los puntos calientes oceánicos [como Surtsey]», explican Smith y Siegel.[10]

Pensemos en la forma en que una olla repleta de un guiso espeso a la que se dejara sobre la llama demasiado tiempo podría repentinamente salpicar toda la cocina, mientras que una olla de sopa aguada haría burbujas y herviría con menos explosiones.

Al parecer, el punto caliente del Yellowstone se formó hace unos 16,5 millones de años bajo la zona en la que se encuentran Oregón, Nevada e Idaho. Desde entonces ha sufrido varias docenas de erupciones, cada una de las cuales habría devastado cualquier civilización que existiera en aquella época.

El profesor Michael Voorhies, de la Universidad de Nebraska, descubrió una macabra ilustración de la obra del Yellowstone. Después de un período de fuertes lluvias, Voorhies se dirigió al pequeño pueblo de Orchard, en Nebraska, para buscar fósiles, y se encontró con el sueño de todo arqueólogo y la pesadilla de todos los demás: cientos de esqueletos de rinocerontes, camellos, caballos, lagartos y tortugas de mar, la mayor parte de ellos fallecidos en la flor de la vida y abruptamente 10 millones de años atrás, en un momento que casi seguramente coincidió con un estallido del Yellowstone. Los esqueletos de esta catástrofe masiva estaban cubiertos con una película blanca, evidencia forense de que los animales murieron de algo semejante a la enfermedad de Marie,[11] un trastorno pulmonar muy probablemente contraído por la inhalación de cenizas volcánicas.

Lenta y firmemente, el asesino punto caliente se ha desplazado unos 800 kilómetros en dirección noreste hasta llegar a su ubicación actual, en el noroeste de Wyoming, donde su caldera volcánica sobresale amenazadora bajo el parque nacional de Yellowstone. Como cualquier otro absceso continuamente rascado y escoriado, este punto caliente estallará y saldrá a borbotones. Una vez que se vacíe, volverá a hundirse y luego se llenará lentamente durante los próximos 600.000 años aproximadamente, hasta que vuelva a explotar. Y, como también ocurre con cualquier otro absceso, no existe necesariamente ningún momento prefijado y óptimo para esa explosión, sólo un rango de «madurez».

El remolino de datos e insinuaciones que rodea la actual actividad sísmica de Yellowstone es casi tan espeso como la riolita derretida que algún día le hará saltar el corcho. En Internet abundan informes anecdóticos de acciones policiales espontáneas, senderos que se cierran sin aviso, descubrimientos realizados por sensores de temperatura y actividad sísmica, y otras consecuencias de un aumento de la vigilancia, que ofrecen un descarnado contraste con la actitud oficial de despreocupación.

Un incremento de la actividad sísmica del Yellowstone sería un claro indicio de que se avecina una erupción. Hay docenas de sismógrafos instalados en y alrededor del parque, para transmitir lo más pronto posible la más mínima mala noticia. Enjambres de terremotos minúsculos, una alteración química en la composición de la lava, gases saliendo del suelo, una ruptura en el terreno, son todos signos potenciales de que la erupción es inminente. Un aumento rápido y sustancioso de la elevación de la caldera volcánica, que, según se supone, estaría hinchándose de magma y gases volcánicos, sería un indicio más que evidente.

El problema, como los productores de los programas especiales de la BBC sobre Yellowstone no tardaron en averiguar, es que, por razones no especificadas, gran parte de estos datos son inaccesibles para el público. Por ejemplo, numerosos informes de un abultamiento de 30 metros en el fondo del lago Yellowstone, un lago de alta montaña, generalmente frío, cuyas aguas por alguna razón han alcanzado casi treinta grados de temperatura, no han sido ni confirmados ni rebatidos por las autoridades del parque. De modo que por lo general uno se ve obligado a basarse en fuentes informativas extraoficiales. Según Bennie LeBeau, de la Nación Shoshone Oriental de Wyoming,* se han formado numerosas fumarolas nuevas a lo largo de la cuenca del géiser Norris, donde la temperatura del suelo superó los 90 grados centígrados en el año 2003, lo que provocó el cierre de los más de 500 kilómetros cuadrados que ocupa la totalidad de la cuenca.[12]

Lo que está en tela de juicio es el equilibrio entre el derecho del público a un conocimiento que podría afectar su seguridad y la obligación del gobierno de proteger a sus ciudadanos de los peligros del pánico. Pero el meollo del asunto es que la erupción podría producirse prácticamente sin aviso previo. «La única conclusión razonable a la que uno puede llegar al estudiar la situación actual de la caldera volcánica del Yellowstone es que hoy en día no existe ninguna manera de predecir de forma razonable y precisa una erupción de esa caldera»,[13] escribe R. B. Trombley, un vulcanólogo que trabaja en el Centro de Investigación de Volcanes del Sudoeste, ubicado en Arizona.

Entonces, ¿qué podría hacer estallar la caldera volcánica del Yellowstone? Para responder esta pregunta, es necesario entender la dinámica interna de su cámara de magma, una estructura con forma de banana cuya punta superior se cree que está a diez kilómetros bajo la superficie de la Tierra. Puesto que una incursión subte-

* Los shoshone son un grupo de tribus, entre los cuales se encontraban los comanches, extendidos en varias regiones de Estados Unidos, como Montana, Idaho, California, Nevada y Wyoming. *(N. del t.)*

rránea en ese medio derretido tan explosivo es imposible o desaconsejable, incluso para sondas robóticas, la mejor información disponible sobre la dinámica del magma del Yellowstone proviene de datos históricos sobre explosiones similares.

La erupción más reciente en un supervolcán análogo tuvo lugar hace 3.500 años en Santorini, Grecia. Aunque era mucho más pequeña en escala a lo que se prevé que será cualquier erupción del Yellowstone, puede aportarnos varias lecciones. Según Steve Sparks,[14] la erupción del Santorini lanzó trozos de rocas de dos metros de largo a siete o más kilómetros de distancia a velocidades supersónicas. Las investigaciones revelaron que dentro de la caldera del Santorini había una buena cantidad de magma líquido, en el que se habían disuelto gases volcánicos muy volátiles. Sparks y su equipo construyeron un modelo en una escala de 1:1.000.000.000 de las fuerzas eruptivas del supervolcán y descubrieron que, cuando se abrió la parte superior de la cámara, como ocurriría en el comienzo de una erupción, una repentina despresurización en el interior de la caldera hizo que los gases volcánicos disueltos en el magma se expandieran y explotaran violentamente, arrojando el magma al aire.

Sparks ha demostrado que la caldera de un supervolcán, llena de líquido (magma), no actúa como un globo de agua, del que el contenido mana lentamente si se rompe, sino más bien como un globo de gas, que explota con un pinchazo. Ese descubrimiento debe ser visto como una mala noticia, porque la medida más obvia y práctica para impedir o demorar la erupción del Yellowstone —practicar un agujero en la caldera y liberar un poco de presión— tendría precisamente el efecto opuesto. Desencadenaría la erupción que terminaría con todas las erupciones.

¿Es posible que un ataque nuclear bien ejecutado por parte de una gran potencia como China o Rusia, o incluso por parte de una nación aislada como Corea del Norte o Irán, hiciera estallar el globo del Yellowstone? ¿Y qué ocurriría con un ataque terrorista, la perspectiva más probable? En un mensaje que acompañó los atentados de Al Qaeda realizados el 11 de marzo de 2004 en Madrid (que tuvieron lugar exactamente 911 días después del 11/9) se hablaba del «negro viento de muerte» que soplará sobre Estados Unidos. Una escalofriante fantasía que circuló bastante era que el acto terrorista al que se aludía en aquel mensaje de Al Qaeda, un proyecto que supuestamente está terminado en un 90 por ciento, implicaría la inserción de un dispositivo termonuclear en la caldera del Yellowstone, lo que encendería el supervolcán, llenaría la atmósfera de ceniza, y arrojaría gran parte de la satánica América del Norte al cubo de basura de la historia.

Puesto que, al parecer, en la actualidad no hay ninguna manera de desactivar o disipar el mecanismo eruptivo del supervolcán, ya que su escala y su volatilidad serían, sencillamente, demasiado grandes, estamos obligados a basarnos en medidas reactivas en lugar de preventivas. Ya se ha instalado un extenso sistema de alarma temprana, con sensores sísmicos y termales ultrasensibles tanto dentro como alrededor del parque. Lo que no queda claro es adónde van a parar todos esos datos y, lo que es todavía más importante, quién toma decisiones basadas en ellos.

Los funcionarios de los gobiernos locales, estatales y en especial los del gobierno federal están muy pendientes de la situación del Yellowstone, tanto en términos de preparación civil como en cuanto al patrullaje y la vigilancia contra potenciales actos delictivos o turbios. O al menos eso es lo que yo suponía hasta que, en marzo de 2000, la BBC empezó a examinar todo aquel asunto. En un estilo medido y ateniéndose a los hechos, características típicas de esa cadena británica, un grupo de científicos que llevan varios años estudiando el Yellowstone expusieron sus argumentos, que no recibieron más que una atención cortés. De modo que los ejecutivos de la BBC decidieron intentarlo una vez más, y en marzo de 2005 presentaron un docudrama de cuatro horas en dos partes, más tarde transmitido por la televisión americana, que dramatizaba el impacto de una erupción del Yellowstone. Tal vez el resultado más trágico de todos los esperados es que los monzones asiáticos dejarían de soplar durante un lapso prolongado, lo que probablemente traería hambre y enfermedades a la región más poblada del mundo.

A continuación, los productores y los principales científicos del docudrama presentaron un resumen ejecutivo de sus descubrimientos a la Administración Federal de Gestión de Emergencias (FEMA), en Washington, D. C. La FEMA acusó recibo del informe y uno de sus portavoces admitió que no se habían hecho muchos preparativos para tal eventualidad. Varios meses más tarde, el sur de Estados Unidos fue atacado por los huracanes asesinos Katrina, Rita y Wilma, y las autoridades de la FEMA se encontraron con que las cosas se les habían ido de las manos.

No cabe duda de que el informe sobre el Yellowstone de la BBC fue debidamente archivado, tal vez junto al expediente mucho más abultado sobre el área de Long Valley en California, una caldera volcánica que el USGS (Servicio Geológico de Estados Unidos) describe como «inquieta» y «en activo crecimiento». Formada hace 760.000 años, cuando la erupción de un supervolcán lanzó 625 kilómetros cúbicos de magma que cubrió gran parte del centro de California de ceniza, que el viento hizo llegar incluso hasta Nebraska, la erupción de Long Valley, aunque más pequeña que la última del Yellowstone, fue, de todas maneras, dos mil veces más grande que la del monte Santa Elena. Probablemente podría sumir el hemisferio norte en un invierno volcánico. Como respuesta a lo que el USGS llama, con una sorprendente franqueza, «una creciente agitación geológica»,[15] se han instituido exhaustivas monitorizaciones, evaluaciones y procedimientos de emergencia.

El USGS informa de que la agitación geológica de Long Valley se inició en 1978 y luego alcanzó altas cotas dos años más tarde con multitudes de terremotos:

> La más intensa de estas multitudes comenzó en mayo de 1980 e incluyó cuatro fuertes temblores de magnitud 6, tres de los cuales se produjeron el mismo día. Inmediatamente después de estos temblores, científicos del Servicio Geológico de Estados Unidos (USGS) iniciaron un nuevo análisis del área de Long Valley y detectaron otras evidencias de agitación: una elevación en la caldera con la forma de una cúpula. Las mediciones llevadas a cabo por estos científicos demostraron que el centro de la caldera se había elevado casi treinta centímetros desde el verano de 1979, después de décadas de estabilidad. Este crecimiento continuo, que en la actualidad alcanza casi sesenta centímetros y se extiende sobre más

de 260 kilómetros cuadrados, está causado por un nuevo magma que está ascendiendo debajo de la caldera volcánica.[16]

Sean cuales sean las probabilidades de que el Yellowstone, Long Valley o el lago Toba entren individualmente en erupción mientras estemos vivos, ese número debe multiplicarse por veinte, treinta o más para reflejar el número de supervolcanes en el mundo cuya existencia conocemos. Cada una de estas calderas es capaz de causar estragos a una escala similar a la del Yellowstone. Luego multipliquemos esa cifra por diez o veinte para incluir las calderas que no conocemos, en particular aquellas que yacen bajo los océanos. A continuación, multipliquémosla por otro factor, desconocido pero seguramente lo bastante grande como para llevar el riesgo de un cataclismo global a un nivel inaceptable, para dar cuenta del hecho de que un número cada vez mayor de científicos empiezan a creer que el calentamiento global aumenta las probabilidades de erupciones volcánicas.

VOLCANES ENFRIADORES

«Existen evidencias de que se han producido numerosos episodios de vulcanismo en todo el mundo en el pasado y que pueden relacionarse con el cambio climático. Si ese cambio climático es causa o efecto de las variaciones en la tasa de vulcanismo sigue siendo una pregunta fascinante»,[17] escribe Hazel Rymer, de la Open University del Reino Unido, en *Encyclopedia of Volcanoes*.

Fascinante, por cierto. Si, como Rymer sugiere, el calentamiento global podría exacerbar el vulcanismo, que tiene el efecto general de enfriar el planeta con ceniza y aerosoles que protegen la superficie terrestre del Sol, entonces cabe esperar erupciones más numerosas y más grandes.

Al parecer, los volcanes constituyen un mecanismo de enfriamiento global, que modera como un termostato las periódicas subidas de temperaturas que tienen lugar con el paso de los eones, incluido, muy probablemente, el calentamiento global que está teniendo lugar en la actualidad. Ésa es la perspectiva básica de la hipótesis de Gaia, que sostiene, en resumen, que la Tierra se parece más a un organismo viviente que se ajusta y regula a sí mismo que a una roca sobre la cual la vida no es más que algo pasajero, o a una máquina geológica que funciona con el piloto automático. Como detallé en mi primer libro, *Gaia: The Growth of an Idea*, James Lovelock y Lynn Margulis, más los numerosos seguidores que se les han sumado hoy en día, creen que el clima de nuestro planeta se regula a sí mismo para mantener condiciones conducentes a la continuación de la vida. Ello no significa que la Tierra «piense» de alguna manera consciente que, como se está calentando, tiene que apagar sus volcanes. Si este mecanismo existe, opera de una manera homeostática, similar a la sabiduría inconsciente del cuerpo humano, el cual, cuando se calienta demasiado, comienza a sudar, sin que medie ningún pensamiento consciente.

Entonces: ¿el vulcanismo se ha incrementado a medida que se calentó el clima?

Por desgracia, esta pregunta está más allá de lo que la ciencia puede responder, por la sencilla y sorprendente razón de que no tenemos manera de saber con seguridad si la actividad volcánica está incrementándose, decreciendo o manteniéndose en el mismo lugar. De hecho, no tenemos ninguna idea clara de cuántos volcanes hay en el mundo. Los volcanes de la superficie suman poco más de mil: 550 volcanes activos (lo que significa que han entrado en erupción durante nuestro período histórico, aproximadamente en los últimos 3.000 años) y poco más de 500 inactivos (lo que significa que han entrado en erupción en el período comprendido entre la última Edad de Hielo, hace 11.500 años, y el comienzo del nuestro período histórico). En esta suma no se incluyen los volcanes submarinos, que se cree que son mucho más numerosos, por la buena razón de que la mayor parte de la superficie terrestre está cubierta de agua. Nadie tiene idea de cuántos volcanes submarinos existen.

Una vulgar táctica para infundir miedo, muy frecuente en Internet, equipara el número de erupciones volcánicas con el número total registrado, que se ha disparado por la sencilla razón de que el despliegue tecnológico de dispositivos para detectar erupciones, desde satélites hasta sismógrafos alrededor del globo, se ha expandido de manera exponencial. Pero eso no significa necesariamente que haya más volcanes; sólo que hay más registros de volcanes. Lo mismo ocurre con los terremotos. Hace poco tiempo había apenas unos pocos sismógrafos en funcionamiento en Estados Unidos. Hoy en día hay más de veinte sólo en el parque nacional Yellowstone, por no mencionar los miles que hay en California. El número de terremotos registrados se ha incrementado en la misma proporción, pero eso no significa nada en cuanto a las tendencias actuales, como querrían hacernos creer numerosos profetas del Juicio Final.

Las erupciones volcánicas en la superficie, desde una simple corriente de lava hasta las megaexplosiones, varían en duración de algunos días a varios milenios. Por ejemplo, el volcán que generó Surtsey escupió lava durante cuatro años. El Stromboli, cerca de la costa del mar Tirreno en Italia, ha mantenido constantes erupciones durante los últimos 2.500 años. De modo que cualquier intento de equiparar el número de erupciones con la cantidad total de actividad volcánica es, en el mejor de los casos, una grosera aproximación.

Los vulcanólogos, por lo tanto, deben utilizar un método basado en el sentido común para calibrar esa actividad. Razonan que los volcanes realmente grandes no habrían pasado inadvertidos, fuera cual fuera el período histórico. Mediante la comparación de registros históricos de acciones y daños, pueden estimar la magnitud de los acontecimientos más importantes. De esa manera, si se compara la cantidad anual de volcanes por encima de 4 en el índice IEV, se pueden discernir tendencias. El monte Santa Elena era un 5 en la escala IEV, un nivel de erupción que tiene lugar más o menos una vez por década. Según esta medición de grandes volcanes, la actividad volcánica global ha permanecido relativamente estable, por lo que puede discernirse a través de las estimaciones. El problema con esta medición es que es demasiado tosca para reflejar las variaciones regionales, porque el muestreo estadístico de las principales erupciones volcánicas es extremadamente limitado. Tres erupciones IEV 4 más que el promedio en el transcurso de un año en, digamos Alaska, dispararía los gráficos, pero eso no significaría mucho necesariamente.

De modo que estamos metidos en un buen dilema, como diría mi maestro de la escuela primaria. Creemos que el calentamiento global podría estar forzando la actividad de más volcanes y también supervolcanes, pero no tenemos los medios para medir esa tendencia en uno u otro sentido. Al menos en términos científicos.

Anne Stander, una parapsicóloga que vive en las afueras de Johannesburgo, Sudáfrica, encabeza un grupo llamado 123Alert, que se especializa en predecir la actividad sísmica y volcánica. Tienen un historial encomiable y meticulosamente documentado de predicciones de multitudes de terremotos, y llevan tiempo rastreando, muchas veces por anticipado, una proliferación prácticamente desconocida de microtemblores a lo largo de la costa meridional de California.

La predicción más famosa de Stander fue la erupción del monte Santa Elena del 8 de marzo de 2005 que, al no estar precedida por ninguna actividad sísmica detectable por medios científicos, cogió a los geólogos por sorpresa. Lo que fue aún más vergonzoso cuando la columna de ceniza y vapor superó los 9.000 metros de altura.

—Elena hace mucho ruido, como un terrier de Jack Russell. Pero es a su marido, Rainier, al que hay que vigilar —dice Stander.

Podríamos decir que Stander es culpable de antropomorfizar procesos geológicos carentes de espíritu, pero los científicos convencionales comparten su evaluación de la personalidad de Rainier: «En los últimos tiempos se ha constatado que el monte Rainier representa un riesgo significativo para la creciente población de las áreas cercanas de Seattle, y lo más alarmante es que algunas corrientes de barro del monte Rainier podrían devastar el sur de la región de Puget Sound *sin* [las cursivas son suyas] una erupción y con escasa advertencia»,[18] escriben Tony Irving y Bill Steele, vulcanólogos de la Universidad de Washington.

Stander detecta una correspondencia entre el supervolcán de Yellowstone, los volcanes del monte Santa Elena y el monte Rainier, de la cordillera Cascade Range, aunque no sabe exactamente cuál es esa relación. En cualquier caso, cree firmemente que todas las perforaciones en la región del Yellowstone deberían cesar de inmediato. ¿Por qué tentar a la suerte? Por desgracia el gobierno de Bush está haciendo justamente eso: acaba de autorizar la perforación de 10.000 pozos petrolíferos más en Yellowstone, además de los 5.600 que ya existen en la zona. Son igualmente desconcertantes las numerosas propuestas recientes de investigación científica de practicar hasta una docena de agujeros de dos a tres kilómetros en algunas de las áreas más sensibles a los seísmos de Yellowstone, para verificar la hipótesis de que el punto caliente del supervolcán está alimentado por columnas de humo procedentes del manto.

En términos globales, Stander prevé un aumento de la actividad sísmica y volcánica, en especial a lo largo del borde occidental de los países de la costa del Pacífico, desde Alaska hasta California y México. El punto más elevado de esa actividad se producirá en 2011, una clara señal de que, si bien 2012 es la fecha prevista, no saldrá de la nada, sino que será la culminación de una cadena de procesos cataclísmicos. «Ya he dicho antes que tenemos que preocuparnos por 2011, porque en ese año ya estarán presentes todas las señales que nos permitirán saber qué nos deparará 2012. El número 2011 representa un mayor riesgo de dolor que 2012», dice Stander.

ENCENDIENDO LA MECHA DE LOS VOLCANES

En términos políticos, los volcanes ocupan un puesto inferior al de los terremotos y muy inferior al de los huracanes, en la escala de los fenómenos reprobables. Por ejemplo, el gobierno de Bush recibió duras críticas por no haber anticipado correctamente el impacto del huracán Katrina. Si hubiera sido un terremoto lo que devastó Nueva Orleans, Bush no habría sido atacado con tanta severidad, porque aceptamos que nadie puede prever un terremoto. Sin embargo, si algún acontecimiento sísmico hubiese arrasado San Francisco, sí se habría juzgado estrictamente el grado de preparación de la FEMA, porque aunque los terremotos no se pueden predecir, tienen lugar en determinadas regiones con bastante frecuencia, de modo que las instituciones gubernamentales deberían estar preparadas para reaccionar.

Sin embargo, vaya uno a saber qué va a pasar con los volcanes. Por lo tanto, no son responsabilidad de ningún político. Como los fondos son limitados y el tiempo es escaso, la «preparación para los volcanes» es una de las primeras cuestiones que se postergan indefinidamente.

La vida es imperfecta, y el gobierno mucho más. Con todas las acuciantes preocupaciones sobre la delincuencia, el sistema sanitario, la carga impositiva y cosas similares, ¿para qué vamos a quejarnos de los volcanes? Incluso teniendo en cuenta la confluencia francamente perturbadora de los rugidos del supervolcán y su asociación con el calentamiento global, yo estaba dispuesto a hacer a un lado esta fuente potencial de catástrofes hasta que me di cuenta de que existió un período de calentamiento global que fue inmediatamente previo y muy posiblemente la causa de la cataclísmica erupción del supervolcán de lago Toba, en Sumatra, que tuvo lugar hace unos 74.000 años.

Se cree que el supervolcán Toba escupió unos 6.000 kilómetros cúbicos de lava, ceniza y escombros, y llenó el aire con ácido sulfúrico que asfixió a una cantidad imprecisa de humanos, animales y plantas. Pero aquello fue sólo el principio del caos.

Toba, el más reciente de los estallidos de una escala similar a la del Yellowstone, creó un enfriamiento al estilo de un invierno nuclear durante el cual las temperaturas se desplomaron entre 5 y 15 grados centígrados en menos de una década. Si tuviera lugar un cambio climático tan precipitado en la actualidad, la cadena alimentaria global quedaría destruida. ¿Qué pasaría, por ejemplo, con los cultivos de cítricos en Florida si, en pocos meses, las temperaturas locales cayeran a los niveles de Vermont? Se crearía una reacción en cadena que recorrería, como un dominó, la totalidad del ecosistema global. Las aves y los peces que dependen de plantas y algas se encontrarían de pronto despojados de ellas. El pastoreo del ganado se alteraría, puesto que las nevadas llegarían mucho antes y se extenderían más al sur. La producción de grano, que es la espina dorsal de la economía agrícola, ya que el trigo, el maíz y el centeno se consumen directamente como alimento en grandes cantidades, se reduciría a una fracción de su cantidad actual debido al congelamiento.

La erupción del Toba fue lo que el autor científico Malcolm Gladwell caracterizaría como punto de inclinación, en el sentido de que enfrió el clima justo lo suficiente como para empujar hacia una Edad de Hielo a un planeta cuyas temperaturas ya estaban en disminución. Las muestras de núcleo de hielo tomadas en Groenlandia sugieren que a la erupción del Toba la siguieron «al menos seis años de invierno volcánico, que a su vez fueron seguidos de una "ola" de frío de mil años»,[19] escribe Bill McGuire, un vulcanólogo del University College de Londres, en *A Guide to the End of the World*. Esta ola de frío se convirtió, asimismo, en la Edad de Hielo, de la que, según sostiene McGuire, la Tierra no salió del todo hasta hace apenas 10.000 años. Y sólo en aproximadamente los últimos cincuenta años las temperaturas de la superficie terrestre han regresado a los niveles previos al Toba.

McGuire confirma el emergente consenso científico en lo que respecta a la abrupta disminución de la población mundial, como consecuencia del estallido del Toba, quizá en un 90 por ciento o más, hasta la diminuta cantidad de 5.000 o 10.000 individuos, y permaneció en ese nivel durante unos veinte milenios. En otras palabras, nuestra especie casi se extinguió como resultado de la explosión del Toba. Una matanza proporcional hoy en día tendría como resultado entre 4.000 y 5.000 millones de muertos.

Podría pensarse que no hay ninguna urgencia en obtener fondos para investigar la relación entre el calentamiento global y las erupciones volcánicas. Pero si los recientes incrementos de temperatura han puesto en marcha el mecanismo de un Yellowstone, un Long Valley, un Toba, o algún otro volcán o supervolcán, es necesario que lo sepamos lo antes posible. Imaginemos si una elevación de las temperaturas climáticas activaran, de alguna manera, una cabeza nuclear, o todas las cabezas nucleares que se han fabricado en toda la historia. No habría tiempo para seguir con nuestras actividades, ni para que los redactores de presupuestos y los investigadores emprendieran sus habituales juegos de gato y ratón, ni para estudiar, evaluar, debatir, cavilar, reasignar, experimentar, publicar, pelearnos y luego guardarlo todo en algún estante. Para ese entonces estaríamos todos esperando que la caca de aves iniciara todo el ciclo de la vida de nuevo.

5 CRUZANDO EL ATITLÁN

Mientras cruzaba el Atitlán, un inmenso y bellísimo lago custodiado por tres volcanes en la zona alta de Guatemala, me incliné sobre la barandilla de la lancha a motor y saqué agua para ver si no había algún tinte natural que la hiciera tan azul. Cuando descubrí que prácticamente no hay ninguna edificación en el lago, que según Aldous Huxley es el más hermoso del mundo, un lago que deja muy atrás al Tahoe, el promotor de propiedades inmobiliarias incrustado en mi mentalidad californiana empezó a hacer alegres cálculos hasta que Lord Byron, el locuaz y joven aprendiz de chamán que hacía las veces de guía e intérprete aquel día, señaló la mancha que una línea de flotación en disminución había dejado en la costa. El 4 de febrero de 1976, un terremoto de nivel 7,5 mató a 22.000 personas en Guatemala, dejó a un millón sin hogar y abrió una grieta en el fondo del lago Atitlán. El lago se está vaciando lentamente.

Desembarcamos en Santiago Atitlán, probablemente el pueblo indígena más grande de Centroamérica, con 37.000 habitantes, de los cuales el 95 por ciento es maya tzutujil. Es un sitio animado y alborotado, lleno de niños radiantes que van saltando en vehículos abiertos que jamás vieron un asiento de coche, mujeres vestidas con multicolores *huipiles* (tejidos nativos confeccionados según una tradición que se remonta a hace dos mil años) y haciendo equilibrio con fardos sobre la cabeza. Nos recibió Juan Manuel Mendoza Mendoza, de treinta y dos años de edad, una nueva estrella en la jerarquía espiritual maya. Varias horas después, Manuel, un hombre de baja estatura, apuesto y de contextura poderosa, que tiene cuatro hijos, limpió mi alma escupiéndome un trago de un ron muy barato en la cara.

Para ser honestos, todos nos pusimos un poco alegres en el primer servicio religioso. Manuel, Lord Byron y yo habíamos empezado la tarde venerando a Maximón, el santo playboy, profeta, sacerdote y mágico protector del pueblo indígena, quien también solía pillar unas grandes borracheras y era mujeriego. Según la leyenda, los españoles ejecutaron a Maximón un mediodía, pero él siempre regresaba a la plaza del pueblo a la mañana siguiente, a veces con resaca. En la cofradía Apóstol Maximón, una iglesia pagana/católica que se reúne en una tienda, metí un billete de veinte dólares en la efigie del santo y brindé por él con un vaso de cerveza. En la boca (de madera) de Maximón siempre hay un cigarrillo encendido, y uno de los sacerdotes, cuyo principal trabajo consistía en apartar las cenizas, aprovechó un momento sagrado y nos pasó unos Winston. Para mí fue mi primera calada desde que había dejado de fumar, a las 9.15 de la mañana del 1 de septiembre de 1985; y luego tuve que reprimir la risa porque una pacata pareja americana, probablemente de Oregón, retrocedió horrorizada cuando el hospitalario sacerdote les ofreció cigarrillos también a ellos.

Orar a los pies de un playboy mujeriego era una historia que tendría que censurar para mi esposa, pensé, y me eché a reír. Más tarde me enteré de que es totalmente aceptable, incluso esperable, reír durante una ceremonia de Maximón, algo muy reconfortante en contraste con las ceremonias religiosas basadas en la Biblia, el Corán y el Bhagavad Gita, en las que no hay una sola risa intencional. Después de brindar un par de veces más y de fumar las colillas hasta el filtro, Manuel, Lord Byron y yo nos preparamos para marcharnos, aunque no antes de que sacaran del cuello del ídolo con mucha delicadeza una bufanda de muchos colores combinados con rojo, ciento por ciento poliéster, con la leyenda «Happy Holidays», y me la colocaran en el mío.

Le pregunté a Manuel sobre 2012, y él se concentró en los aspectos positivos: «El año 2012 es muy importante porque en ese momento los ancianos del pasado volverán para establecer una comunicación entre el corazón de la humanidad y el corazón de la Tierra. Es el comienzo de una nueva era de paz, armonía, amor y unión. Pero al mismo tiempo existe una posibilidad de manipulación. El mal entra cuando tiene espacio para meterse. A fin de defendernos contra el mal, tenemos que hacer muchas ceremonias para determinar el sendero correcto.»

¿Por qué cuesta tanto creer que 2012 bien podría ser el amanecer de una era nueva y gloriosa? ¿Será porque las perspectivas optimistas no satisfacen ninguna necesidad psicológica profunda? Si la mayoría de las pruebas señalaran que 2012 será el comienzo de algo fabuloso, más que horrible, ningún editor con mentalidad comercial se hubiera interesado en este libro. ¿Acaso estamos demasiados desilusionados y cínicos como para creer en una utopía inminente? ¿O tan satisfechos con la vida que cualquier transformación importante, más allá del sentido que tome, es amenazadora? Tal vez lo que todos queramos es más de lo mismo, con un par de buenos ajustes.

La perspectiva de un apocalipsis en 2012 finalmente sirve como test proyectivo para cualquiera que la considere. De una manera similar a aquello de «los últimos serán los primeros y los primeros serán los últimos», los que están más abiertos a una realidad post-2012 son los que tienen menos que perder en los trastornos que se avecinan. ¿Es necesario, entonces, una distancia relativa de las posesiones materiales, como parecen haber alcanzado con tanta serenidad muchos de los que viven en Santiago Atitlán, para tener fe en que la Madre Tierra siempre proveerá, aunque no sea personalmente para nosotros, sí para la humanidad o para las especies más sabias que evolucionen a partir de nuestra simiente? ¿Acaso lo que parece ser la amenaza de 2012 en realidad es un desafío para que seamos grandes, para que miremos al cataclismo a los ojos y, al hacerlo, alcancemos un nivel superior, en el que seremos más valientes, más amables, y estaremos más cerca de la divinidad?

Salimos a la calle y luego subimos por la escalinata de la catedral de Santiago, hacia donde ya se dirigía la mayor cantidad de gente. Miramos en un agujero, llamado R'muxux Ruchiliew, «el ombligo de la Tierra», cavado justo en el centro de aquella iglesia del siglo XVI. Se trata de un portal hacia el reino subterráneo, donde viven los sagrados ancestros. Una vez el año, al sonar las campanadas de la medianoche que dan inicio al Viernes Santo, se hace descender un crucifijo de madera por el agujero hacia el suelo, «plantando» a Jesús para que renazca en la Pascua.

Detrás del altar, Manuel nos enseñó una serie de paneles de madera tallados con complejas ilustraciones llenas de símbolos e imágenes claramente no cristianos, incluido Maximón, también conocido como Mam, el espíritu de la muerte. El chamán explicó que, en la teología maya tradicional, la creación no es un acto que tuviera lugar en un momento del pasado, sino un proceso continuo que debe sostenerse activamente. Si los ciclos se interrumpen, cesará la existencia. El papel de la humanidad en el plan global es llevar a cabo los rituales y realizar los sacrificios necesarios para asegurar que el Sol siga cruzando el cielo y que las estaciones continúen sucediéndose.

—Cuando los mayas necesitamos lluvia, rezamos para que llueva y, tarde o temprano, llueve. Nosotros hacemos nuestra lluvia —explica Manuel.

Eso es incorrecto. Los mayas no hacen su lluvia más que los belgas. El Sol cruzará el cielo y las estaciones vendrán y se irán más allá de los rituales que se realicen o no se realicen. Eso lo sabemos gracias a la ciencia moderna, y no es sólo cuestión de lo que nosotros creemos contra lo que ellos creen. Es una cuestión de hechos contra errores. Si este libro fuera de una naturaleza básicamente antropológica, le dedicaríamos más espacio al análisis de las creencias y rituales de los mayas. Pero el propósito de este libro es evaluar la importancia del año 2012, en especial en relación con cualquier peligro que podría representar para el lector.

Y si embargo hay algo tan encomiable en el espíritu indígena de compañerismo ecológico que parecería insensato no echarle otra mirada. De todas maneras, ¿es posible encontrar una sabiduría genuina dentro de un sistema que comete graves inexactitudes en cuanto a los hechos?

Consideremos el principio del Génesis, la historia de cómo Dios creó el cielo y la tierra en siete días, una historia que, a los propósitos de este libro, se considera gravemente inexacta. El modelo darwinista básico que sostiene que la evolución se produce a través de la selección natural ha sido verificado miles de veces a lo largo de más de un siglo y medio de rigurosas investigaciones científicas, y nosotros lo aceptamos respetuosamente. Las evidencias confiables del punto de vista creacionista, según el cual Dios/Yahvé lo creó todo a propósito y en seis días porque así lo quiso Él, son, como mínimo, escasas. Sin embargo, eso no disminuye de ninguna manera la influencia inmortal del Génesis, que es una proyección de una perspicacia notable, realizada 3.000 años antes que Darwin, sobre cómo surgió la vida en la Tierra. Desde la ardiente aparición del planeta en la oscuridad del espacio hasta la acumulación de agua líquida y el surgimiento de plantas, animales y seres humanos, el Génesis revela un poder de previsión positivamente sobrenatural, incluso aunque los hechos y su razonamiento se hayan corregido desde entonces.

Durante veintiocho de los treinta últimos siglos, el Génesis demostró ser más preciso que prácticamente todas las teorías científicas que competían con él. Algo similar puede argumentarse respecto de la presciencia de la cosmología maya. Le pregunté a Manuel qué creía que sucedería si cesaran los rituales de adoración de la Tierra. Él enmudeció ante esa idea. Mi guía e intérprete intervino: «La vida sin rituales sería como conducir un coche sin amortiguadores. El viaje sería mucho más accidentado pero aun así podrías llegar a donde quisieras ir. A menos que encuentres un bache en el camino», declaró Lord Byron. Manuel sonrió, y admitió que el culto a la Tierra aplaca al planeta.

«¿Acaso 2012 —me pregunté— será como un gigantesco bache en el camino del tiempo?»

—Ésa es la posibilidad para la que debemos estar preparados —afirmó Manuel.

En el camino hacia la iglesia, nos detuvimos frente a la placa dedicada al padre Stanley *Francisco* Rother, un sacerdote misionero de la archidiócesis católica romana de la ciudad de Oklahoma que dirigió la congregación de Santiago Atitlán durante trece años, construyó escuelas y una clínica, redujo la mortalidad infantil a la mitad y permitió que los artesanos locales restauraran el interior de la catedral con artefactos indígenas (que algunos llamarían paganos), tales como la efigie tallada del santo playboy, Maximón. A Rother, que era apolítico e incluso un poco derechista, lo balearon y luego lo apuñalaron hasta matarlo en su rectoría el 28 de julio de 1981, cuando tenía cuarenta y seis años. El escuadrón de la muerte operaba bajo las órdenes del general Fernando Romeo Lucas García, el dictador guatemalteco cuya política consistía en eliminar a los líderes de las comunidades indígenas, fuera cual fuera su ideología. El cuerpo de Rother fue enviado a Estados Unidos, no sin antes quitarle el corazón y enterrarlo en la iglesia.[1]

La catedral da a una polvorienta explanada de losa que hace las veces de plaza principal de la ciudad. El 1 de diciembre de 1990, al anochecer, unos soldados del gobierno que estaban en la explanada empezaron a molestar a algunas jóvenes que pasaban por allí. Las mujeres protestaron, algunos aldeanos les tiraron piedras a los soldados, quienes apuntaron con sus armas, abrieron fuego y una persona resultó muerta. Algunos habitantes del pueblo, enfurecidos, hicieron repicar las campanas de la catedral para congregar a todo el pueblo. Se reunieron varios miles y luego, poco antes del amanecer del 2 de diciembre, cantando que los soldados debían irse, marcharon hacia el cuartel militar. Cuando llegaron al portón, los soldados volvieron a disparar y dejaron a once muertos y cuarenta o más heridos.

En pocas horas llegaron periodistas de la capital, y sus fotografías de hombres, mujeres y un niño muertos en las puertas del cuartel fueron una prueba que las autoridades no pudieron negar. Para sorpresa de prácticamente todo el mundo, el presidente García accedió a quitar permanentemente todas las fuerzas militares de

Santiago Atitlán. El pueblo declaró que se retiraba de la guerra civil guatemalteca que venía librándose desde hacía veinticuatro años. Fue el primer lugar de la nación en hacerlo. Poco después de que las tropas se marcharan, la gente erigió un parque de la Paz, con placas en los sitios en que cayeron cada uno de los mártires y una escultura de mármol de ocho toneladas en la que tallaron el texto de la carta del presidente prometiendo la retirada del ejército y la investigación del incidente. Durante la construcción del parque, los trabajadores descubrieron una tumba masiva, donde probablemente se encontraban hasta ochocientos aldeanos que habían «desaparecido», pero la presidencia amenazó con hacer regresar al ejército si se exhumaban los cadáveres, de modo que la dejaron así, y hoy es un gran agujero en el centro del parque.

La guerra civil de Guatemala, que duró treinta años, terminó en 1995, con 100.000 muertos, otros 100.000 desaparecidos, un millón de desplazados y 440 aldeas borradas del mapa. Tuvo, además, numerosas consecuencias no previstas, por ejemplo, un próspero tráfico de niños robados, vendidos en adopción a americanos y, en muchos casos, según creen los guatemaltecos, para propósitos inmorales. Una generación de caos convirtió el país en un territorio ideal para el transporte de droga. Así como el Imperio romano pagaba a sus soldados con sal, los cárteles pagan a los suyos con cocaína, que se ha convertido en la divisa alternativa de Guatemala. Un gramo de cocaína vale siete dólares, según la tasa cambiaria actual.

No es sorprendente, entonces, que los votantes guatemaltecos se hayan vuelto bastante cínicos. En una ocasión eligieron al dúo cómico Taco y Enchilada como presidente y vicepresidente del país, con un 70 por ciento de votos. Los comediantes, que habían retirado formalmente sus nombres de la papeleta dos semanas antes de la elección y que, por lo tanto, ganaron en una campaña en la que había que escribir (algo particularmente digno de mención en una nación donde el alfabetismo dista de ser universal), rehusaron aceptar el cargo.

Me sentí obligado a tomar una foto de la plaza del pueblo, y mientras manipulaba la cámara, el sol se reflejó en su estuche plateado. Aunque la luz no le dio en los ojos, Manuel hizo un gesto de dolor.

—En Santiago Atitlán hay leyes que protegen al Padre Sol —explicó—. Es ilegal, por ejemplo, reflejar la luz del Sol en un espejo, porque podría deslumbrar los ojos de nuestro Padre. Eso sería un insulto. Asimismo hay leyes que prohíben los sonidos fuertes, los gritos, incluso golpear con fuerza una puerta de noche, también por respeto al cielo nocturno y para no despertar al Padre Sol, que está durmiendo después de haber trabajado todo el día.

Tal vez los sofisticados sonrían con suficiencia, pero detrás de esas leyes, que son frecuentes en los pueblos y aldeas indígenas del centro y sur de América, se esconde un saludable aprecio por el poder del cielo. Estos pueblos perciben una conexión personal con el cosmos. Sienten que estar en buena relación con los cielos les mejora la vida y, que no hacerlo, sería perjudicial para ellos mismos y, por lo tanto, para la comunidad como un todo.

Apenas salimos de la plaza, nos cruzamos con Camilo, el arquetípico buen maestro, digno de estima, orgulloso de su trabajo y de sus buenos estudiantes, en especial Manuel, a quien tuvo de alumno en cuarto grado. Le pregunté a Camilo por 2012.

—El año 2012 es muy importante. ¡Son sólo cuatro años antes de 2016! Ése es el año en que entrará en vigor el Tratado de Libre Comercio de Centroamérica. Debemos estar preparados —declaró el maestro.

¿Tratado de libre comercio? Oh, sí, el mundo real (e irrelevante). Hora de otra ceremonia, en esta ocasión en casa de Manuel, la cofradía de Santiago Apóstol. Una habitación fría y húmeda de atmósfera festiva gracias a unos coloridos altares repletos de estatuas de santos que son en parte animal, y animales que son en parte divinos. Era un lugar totalmente pagano, y a este ex monaguillo episcopal le costó un poco arrodillarse. Manuel asistía a su padre en el servicio, una extática letanía de cánticos, oraciones y propiciaciones con incienso. De repente Manuel me indicó que cerrase los ojos, luego escupió un sorbo de ron en mi cara y también en la de lord Byron. Fue un momento trascendente: parte comunión, parte bautismo, y parte tierra en los ojos. Después de limpiarnos, obedecimos su orden de brindar por las estatuas sagradas tragándonos una copa de aquel ron sagrado.

Una vez más, le pregunté a Manuel por 2012. Él me explicó que le resultaba difícil sentir temor por aquel año porque le parecía que Santiago Atitlán era un lugar muy seguro. «Como el nido de una ave, como el ombligo del mundo.» Estábamos en los primeros días de agosto de 2005.

Al mes siguiente dos huracanes de categoría 4, Katrina y su melliza Rita, cayeron sobre la costa del Golfo de Estados Unidos. Luego, y casi sin que nadie se diera cuenta, un mequetrefe de categoría 1, llamado Stan, se arrastró a través del Atlántico y atacó la península de Yucatán, cruzó hasta el Golfo y convirtió en barro grandes áreas de Centroamérica. El huracán Stan casi no se mencionó en los informativos de Estados Unidos porque no pasó por ese país, aunque terminó siendo la tormenta más letal de la estación, con más de 1.500 muertos, peor incluso que el Katrina.

México y El Salvador sufrieron muchos cientos de bajas, pero Guatemala se llevó la peor parte, en especial en las tierras altas. Prácticamente todos los ríos se salieron de cauce, derribaron puentes, ahogaron al ganado, contaminaron el agua potable con restos residuales. El lago Atitlán tuvo el máximo caudal de su historia. El centro de la destrucción, con corrientes de barro, pánico y enfermedades, fue el pueblo de Manuel, Santiago Atitlán, donde hubo 650 muertos y 330 desaparecidos, 4.000 personas perdieron su hogar y casi todos enfermaron, sufrieron toda clase de problemas y angustias. Panabaj, una comunidad en las cercanías de Santiago, quedó inundada por una pared de barro de ochocientos metros de ancho y hasta siete metros de alto que se deslizó por la ladera de un volcán y enterró a sus 208 residentes.

Los protocolos de los funerales mayas son muy estrictos: debe cubrirse y enterrarse a cada persona exactamente veinticuatro horas después de su muerte. Pero el barro es muy pesado y su peso aumenta a medida que se comprime a cada hora que pasa. Sacar los cuerpos del barro con las manos y con las escasas herramientas manuales que había resultó una tarea de pesadilla. Unos helicópteros transportaron medicinas y suministros hasta la plaza del pueblo, pero cuando llegaron las tropas del presidente Óscar Berger para colaborar con el rescate, los habitantes de Santiago les negaron la entrada. El recuerdo de la masacre que había hecho el Gobierno en 1990 seguía fresco en sus mentes. De modo que dejaron los cadáveres en el barro y la aldea de Panajab se convirtió oficialmente en una tumba masiva.

Los chamanes como Manuel trabajaron sin descanso para aplacar los espíritus de los muertos, con rituales de hierbas e incienso, pero pocos días más tarde sus temores de que las ceremonias no serían suficientes se confirmaron cuando se produjo un fuerte terremoto, que destrozó caminos y puentes y derrumbó cientos de edificios ya desestabilizados por la lluvia. La región, que estaba agonizando, quedó completamente aislada. Nada ni nadie podía salir ni entrar.

Analicemos con más detalle la secuencia de acontecimientos volcánicos, sísmicos y meteorológicos que tuvieron lugar en Centroamérica en octubre de 2005. El sábado 1 de octubre el volcán Llamatepec de El Salvador entró en erupción por primera vez en un siglo; dos personas murieron y miles tuvieron que huir. El miércoles 5 de octubre de 2005, el huracán asesino Stan avistó tierra en Centroamérica y, durante los cuatro días siguientes, lanzó unas cantidades de lluvia sin precedentes en El Salvador, Guatemala y el sur de México, que provocaron terribles inundaciones y deslizamientos de tierra. El sábado 8 de octubre de 2005, un terremoto de 5,8 en la escala de Richter golpeó a Guatemala y El Salvador y provocó más deslizamientos de tierra, además de destruir caminos y puentes. Todo esto ocurrió justo después del huracán Rita y justo antes del huracán Wilma, la mayor tormenta del año.

¿El volcán, el huracán y el terremoto que atacaron Centroamérica son fenómenos aislados, o son, en realidad, manifestaciones de una catástrofe mayor? Pocos científicos se arriesgaron a dar su opinión en uno u otro sentido y, en cambio, decidieron esperar a que se analizaran todos los datos. Pero lo que cayó sobre Centroamérica, en realidad lo que cayó sobre toda la región del golfo de México en el otoño de 2005 no fue una serie de acontecimientos aislados y sin relación entre sí. Fue una megacatástrofe de una escala y una duración como se habían visto muy pocas veces, o tal vez ninguna.

¿En qué baso esta afirmación? En lo obvio. En esa misma sensación visceral que hace que ustedes se inclinen a estar de acuerdo conmigo. Así como Elías oyó al Señor en esa voz quieta y suave que aparecía después de los terremotos, de las montañas derrumbadas, de las rocas que hacían añicos todo lo que había a su paso, de los fuegos, de los fuertes vientos, también nosotros, en la calma que ha seguido a las grandes tormentas de septiembre y octubre de 2005, hemos oído la Verdad: aquí pasa algo más grande y más mortal.

«A medida que los naturales procesos compensatorios se desarrollan (para compensar la presión tecnógena sobre el planeta), desencadenan mecanismos de control, como reacciones sísmicas y actividad volcánica, lo que equivale a decir que las calamidades naturales se volverán más severas, hasta llegar a una transformación global de la maquinaria climática y del estado de la biosfera»,[2] escribe Dmitriev. Añade, con un sombrío regocijo, que una de las «ventajas» de nuestra posición tan volátil y extrema es que los «mecanismos subyacentes que conectan fenómenos meteorológicos, sísmicos y volcánicos aparentemente separados» están a punto de revelarse.

El único desarrollo climático actual que podría causar una megacatástrofe con volcanes, huracanes y terremotos, como el que tuvo lugar en Centroamérica, es el calentamiento global. No hay ninguna duda de que el calentamiento en el golfo de México dio más energía a aquellos huracanes; de hecho, actuó como «una verdadera estación de reabastecimiento de combustible para huracanes», según «Are We Making Hurricanes Worse?» (¿Estamos empeorando los huracanes?), un reportaje especial de portada de la revista *Time* en el que se analizaban las numerosas maneras en que la actividad humana está reabasteciendo la acción de las tormentas.[3]

Está claro que la erupción del volcán Llamatepec en El Salvador fue parte de un proceso mayor, que enfrió el clima local y también contribuyó a la densidad de las nubes de la tormenta que se produjo después. Es posible que los inmensos deslizamientos de tierra de la región, que cambiaron las presiones de las fallas subterráneas, hayan desencadenado el terremoto subsiguiente. Uno tiende a pensar en los terremotos como movimientos que se propagan hacia arriba desde lo profundo del centro de la Tierra (o al menos desde lo profundo de la capa de la corteza terrestre), pero a veces resulta que el impulso para esos movimientos viene de arriba. Las fallas que han quedado paralizadas en su sitio por el inmenso peso de la roca y la tierra que las aprisionan pueden liberarse repentinamente cuando esa roca y esa tierra se mueven. Esto ha llevado a la conclusión sorprendente pero sensata de que el calentamiento global puede causar terremotos, en particular en las latitudes septentrionales. A medida que se derriten los glaciares, su peso sobre las capas tectónicas disminuye, lo que permite que esas placas se deslicen con mayor libertad. Alaska es particularmente susceptible a este efecto, como también lo son, por lo tanto, los países de la costa del Pacífico.

Todavía falta mucho, desde luego, para comprender la mecánica de las megacatástrofes, como la que tuvo lugar durante toda la temporada de huracanes de 2005. Y jamás se la entenderá con la estructura de la industria científica contemporánea. Reunir a los expertos en huracanes, volcanes y terremotos para que evalúen esta situación sería una pesadilla logística y requeriría violaciones radicales de las normas interdisciplinarias. Peor aún, algo así ni siquiera se les ocurriría a las autoridades de las celosas comunidades científicas. Habría que atravesar barreras de nomenclaturas. Se tendría que solicitar a instituciones profesionales sin ninguna conexión burocrática entre sí que establecieran vínculos. Incluso es posible que se demoraran las aspiraciones de aquellos que buscan puestos permanentes en universidades si se les pidiera que prepararan ponencias para grupos de científicos que no pertenecen a su área.

El hecho es que no existe ningún mecanismo científico para analizar la megacatástrofe de volcanes, terremotos y huracanes que atacó Centroamérica, o que podría atacar cualquier otra parte. Sin embargo, está claro que nos enfrentamos a una emergente sinergia de amenazas climáticas, volcánicas y sísmicas.[4]

Es triste admitirlo, pero con frecuencia la mentalidad de tiempos de guerra tiene como resultado los mejores adelantos científicos. Por ejemplo, durante la segunda guerra mundial, urgían soluciones para mantener a raya al enemigo: curar las infecciones respiratorias que afectaban a la mayoría de los pilotos de bombarderos, tomar la presión sanguínea debajo del agua, medir las radiaciones infrarrojas de los fogonazos y las llamas. Ahora tenemos que entender que estamos en guerra nuevamente, y que nuestro nuevo enemigo es la megacatástrofe. Es hora de que la comunidad científica se una en nuestra defensa. Necesitamos sus mejores intuiciones lo más pronto posible, antes de que expire el plazo de 2012.

En el momento en que escribo estas palabras, seis meses después de las tragedias relacionadas con el huracán Stan en Centroamérica, aún no he podido ponerme en contacto con Manuel o saber qué ha sido de él o de su familia. Pero no dejo de pensar en lo que el joven chamán me dijo cuando le pregunté qué planeaba hacer en 2012: «Si estoy vivo, seguiré haciendo rituales. Si estoy muerto, habrá otro ocupando mi lugar.»

TERCERA PARTE
EL SOL

Culpar a Euclides de los propios problemas emocionales podría parecer una exageración en un caso normal, pero no para el personal del turno de noche de la vieja librería Sheridan Square de Greenwich Village. Un sábado, a altas horas de la madrugada, decidí que me sentía aprisionado por la arbitraria idealización del espacio en esos planos geométricos tridimensionales tan poco realistas que había hecho aquel geómetra griego del siglo IV AEC. *La condición en la que me encontraba no tenía nada que ver con el hecho de que carecía de relación estable, vivía solo en una carísima madriguera de cucarachas de 28 metros cuadrados que, si las cosas no empezaban a mejorar, tendría que pagar escribiendo* My Peculiar Lovers, *una novela «para adultos» que la editorial Typographical Services Inc. me había sugerido, a mí y a mi prestigioso título universitario en Literatura, que pergeñara. El encargo venía acompañado de una guía editorial en forma de lista obligatoria de palabrotas —«¿potorro?»— y pagaban la suma total de 150 dólares, una vez aprobado un manuscrito de 160 páginas.*

Después de entrar corriendo a la librería, justo antes de la hora de cierre, a las dos de la mañana, le expliqué jadeando mi problema con las matemáticas a Marie, la encargada del turno de noche, quien, por supuesto, ya lo había oído todo antes y con suma amabilidad me indicó varios libros bastante gruesos sobre una geometría no euclidiana que aceptaba la realidad de una Tierra esférica. Triángulos que se curvaban y que tenían más de 180 grados. Arcos entre dos puntos que eran más cortos que una línea recta trazada entre los mismos puntos. ¡Qué alivio!

Mientras alisaba mis arrugados billetes, de pronto me vi transportado una década atrás, cuando tenía diez años y estaba de pie, ansioso, ante el mostrador de Benny's Luncheonette, un establecimiento de Brooklyn cuyo nombre formal era Park Town Café, pero nadie lo llamaba así. Yo necesitaba, desesperadamente, un mapa de la Luna, digamos, ahora mismo. Tenía que escapar de este planeta con suma urgencia. Benny quedó un poco desconcertado. Tenía helados, hamburguesas con queso, periódicos, cigarrillos, libretas, cintas y artículos diversos, muchos artículos diversos, pero ningún mapa de la Luna.

—¿Y del Sol? —pregunté.

Eso sí que era tonto. Hasta Benny lo sabía. Aunque el Sol era más grande que la Luna, la Tierra y todos los planetas juntos, no había mapas de ese astro. Ningún mar de la Tranquilidad para dibujar, ningún gigantesco punto rojo como Júpiter para colorearlo. Y nadie iría allí jamás. El Sol no era más que una inmensa bola de fuego tan caliente que hacía que el fuego normal pareciera hielo y que ardería para toda la eternidad. Nunca cambiaría, y no le ocurriría nada novedoso que nosotros tuviéramos que saber.

6

VEO EL SOL.
VEO UNA MANCHA EN EL SOL

Bienvenidos a Aztec, Nuevo México.
Población: 6.238 personas amables
y 8 viejos gruñones.

Más o menos un kilómetro después del viejo cartel de bienvenida de Aztec, que estaba agujereado por las balas, me detuve delante del Chubby Chicken. Justo encima de la caja registradora había un montón de caricaturas, entre graciosas y enfermizas, en las que se veía a varios animales cuando los estaban cocinando. En uno de los dibujos, que llevaba el título de «película de terror», aparecían tres pollos con los ojos bien abiertos mirando a un camarada que se asaba en un horno a microondas. En la radio reloj que estaba en el mostrador de las comandas sonaba mi nueva canción favorita de música country, *Sueños refritos*.

Me dirigía hacia Durango, en Colorado, donde aproximadamente ochenta físicos solares procedentes de una docena de países se iban a reunir para explorar la relación del Sol con el clima y la cultura. El congreso estaba auspiciado por el Laboratorio de Física Atmosférica y Espacial de la Universidad de Colorado, que había diseñado y participado en la construcción del Experimento sobre Radiación Solar y Clima (SORCE), un satélite de investigaciones que durante los últimos años ha monitoreado la interacción del Sol con la atmósfera terrestre. De unos doce congresos de físicos solares que se llevaron a cabo en diversas regiones del mundo en el 2005, el SORCE tenía el programa más fascinante, con conferencias sobre toda clase de temas, desde la tecnología de satélites más avanzada hasta la forma en que las fluctuaciones solares habían provocado el canibalismo en la China del siglo XVII.

Mientras mi ración consistente en tres trozos de carne oscura chisporroteaba en la grasa, me pregunté si habría más protones asesinos avanzando en nuestra dirección. Era el 13 de septiembre de 2005, y a esas alturas del año ya me había acostumbrado al hecho de que cada vez que volvía la atención hacia 2012, 2005 irrumpía y, como un hermano menor desesperado por que notaran su presencia, hacía algo travieso o peligroso. El 1 de enero de 2005, cuarenta minutos después del Año Nuevo según el Tiempo Medio de Greenwich, la mancha solar 715 disparó una gran erupción solar, clase X2.[1] (Las erupciones solares se clasifican en C: ligeras, M: medianas, y X: las más poderosas. Los números que siguen a las letras indican la severidad dentro de cada clase). En sí misma, la erupción de Año Nuevo no representaba ningún motivo de alarma. Después de todo, se esperaba que 2005 fuera un año muy tranquilo en cuanto a la actividad solar. Pero retrospectivamente, la erupción solar del día de Año Nuevo marcó el tono del año del huracán Katrina y de todos los otros huracanes que marcaron récords, un año que quedará como uno de los más tormentosos y problemáticos de la historia tanto del Sol como de la Tierra.

Tal vez había una relación.

Según todos los parámetros científicos, se suponía que 2005 tendría pocas manchas solares. Las manchas solares son tormentas magnéticas más grandes que la Tierra que dejan imperfecciones en la superficie del Sol. Son unos 1.500 grados más frías y, por lo tanto, más oscuras, que su entorno inmediato, donde el promedio es de 5.800 grados. Las manchas solares tienen lugar en ciclos de entre nueve y trece años; las más frecuentes, cada once años, que es la cantidad habitual de tiempo existente entre un máximo solar (el mayor número de manchas solares) y el siguiente. También hay un ciclo de once años de un mínimo solar al siguiente. De lo que podemos inferir que el período temporal entre un máximo solar y un mínimo solar, desde lo más alto a lo más bajo, suele ocupar entre cinco y seis años. El ciclo actual, que es el vigésimo tercero, llegará a su nivel mínimo a fines de 2006. El ciclo siguiente, el vigésimo cuarto, llegará a su punto máximo en 2012.

Las manchas solares se observaban a simple vista durante milenios, por telescopio desde poco después de que Galileo lo inventara en 1610, y por satélite desde mediados de la década de 1970. Los astrónomos aún no tienen idea de por qué se producen en ciclos más o menos regulares de once años. «Está en su naturaleza», la fácil explicación de Aristóteles para un fenómeno que no podía ser explicado de otra manera, es prácticamente lo más lejos que hemos llegado. Existe, sin embargo, el amplio consenso científico de que la totalidad de la actividad solar, que en esencia consiste en diversas formas de explosiones y estallidos del Sol, crece cuando aumenta el número de manchas solares, y decrece cuando este número disminuye.

«Hay una correspondencia del 96 por ciento entre las manchas del Sol y otras actividades solares», afirma Harry van Loon, un distinguido físico que en la actualidad trabaja con el Instituto de Investigación Colorado Research Associates y el Centro Nacional de Investigaciones Atmosféricas (NCAR).

O, al menos, eso es lo que se supone. El año 2005 fue el último y el más espectacular de una serie de recientes y perturbadoras excepciones a la regla de los ciclos de las manchas solares. Ese año se produjo más o menos la cantidad esperada de manchas solares, pero la actividad solar general fue la más elevada de todas las registradas para un año mínimo, y según algunas mediciones fue muy superior a la actividad de un año máximo típico.

El 17 de enero de 2005, la mancha solar 720, ciclo 23, una gigantesca tormenta del tamaño de Júpiter, generó una erupción clase X3. Eso no sería más sorprendente que una nevada primaveral en la ciudad de Nueva York: notable pero no alarmante. La mancha solar 720 procedió a entrar en erupción tres veces más. El 20 de enero —una fecha que siempre recordaré porque cuarenta años antes fue el día nevado en que mi padre murió en un accidente automovilístico—, la mancha solar 720 desencadenó una impresionante erupción clase X7,[2] más o menos el equivalente de una nevada en mayo con, digamos, unos diez centímetros de acumulación en media hora.

Aquella tormenta imprevisible y desconcertante lanzó varios miles de millones de toneladas de protones que se transportaron desde el Sol hasta la Tierra en aproximadamente media hora, en lugar de los habituales uno o dos días. Los científicos no entienden por qué ocurrió algo así. La mayoría de las explosiones de manchas solares, incluidas las cuatro anteriores de la mancha solar 720, pertenecen a una variedad común conocida como *eyección de masa coronal* (EMC). Las EMC son nubes de gas a altísimas temperaturas que salen del Sol y atraviesan el espacio interplanetario, creando ondas expansivas que aceleran diversas partículas, mayormente protones, delante de ellas y que dan como resultado lo que se conoce como *tormenta de protones.* Por lo general, las EMC se desplazan a una velocidad de entre 1.000 y 2.000 kilómetros por segundo, lo que es bastante lento para los niveles del sistema solar, y si resulta que se dirigen a la Tierra, sentimos sus efectos uno o dos días más tarde. Los satélites se estropean, determinadas comunicaciones por radio se interrumpen, y magníficas auroras llenan los cielos nocturnos. Es posible que las EMC cumplan, en realidad, algún papel útil y vigorizante, que proporcionen un estímulo beneficioso a la atmósfera exterior terrestre o a su escudo magnético. Nadie lo sabe.

La quinta explosión de la mancha solar 720 fue totalmente diferente y llegó a la Tierra cincuenta veces más rápido que lo normal. Si la velocidad de disparo de un rifle de pronto se multiplicara por cincuenta, las balas que salieran de él aumentarían su poder en la misma proporción. Lo mismo ocurre con los protones. Los protones asesinos del 20 de enero bombardearon la Tierra en una tormenta imprevisible que dejó a los expertos sin habla.

«Las EMC pueden explicar la mayoría de las tormentas de protones, pero no la del 20 de enero», declara Robert Lin, físico solar de la Universidad de California en Berkeley.[3]

No hay ninguna manera en que las ondas expansivas de las EMC puedan impulsar protones u otras partículas fundamentales a velocidades semejantes. Imaginemos que estamos en un bote de remos en el medio de una laguna y arrojamos una roca de buen tamaño al agua, y los pedacitos de lo que sea que esté flotando sobre el agua son empujados por las ondas; así sería la onda expansiva normal de una EMC.[4] Para entender lo ocurrido el 20 de enero, imaginemos arrojando una piedra de un tamaño similar con mucha fuerza, tanta fuerza como para crear ondas tan rápidas y poderosas que los pequeños pedacitos flotantes corran sobre la superficie de la laguna y choquen contra la orilla, haciendo añicos unos cuantos guijarros en la costa. Es muy difícil imaginar a alguien arrojando una piedra con tanta fuerza, ¿verdad?

Esto no responde sólo a un interés académico. La luz del Sol, que se desplaza a unos 300.000 kilómetros por segundo, tarda cerca de ocho minutos en llegar a la Tierra, lo que significa que, para que los protones salidos de la mancha solar 720 alcanzaran la Tierra en treinta minutos, esas partículas debieron de haberse movido a, digamos, un cuarto de la velocidad de la luz, o alrededor de 75.000 kilómetros por segundo. Cuando cualquier cosa se desplaza a una fracción significativa de la velocidad de la luz, se la denomina *relativista*, en referencia a la regla fundamental de la relatividad proclamada por Einstein, según la cual la materia no puede desplazarse más rápido que la velocidad de la luz. Cualquier partícula, sea vaca o tostadora, que viajara a la velocidad de la luz alcanzaría una masa infinita. Pero incluso a una fracción de la velocidad de la luz, la masa se hace mucho más pesada. De modo que estos protones, en lugar de ser casi ingrávidos, habrían chocado contra la Tierra con la fuerza de guijarros diminutos, quintillones de ellos, como si el Sol hubiera disparado una escopeta de perdigones. Hay toda clase de salvedades e hipótesis contradictorias, pero, a menos que Einstein estuviera muy equivocado, todos desapareceremos si una futura partida de protones logra reducir otros veintidós minutos del tiempo del trayecto entre el Sol y la Tierra y lo fija en ocho minutos, que es más o menos lo mismo que tardó mi plato de tres trozos de Chubby Chicken para quedar bien crujiente.

Haría falta un nivel excepcional de paranoia para argumentar que el Sol disparó la tormenta de protones del 20 de enero a la Tierra a propósito. El viejo Sol no tiene mente ni intenciones. Si realmente quisiera hacernos daño, podría encontrar maneras mucho más desagradables. De todas maneras, «la tormenta de protones más intensa en varias décadas», según la describió un informe de la NASA, fue dirigida magnéticamente desde la mancha solar 720 hacia la Tierra. Se decía que la mancha solar estaba ubicada a 60 grados oeste de longitud solar. A medida que el Sol rota, los campos magnéticos de esa mancha se curvan para crear una especie de pasillo magnético hacia la Tierra para cualquier EMC que entrara en erupción en ese punto.

La NASA no reveló la información sobre la tormenta del 20 de enero hasta mediados de junio; tal vez sus datos eran tan asombrosos que tuvieron que verificarlos. Esta inusual demora, así como la desconcertante ausencia de comentarios al respecto, ha hecho imposible evaluar el impacto de esta peculiar tormenta, que podría haber sido grave, puesto que chocó contra la Tierra directamente. Tal vez algunos satélites se hayan freído o se hayan desencadenado cánceres de piel. Sencillamente, no lo sabemos.

Resulta que esa tormenta del 20 de enero que abrió 2005, un año de mínimo solar, ha sido la tormenta de radiaciones más grande desde octubre de 1989, un año de máximo solar. Es muy posible que haya postergado los planes de una exploración espacial tripulada para el futuro inmediato. Por lo general, si una tormenta solar peligrosa se dirige hacia la órbita terrestre, hacia la Luna o hacia cualquier otro sitio donde pudiera haber astronautas, éstos tienen al menos un día para cerrar las escotillas. Pero ésta golpeó tan rápido, en menos de media hora, que los astronautas probablemente no hubieran tenido tiempo de defenderse.

Los huesos que contienen médula, tales como los que se encuentran en el cráneo, los hombros, la columna dorsal, el esternón y los muslos, son las partes del cuerpo más vulnerables a la radiación. Los protones solares anulan las células productoras de sangre que residen en la médula, lo que agotaría el suministro de sangre nueva del cuerpo en alrededor de una semana.

«Haría falta un transplante de médula inmediato, pero no se

practican en la Luna»,[5] escribe Tony Phillips, director de los despachos de Science@NASA.

Uno podría agregar que tampoco se practican en la Tierra, al menos en cantidad suficiente si los protones asesinos comienzan a penetrar el menguante campo magnético del planeta y generan problemas sanitarios aquí abajo.

El año 2005 siguió siendo tormentoso y llegó a su clímax en septiembre, con una de las semanas más turbulentas en la historia solar documentada.[6] El 7 de ese mes, la mancha solar 798, que regresaba del lado seguro del Sol, desencadenó una monstruosa erupción solar, clasificada como X17, la segunda más grande jamás registrada. El estallido provocó un apagón en muchas transmisiones de onda corta, CB* y radioaficionados en el lado diurno de la Tierra, que, en ese momento, a las 13.40 horas, incluía la mayor parte del hemisferio occidental. Durante los siete días siguientes se produjeron nueve erupciones más de clase X en el Sol; varias de ellas lanzaron tormentas de radiación que acribillaron la Tierra. Por lo general, el campo magnético terrestre nos protege a la mayor parte de nosotros de esa clase de radiación. En los últimos años, sin embargo, ese campo magnético se ha reducido de manera inexplicable.

El último estallido solar ocurrió el 13 de septiembre, el día en que se inició el congreso SORCE. No hay duda de que los físicos solares estarían muy excitados. En términos generales, la semana del 7 al 13 de septiembre, tumultuosa para los niveles de cualquier año de máximo solar, fue todavía más asombrosa porque se produjo durante un año de mínimo solar. Según las palabras del meteorólogo y astrónomo Joe Rao, del planetario Hayden del Museo Americano de Historia Natural de la ciudad de Nueva York: «Esta tormenta fue como la proverbial tormenta de nieve en pleno verano.»

* Las iniciales CB se refieren a *Citizens Band radio*, un sistema de comunicación de radio a corta distancia entre individuos. *(N. del t.)*

DESDE LA EDAD DE HIELO

Sami Solanki, perteneciente al famoso Instituto Max Planck de Investigación del Sistema Solar ubicado en Katlenburg-Lindau, Alemania, es uno de los principales científicos que sostienen la creencia de que el comportamiento actual del Sol es excepcionalmente, tal vez problemáticamente, energético. Solanki, un europeo urbano de origen hindú, sacudió el congreso SORCE: «Tal vez con la única excepción de unos pocos picos breves, el Sol se encuentra más activo en la actualidad que en ningún otro momento de los últimos 11.000 años.»[7] El físico informó a sus colegas de que desde 1940 el Sol ha generado más manchas solares, y también más estallidos y erupciones que lanzan enormes nubes de gas al espacio, que en el pasado. Una versión anterior de los descubrimientos de Solanki había aparecido en la revista *Nature*.

Si Solanki hubiera efectuado este anuncio ante una audiencia de científicos que estudian la Tierra, un estremecimiento de pánico habría atravesado la sala. Hace 11.000 años tuvo lugar el final de la última Edad de Hielo, un período verdaderamente icónico. La Edad de Hielo de 11.000 años atrás, en realidad la más reciente de las numerosas edades de hielo que han enfriado la Tierra con el paso de los eones, es el mayor ejemplo de cambio climático que conocemos, tanto por el congelamiento de gran parte de las latitudes como por el subsiguiente calentamiento global cuando los glaciares se retiraron y las temperaturas ascendieron hasta llegar a sus niveles normales. Para los científicos que estudian la Tierra, la Edad de Hielo es, en gran medida, el punto divisorio entre la historia y la prehistoria.

La declaración de Solanki de que, en esencia, el peculiar comportamiento del Sol en la actualidad no se parece a nada que hayamos experimentado desde el final de la Edad de Hielo es, por lo tanto, no menos asombroso para los científicos que estudian la Tierra que si hubiera anunciado ante una audiencia de estudiosos de la Biblia que las cosas no habían sido así desde los tiempos de Noé y el diluvio universal, que bien podría haber sido el resultado del derretimiento de la última Edad de Hielo. Hacía tiempo que los científicos terrestres suponían que esta transición de calentamiento, como suele suponerse en general de los procesos geológicos, era lenta y gradual, y que tardaba cientos o incluso miles de años. Pero según un informe especial de la revista *Time*, las últimas evidencias indican lo contrario: un número cada vez mayor de paleoclimatólogos, que estudian la historia antigua del clima terrestre, están llegando a la conclusión de que los sistemas complejos, tales como la atmósfera, saltan de un estado constante a otro con sólo unos breves períodos de transición, de una manera muy similar a la que el agua puesta a hervir se convierte en vapor de golpe.[8]

Richard Alley, de la Universidad Estatal de Pensilvania, se especializa en el estudio de los cambios climáticos abruptos. Alley sostiene que los núcleos de hielo extraídos en Groenlandia prueban que la última Edad de Hielo no llegó a su fin en «el lento arrastrarse del tiempo geológico, sino en la veloz explosión del tiempo real, con un calentamiento abrupto que afectó a todo el planeta en apenas tres años. La mayor parte del tiempo, el clima reacciona como si se lo controlara con un dial, pero en ocasiones actúa como si se lo controlara con un interruptor».[9]

¿Entonces el Sol está por pulsar el interruptor de la Tierra? Es necesario aclarar que Solanki no se pronunció sobre los efectos que el comportamiento actual del Sol podría tener sobre el clima terrestre. Simplemente, observó que el Sol parece estar más activo hoy en día que en cualquier otro momento desde la última Edad de Hielo. Si un cambio climático tan penetrante y dramático volviera a ocurrir en la actualidad, con 6.000 millones de personas más viviendo en el planeta, unidas entre sí mediante una economía global interdependiente, los resultados serían catastróficos en un nivel muy superior a cualquier otra cosa en la historia de la humanidad o en la imaginación. En especial si ese cambio ocurriera, como sostiene Richard Alley, en una «veloz explosión de tiempo real», digamos, entre hoy y 2012.

EL MOMENTO MÁS CALIENTE DE LOS ÚLTIMOS 50.000 AÑOS

Casi todos los datos relacionados con la historia del clima hasta la Edad de Hielo se han obtenido de muestras de núcleos de hielo extraídas en el Ártico o en la Antártida. Pero extrapolar la historia climática de las regiones ecuatoriales a partir de muestras de hielo polar es un asunto bastante arriesgado. Imaginemos que sólo poseemos datos meteorológicos del tercio septentrional y el meridional de la Tierra e intentamos deducir qué ocurrió en el medio... hace 11.000 años. Esto es particularmente problemático puesto que aproximadamente dos tercios de la población del mundo, incluidos los descendientes mayas, viven más cerca del ecuador que de los polos y, por lo tanto, en regiones a las que la glaciación de la Edad de Hielo afectó relativamente poco o nada. Pero ¿de dónde vamos a sacar hielo en el ecuador?

La respuesta, según el glaciólogo Lonnie Thompson de la Universidad Estatal de Ohio, uno de los científicos más célebres de nuestros tiempos, es que lo encontraremos por encima del nivel del mar, al menos a 4,82 kilómetros de altura.

Thompson no participa en muchos congresos, tampoco en el SORCE de 2005, aunque siempre está invitado a hacerlo. En cambio, se dedica a escalar montañas, lo que, de hecho, tampoco le gusta tanto; padece asma y preferiría quedarse en su casa de Columbus, en Ohio, con su esposa y también investigadora, Ellen Mosley-Thompson. Pero ello no le ha impedido pasar más tiempo que cualquier otro ser humano a alturas de 6.000 metros o más (los guías sherpa están incluidos; los pilotos de aerolíneas comerciales, no). Durante los últimos treinta años, Thompson se ha limitado a seguir su propia observación, basada principalmente en el sentido común, de que los climas tropicales no se pueden deducir a partir de datos de los polos, hasta las últimas consecuencias lógicas: escalando las montañas más próximas al ecuador en busca de pistas sobre la historia del clima de esa región.

Thompson y su equipo han reunido una colección de muestras de hielo de unos 6,5 kilómetros de longitud, conservada en una instalación del campus estatal de Ohio dentro de un refrigerador de 186 metros cuadrados que mantiene los núcleos a temperaturas de entre 30 y 35 grados bajo cero. Los núcleos de hielo son, literalmente, pedazos congelados de tiempo. Cuanto más profundos son, más antigua es la historia. Analizando el contenido químico de cada capa de hielo, los investigadores determinan una línea temporal del clima en la localidad de donde se extrajo ese núcleo. Se han analizado miles de núcleos de hielo y se han registrado en una base de datos, que les ha permitido a los investigadores recrear gradualmente la historia climática del planeta hasta la Edad de Hielo, y en algunos casos mucho más lejos.

Al igual que la bóveda a prueba de bomba H de Reikiavik, en Islandia, donde se conservan los pergaminos que relatan las grandes sagas islandesas, el refrigerador de núcleos de hielo de la Universidad Estatal de Ohio preserva una historia que jamás puede reemplazarse. La instalación de Thompson debería declararse patrimonio mundial. De hecho, el calentamiento global viene derritiendo los glaciares del mundo a un ritmo cada vez mayor, lo que le da un impulso todavía más fuerte al equipo de Thompson para coger muestras del planeta antes de que se pierda ese patrimonio.

«El calentamiento global no es tan polémico como a algunas personas les gustaría hacernos creer. Hay pruebas claras de que está por producirse un cambio climático importante»,[10] dice Thompson. Galardonado con un montón de premios, consultado por Al Gore, el *National Geographic* y el *New York Times*, Thompson es el científico en quien se basa el personaje interpretado por Dennis Quaid en *El día de mañana*, un *thriller* sobre el calentamiento global. Thompson, que estaba escalando un pico en China mientras tenía lugar el congreso SORCE, es más conocido por su conclusión de que el Kilimanjaro, la cumbre africana que Hemingway hizo famosa por sus nieves, está, en realidad, perdiendo su corona de hielo y lo hará por completo antes de 2015.

Cuando se le preguntó por las consecuencias, la respuesta de Thompson fue de una humanidad conmovedora: «El turismo es la industria más grande en Kenia, y probablemente disminuirá si el famoso casquete glaciar del Kilimanjaro ya no existe.»[11]

Durante años, Thompson ha acumulado pruebas de que hace 5.200 años, la Tierra experimentó una catástrofe climática. Citando toda clase de documentos, desde estudios de los anillos de los árboles hasta cadáveres humanos, desde el polen de las plantas hasta los isótopos de oxígeno, llegó a la conclusión de que hace 5.200 años se produjo una abrupta caída y luego un crecimiento de la actividad solar, que transformó el Sahara, hasta entonces una región fértil y repleta de vegetación, en un desierto, encogiendo los picos nevados en los polos y alterando de otras maneras la ecología global.[12]

Es interesante notar que este período de 5.200 años coincide con la definición maya de una era, o sol. Recordemos la explicación de los hermanos Barrios de que ahora nos encontramos en la cuarta era, que comenzó en 3114 AEC y que terminará en el 2012. Por cierto, el 3100 AEC parece haber sido un momento fundamental en muchas regiones. Ésa fue la época en que surgió la civilización egipcia y también en que, según la mitología hindú, Krishna murió y se inició la era actual, la Kali Yuga, o Era Degenerada. Bien podría ser que el fin de la crisis ecológica global que tuvo lugar hace 5.200 años marcara el surgimiento de nuevas civilizaciones y el comienzo de una nueva era.

Thompson cree que las condiciones que llevaron al desastre de hace 5.200 años son muy similares a las que estamos experimentando en la actualidad. «Algo ocurrió en aquella época y fue monumental. Pero no les pareció monumental a los humanos porque había sólo unos 250 millones de personas viviendo en el planeta, en comparación con los 6.400 millones de hoy. Las evidencias apuntan claramente a ese momento en la historia y a un acontecimiento que tuvo lugar entonces. También apuntan a que están produciéndose cambios similares en el clima actual», advierte.[13]

Thompson califica los glaciares montañosos, por ejemplo el Kilimanjaro, como las «joyas de la corona» de la Tierra. Su pérdida, y la pérdida del agua que proporcionan a la tierra que está más abajo, causarán, inevitablemente, sequía, hambre y escasez de energía hidroeléctrica; en resumen, una catástrofe para las sociedades que dependen de esa agua y, finalmente, para las comunidades regionales y globales a las que pertenecen.

En retrospectiva (si es que la hay), es posible que el clima actual haga parecer la situación de 5.200 años atrás como un paseo en el parque. Cuando estaba caminando por un prado en uno dc sus glaciares favoritos, el casquete glaciar del Quelcaya, en Perú (que está reduciéndose cuarenta veces más rápido que cuando fue estudiado por primera vez, en 1963), Thompson se encontró con unos fósiles de plantas poco comunes, de modo que recogió algunos especímenes y los envió a dos laboratorios independientes. Según los resultados de los análisis, esos especímenes tenían entre 48.000 y 55.000 años de antigüedad. Para que las plantas conservaran la forma casi perfecta en que él las había encontrado, era necesario que estuvieran cubiertas y protegidas por hielo durante la mayor parte de ese período, «lo que significa que lo más probable es que el casquete glacial no se redujera hasta llegar a su tamaño actual durante un lapso mayor al de 50.000 años», según Thompson.[14]

De modo que ahora hace más calor que en los últimos 50.000 años o más. Tal vez la cifra más probable sea la de 74.000 años, cuando el supervolcán del lago Toba escupió ceniza a la atmósfera y volvió el aire irrespirable, bloqueó la luz y el calor del Sol, produjo una edad de hielo, y diezmó la humanidad.

RITUALES DE ADAPTACIÓN

Como el niño que, en el fondo del aula, lleva tanto tiempo levantando una mano que usa la otra para sostenerla, el lector podría preguntarse: ¿cómo pueden estar tan seguros sobre lo que ocurrió hace miles y miles de años, antes de que se guardara ninguna clase de registros?

La respuesta es, en resumen, el carbono 14. El carbono 14 es un isótopo radiactivo que tiene seis protones y ocho neutrones, dos neutrones más que el elemento carbono regular que, con seis protones y seis neutrones, alcanza un peso atómico de 12. Hay tanto carbono en la materia orgánica de plantas y animales en el mundo que el carbono 14 puede encontrarse casi en cualquier parte, en proporciones estrictamente previsibles dentro de cada muestra del contenido general de carbono. Este isótopo comienza a descomponerse en el momento en que una planta o un animal mueren, y su vida media, el tiempo que tarda la mitad de una cantidad determinada de carbono 14 en volverse no radiactivo, es de 5.730 años. Los espectrómetros de masa pueden contar literalmente el número de átomos de carbono 14, lo que permite realizar dataciones precisas a partir de muestras muy pequeñas.

Lo que vuelve radiactivo al carbono 14 son los rayos cósmicos del espacio exterior que atraviesan su núcleo. Sucede que existe una relación inversa entre las manchas solares y el número de rayos cósmicos que llegan a la Tierra: cuantas más manchas solares hay, más denso es el campo magnético interplanetario que emana del Sol y, por lo tanto, son menos los rayos cósmicos que logran alcanzar la Tierra y bombardear el carbono estable para volverlo radiactivo. Lo mismo ocurre con el elemento berilio, otro isótopo radiactivo que se utiliza para establecer fechas. Cuantas más manchas solares hay, menos berilio 10 radiactivo se crea.

Para rastrear el comportamiento del Sol en los días anteriores al telescopio, hace falta investigar la evidencia residual de manchas solares, para deducir, de ese modo, su número e intensidad. Por lo tanto, puede inferirse la actividad de manchas solares evaluando los niveles de carbono 14 y berilio 10 en diferentes momentos de la historia. Volvamos a las muestras de núcleos de hielo. La regla general es que cuanto más profundo se encuentra el isótopo en el hielo, o en el antiguo tronco de árbol, más tiempo hace desde que se depositó.

Sin el carbono 14 y otras técnicas de datación a través de isótopos radiactivos, no tendríamos ningún conocimiento sobre la actividad solar anterior a 1610, fecha de la invención del telescopio, lo que sería una pérdida intelectual terrible, puesto que cuatrocientos años son un período dolorosamente insuficiente para entender las tendencias climáticas de largo plazo en nuestro planeta, que tiene 5.000 millones de años. Sin el contexto histórico, es imposible evaluar el significado: es imposible deducir si el sol realmente está comportándose mal o sólo atravesando la misma clase de fase por la que ya ha pasado muchas veces.

Por ejemplo, el siglo y medio transcurrido entre 1100 y 1250 fue una época más calurosa de lo normal aquí en la Tierra. Durante esos años, los vikingos consiguieron establecer florecientes colonias en Groenlandia e incluso en el noreste de Canadá, a la que bautizaron como Vinlandia, por las uvas vinícolas que, al parecer, crecían allí. Los registros del carbono 14 indican claramente que la época de apogeo de los vikingos fue también una era de una actividad solar mucho más elevada de lo habitual. De todas maneras, prácticamente todos están de acuerdo con que la actividad solar durante la época de los vikingos era muy inferior a la actual. Si dijéramos que en aquel entonces el Sol tenía un acné de manchas solares, hoy tiene una grave urticaria.

Gran parte del congreso SORCE se dedicó a debatir sobre la verdadera exactitud de las técnicas de datación a través de isótopos. ¿Los niveles de carbono 14, por ejemplo, se ven afectados por otra cosa además de la radiación cósmica? ¿Cuál es el mejor indicador, los niveles absolutos de isótopos radiactivos o el ritmo de incremento o disminución? ¿Cuán precisas son, en cualquier caso, las técnicas de medición de los isótopos radiactivos? ¿Las fluctuaciones del campo magnético terrestre afectan las lecturas de los isótopos? (Éste fue un debate bastante candente.)

Finalmente, la utilización del carbono 14 para inferir la actividad histórica de las manchas solares resistió el ataque de los escépticos en el congreso SORCE, aunque con ciertas reservas, tales como las distorsiones provocadas por las pruebas de armas nucleares, que crean carbono 14, y las fluctuaciones del campo magnético terrestre, que pueden afectar independientemente al número de rayos cósmicos que penetran en la atmósfera. Se consideró que el berilio 10 era un poco menos fiable por su tendencia a adherirse a los aerosoles, que flotan en la atmósfera durante uno o dos años y luego se depositan al azar. De modo que un anillo de árbol que contuviera muy poco berilio 10, lo que indicaría un nivel elevado de actividad de las manchas solares, podría ser engañoso, porque otro anillo de árbol de la misma era histórica podría contener una gran cantidad de berilio 10, sencillamente debido a que el segundo árbol absorbió los aerosoles de una manera más eficiente.

Todos acordaron que la prudencia indica que los trabajos basados en mediciones de cualquiera de esos isótopos deben verificarse con más cuidado en el futuro.

«¡Si es que hay futuro!», quise gritar, pero eso no hubiera estado bien visto.

LAS NUEVAS ROPAS DE LOS FÍSICOS

Me sentía como el niño que señaló al emperador desnudo, sólo que esta vez el emperador estaba en llamas. Como ya hemos visto, el período de siete días comprendido entre el 7 y el 13 de septiembre de 2005 fue una de las semanas más tumultuosas en la historia conocida del Sol, y los libros de récords quedaron achicharrados, pero en el congreso de físicos solares SORCE, que comenzó el 13 de septiembre, prácticamente no hubo mención alguna de la tormenta.

Cabe aclarar que toda la información estaba disponible durante el congreso SORCE. Yo lo sé porque leía los informes de la NASA cada día por correo electrónico y me encontraba con titulares tales como «Intensa actividad solar», «Auroras rojas como rubíes en Arizona», y más tarde «¡El mínimo solar estalla!», escritos por Tony Phillips. Varias semanas después, el 26 de septiembre, apareció en el Sol la prominencia más grande de los últimos tiempos. Aquella bola de fuego, con la forma de una extremidad, tenía el tamaño de la Tierra multiplicado muchas veces. En términos generales, septiembre de 2005 resultó el mes más tumultuoso para el Sol desde marzo de 1991, un año de máximo solar que, por lo tanto, se esperaba turbulento.[15]

En los anales de la física solar, la actividad registrada en septiembre de 2005 está destinada a ocupar un lugar junto a la ya legendaria serie de agitaciones solares conocida como «las tormentas de Halloween», que tuvo lugar entre el 26 de octubre y el 4 de noviembre de 2003. Por primera vez en la memoria de los astrónomos, dos manchas solares del tamaño de Júpiter aparecieron en la cara del Sol al mismo tiempo.[16] A continuación, ambas procedieron a estallar una y otra vez con erupciones clase X. La tormenta comenzó el 26 de octubre y llegó a su clímax el 4 de noviembre en la erupción solar más grande jamás registrada, un impacto clase X45. Si la resultante eyección de masa coronal se hubiera dirigido a la Tierra, habría aplastado la red de satélites global. Sin duda, las telecomunicaciones, la banca y hasta los satélites de observación militar habrían quedado fritos. Lo sabemos porque una erupción solar más pequeña, clase X19, emitió una tormenta radiactiva que golpeó la Tierra en 1989 y dejó fuera de combate la red eléctrica Hydro-Quebec durante varias horas, al fundir varios generadores. Es muy posible que la tormenta producida por una erupción solar clase X28 tuviera consecuencias muy severas para la salud humana, bajo la forma de envenenamiento por radiación, cáncer, enfermedades oculares y otros trastornos.

Por Internet circulan interminables artículos, bitácoras y comentarios sobre la tormenta de Halloween de 2003, muchos de ellos histéricos y confusos, pero que de todas maneras suelen captar dos puntos principales: 1) este período de tormentas fue de una ferocidad extraordinaria, y 2) si la lluvia radiactiva hubiese caído de lleno sobre la Tierra, realmente habríamos sufrido. El Halloween de 2003 fue tan poderoso que algunos físicos solares ahora lo consideran un segundo máximo solar, puesto que se produjo entre dos y dos años y medio después del máximo solar de 2001, y también debido a que el comportamiento del Sol en realidad nunca volvió a la normalidad. Los acontecimientos de septiembre de 2005, aunque menos poderosos que los de Halloween de 2003, fueron incluso más significativos, porque se produjeron en el punto más bajo del ciclo.

Entonces, ¿por qué en un congreso SORCE, organizado por los que están a cargo de la operación de un satélite de investigación solar, apenas hubo una mención de la que quedará en la historia como una de las semanas más notables de la historia solar documentada? Es cierto que en el boletín informativo del SORCE se habló de la tormenta de septiembre de 2005, pero ¿por qué no se realizó ninguna sesión para intercambiar ideas aprovechando que todos los físicos solares estaban reunidos?

Solanki explicó amablemente que la mayoría de los científicos sólo se emocionan cuando tienen todos los datos. Los acontecimientos de septiembre de 2005 probablemente causarían un alboroto en el congreso SORCE del año siguiente, o del posterior a éste. En términos intelectuales, podría aceptar la metodología meticulosa de los científicos que los obliga a esperar hasta tener toda la información, pero emocionalmente no. Su prosaica despreocupación era una negación inquietante de la reacción emocional en tiempo real a las actividades espectaculares y sin precedentes del Sol, el objeto central de la vida profesional de todo físico solar, que estaban ocurriendo en ese preciso momento en los cielos sobre ellos.

Por todos los diablos, ni siquiera podría aceptarla en términos intelectuales.

El mes de septiembre de 2005 se presentaba como uno de los más tormentosos y salvajes de la historia del Sol y de la Tierra. Las aguas sobrecalentadas del Atlántico y del golfo de México no alcanzaban a disipar suficiente vapor. Katrina, el inmortal, ya había destruido Nueva Orleans (Sodoma y/o Gomorra, para algunos de aquellos con inclinaciones bíblicas). Rita asustó a Houston y a Bush y soltó un montón de lluvia. A comienzos de octubre llegó Stan, aquel huracán poco conocido de Centroamérica que devastó Atitlán y terminó siendo el asesino más letal del año. Luego Wilma, el más poderoso de todo el grupo, provocó apagones en Florida. Los siguieron al menos otras ocho tormentas tropicales, algunas con fuerza semejante a las de un huracán, que se sumaron a un total que superaba cualquier otra temporada.

El año 2005 estaba de camino en convertirse el más caliente, más tormentoso y también incluso el más seco del que se tiene registro. Es bastante posible que también fuera uno de los más activos sísmica y volcánicamente. Incluso terminó con una racha de incendios forestales y tornados impropios de esa estación y que no suelen ser una tradición navideña.

Más aún, el manual del SORCE especificaba una conexión entre la actividad solar y el clima terrestre: «Las ecuaciones del equilibrio de energía predicen que si el Sol se modifica en una cantidad modesta, digamos, un 1 por ciento, la temperatura promedio global de la superficie cambiará en torno a 0,7 grados centígrados. Algunos modelos empíricos estiman que el Sol se ha modificado en casi un 0,5 por ciento desde la era preindustrial. Los modelos climáticos indican que ese cambio puede explicar más del 30 por ciento del calentamiento que se ha producido desde 1850», según el manual de SORCE que entregaban en la puerta.[17]

¿Más del 30 por ciento? Eso significaría que el fortalecimiento del Sol es más importante para el calentamiento global que cualquier otro factor, excepto el legendario incremento del CO_2. De modo que parecía más que razonable investigar las relaciones entre los tumultos solares y terrestres que estaban produciéndose minuto a minuto. Sin embargo, allí había ochenta consumados científicos solares, juntos durante tres días, y no dedicaron ni siquiera uno de los descansos del congreso a explorar esta terrorífica coincidencia.

¡JAMÁS PREDIGÁIS!

Si los períodos tormentosos como los ocurridos en septiembre de 2005 están produciéndose justo cerca del mínimo solar, ¿alguien podría decirnos, por favor, qué deparará 2012 para el Sol y la Tierra?

«¡Jamás predigáis!», entonó el veterano investigador Harry van Loon después de su magistral ponencia en la que estableció la correlación entre la variabilidad de las manchas solares y los patrones de precipitaciones de América del Norte.[18] Pero, como siempre ha sostenido Richard Feynman, el legendario físico, la capacidad más significativa de la ciencia es su habilidad para prever. Es necesario que nuestros físicos solares efectúen predicciones de las peores y las mejores perspectivas para 2012.

Si el período de máximo solar que empezará en 2011 y llegará a su cima en 2012 resulta ser tan superior al máximo promedio como lo fueron el período de Halloween de 2003 y el de septiembre de 2005 respecto del mínimo solar promedio, entonces bien podríamos estar a punto de experimentar la catástrofe sobre la que los astrónomos mayas vienen advirtiéndonos desde hace 1.500 años.

Varios meses después de la clausura del congreso SORCE, un equipo de científicos solares del Centro Nacional de Investigaciones Atmosféricas (NCAR) ubicado en Boulder, Colorado, confirmó lo que ya muchos sospechaban: «Predecimos que el próximo ciclo solar será entre un 30 y un 50 por ciento más fuerte que el último», declaró Mausumi Dikpati. Junto con Peter Gilman y Giuliana de Toma, también miembros del Observatorio de Grandes Alturas del NCAR, Dikpati ha desarrollado el modelo predictivo de transporte de flujo dinámico, que genera predicciones de actividad solar rastreando los movimientos subsuperficiales de restos de manchas solares de los dos ciclos previos. Basándose en nuevas técnicas heliosismológicas, con las que se rastrean ondas sonoras en el interior de Sol de una manera muy similar a la que un médico usaría ultrasonido para ver el interior de un paciente humano, el equipo del NCAR cree que las manchas solares ayudan a engendrar más manchas solares en un intrincado proceso de cinta transportadora. «Cuando estas manchas solares se descomponen, dejan una huella en el plasma en movimiento con una clase de firma magnética», observa Dikpati.[19]

Las manchas solares se inician como nudos magnéticos en la zona de convección solar, que es la capa más exterior del cuerpo del Sol y también la región más vulnerable a las influencias electromagnéticas o gravitacionales externas. Unas corrientes de plasma, o un gas altamente electrificado, actúan como cintas transportadoras y llevan esos nudos desde los polos hasta el ecuador, donde salen a la superficie y explotan en forma de tormentas magnéticas, lo que llamamos *manchas solares*.

«Predecir de manera precisa los ciclos del Sol, con una anticipación de varios años, ayudará a las sociedades a prepararse para las rachas activas de tormentas solares, que pueden reducir la velocidad de las órbitas de los satélites, interrumpir las comunicaciones y alterar los sistemas de energía», declara el informe del NCAR.

Los hallazgos del equipo del NCAR, publicados en la prestigiosa *Geophysical Review Letters*, indican que el próximo ciclo solar, el vigésimo cuarto, se iniciará en 2007, entre seis meses y un año más tarde de lo esperado. Será entre un 30 y un 50 por ciento más fuerte que este último ciclo, que ya es en sí un récord, y llegará a su clímax en 2012...[20]

En su último día en la Tierra, Elías quedó atrapado en un torbellino y luego ascendió al cielo en una carroza de fuego tirada por un caballo de fuego. Estaría bien que decidiera regresar, exactamente de la misma forma, en el próximo congreso SORCE.

7

ÁFRICA SE RESQUEBRAJA, DESPUÉS LE TOCA A EUROPA

Jah debe de estar enfadado. ¿Por qué, si no, el Todopoderoso Señor del taxista rasta partiría en dos la tierra sagrada y antigua de Su amado profeta, su Majestad Imperial Haile Selassie, emperador de Etiopía, León de Judá, también conocido como Ras Tafari, un hombre diminuto que murió en 1975 pero que de todas maneras sigue siendo una figura imponente, un mesías viviente comparable con Moisés, Elías y Jesús?

El 14 de septiembre de 2005, el día después de que el Sol escupiera la última de las diez erupciones solares clase X hacia el sistema solar, y los siete días comprendidos entre el 7 y el 13 de septiembre se convirtieran en una de las semanas más turbulentas de la historia solar documentada, un terremoto en la remota y desolada Boina, en Etiopía, a unos 435 kilómetros de la capital, Addis Abeba, abrió una grieta en la Tierra de una extensión de 60 kilómetros, según un informe de Associated Press. Durante las tres semanas siguientes, la fisura de Boina se ensanchó hasta los 4 metros, y sigue extendiéndose en la actualidad. Investigadores de Etiopía, Gran Bretaña, Francia, Italia y Estados Unidos creen que esa fisura es, literalmente, el comienzo de un proceso por el cual el continente africano está resquebrajándose en dos o más pedazos.[1]

«Creemos que hemos visto el nacimiento de una nueva cuenca oceánica», declaró Dereje Ayalew, de la Universidad de Addis Abeba. Ayalew está al frente de los dieciocho miembros del equipo internacional de investigadores que analizan lo ocurrido en Boina. La directora del equipo presentó sus conclusiones en una reunión de la Unión Geofísica Estadounidense (AGU) que tuvo lugar en San Francisco en diciembre de 2005: «Esto no tiene precedentes en la historia de la ciencia porque por lo general vemos la fisura después de que suceda. Pero aquí estamos observando el fenómeno.» El equipo de investigadores cree que, al ritmo actual de ensanchamiento, pasará un millón de años antes de que se forme un nuevo océano y se llene de agua. (A efectos de la comparación, un millón de años, en la vida de la Tierra, que tiene 5.000 millones, es el equivalente proporcional de entre cinco y seis días para una persona promedio.) Por supuesto que, si se produjeran más terremotos, el proceso podría acelerarse considerablemente.[2]

Este resquebrajamiento de su patria espiritual, sin duda, hará que el taxista rasta implore al Todopoderoso Jah, aunque no estoy seguro de si rezará para que el proceso cese o se acelere. Lo divertido es que unos cuantos de esos tipos obsesionados con las catástrofes, que abogan por la supervivencia y almacenan víveres, armas y cosas por el estilo, han escogido Etiopía para aguantar lo que suceda en 2012. Según los rumores, ése es el sitio al que apuntan todas las apuestas de Robert Bast, ese australiano entusiasmado con el día del Juicio final, que dirige el sitio de Internet, Dire Gnosis, dedicado a anunciar las calamidades que se avecinan en 2012. Lo único que les digo es que vigilen esa grieta de Boina.

¿Existe alguna relación entre la extrema actividad solar de septiembre de 2005 y la subsiguiente megagrieta en la corteza terrestre?

Cuando una cantidad suficiente de energía eléctrica se concentra en la atmósfera, baja en forma de rayo y es conducida debajo de la superficie de la Tierra. Las zonas ricas en hierro y otros minerales metálicos absorben esa electricidad de la atmósfera y la introducen en el suelo, lo que ayuda a estabilizar el clima. Se cree, por ejemplo, que el Triángulo de las Bermudas tiene una densa población de conductores subacuáticos ricos en hierro. En su mayoría, esta energía se disipa sin hacer daño, pero en ocasiones se producen unos estallidos energéticos mucho más grandes que lo habitual, como los que podrían surgir a partir de una actividad solar extrema, que bien pueden tener consecuencias volcánicas o sísmicas, tal vez como el terremoto de Boina. Nadie lo sabe con certeza.

Supongamos que alguien sí lo supiera. Supongamos que un equipo competente de investigadores descubriera que los siete días de actividad solar extraordinaria, del 7 al 13 de septiembre, causaron y/o contribuyeron al terremoto del 14 de septiembre en Boina y al eventual resquebrajamiento del continente africano. ¿Esos descubrimientos saldrían a la luz? ¿Deberían hacerlo? ¿Existe algún mecanismo de censura mundial, una oligarquía oculta que suprime noticias potencialmente inflamables, como ésa? Debo aclarar que no tengo ningún conocimiento real de la existencia de un conciliábulo semejante, y el hecho de que ustedes puedan leer este libro es prueba de ello. Aunque no cabe duda de que me doy cuenta de cuál sería el razonamiento que justificaría esa clase de censura: preservar la estabilidad social. Tal vez me llamen loco, y termine desacreditado por un número de organizaciones de investigación de todo el mundo. Ésa podría ser su táctica.

Si el público percibiera una conexión entre el Sol y los seísmos, entonces la próxima erupción solar podría provocar bastante pánico. «¡ÁFRICA SE RESQUEBRAJA! ¡DESPUÉS LE TOCA A EUROPA!»

PISTA DE ATERRIZAJE DE HURACANES

Boina, aproximadamente a 11,25 grados latitud norte, se encuentra justo cerca de la punta sudeste del área del Sahel, que atraviesa la parte central del norte de África, separando el desierto del Sahara de los trópicos que están más abajo. Esta área, al estilo de un cinturón verde, corre entre 11 y 20 grados al norte del ecuador (prácticamente las mismas latitudes del territorio maya). Desde la costa oriental de África, justo cerca del punto en que el mar Rojo desemboca en el océano Índico, el Sahel atraviesa todo el continente hacia el oeste hasta llegar a la costa atlántica de Senegal, que casualmente es la zona donde nacen todos los huracanes del Atlántico.

«Todos los huracanes del Atlántico, no importa el tamaño o la fuerza que alcancen, comienzan de la misma manera. Cada uno de ellos se inicia como una perturbación en la atmósfera sobre el África ecuatorial. Estas perturbaciones, denominadas *olas tropicales*, se dirigen hacia el oeste y, si las condiciones son adecuadas, aumentan de tamaño y comienzan a girar. Algunos se convierten en depresiones, crecen hasta pasar a ser tormentas tropicales y, finalmente, evolucionan en forma de huracanes completos», dice un informe de la NASA.[3]

¿Cuál es la causa de que los huracanes se originen en la costa occidental de África? Hay dos teorías complementarias: 1) que la lluvia, en especial las tormentas eléctricas del Sahel, crean las olas tropicales, que se convierten en depresiones tropicales y que en ocasiones ascienden de nivel hasta pasar a ser huracanes; y 2) que la lluvia, en especial las tormentas eléctricas del Sahel, impiden que los vientos del desierto sofoquen las depresiones tropicales, con lo que evita que se conviertan en huracanes.

Ambas teorías concuerdan en que los huracanes Katrina, Rita, Andrew, Hugo, Camille y un largo etcétera —todos nuestros huracanes— empezaron como tormentas eléctricas en el Sahel occidental. El tiempo que transcurre entre las tormentas eléctricas del Sahel y la llegada de los huracanes, generados por éstas, al territorio continental de América del Norte es de entre una semana y diez días.

Pero hay tormentas eléctricas todos los días, en todo el mundo, y la amplia mayoría de ellas no se convierten en huracanes. En el centro del norte de África sucede algo más, hay algún añadido, tal vez un efecto mariposa, aquel pequeño empujón extra que ocurre en el lugar adecuado y en el momento preciso para que todo empiece, según la teoría del caos. Los científicos aún no saben exactamente cuál podría ser ese primer empujoncito —torbellinos en la atmósfera del desierto, ondas expansivas canalizadas hacia el Sahel oriental por los monzones del océano Índico—. Sin embargo, todos están de acuerdo en que el impulso proviene de algún lugar del continuo ecológico del Sahel.

En la década de 1970, el Sahel sufrió su peor sequía de la historia moderna, de la que empezó a salir hace varios años. El regreso de las lluvias en el Sahel coincidió casi exactamente con el incremento de la actividad de manchas solares desde Halloween de 2003 hasta septiembre de 2005 y después. El año 2004 y particularmente 2005 fueron los más lluviosos para el Sahel en mucho tiempo, lo que provocó, según la teoría, dos de las más intensas temporadas de huracanes en el Atlántico de toda la historia. Después del Katrina, es fácil olvidar que la temporada de huracanes de 2004, con cuatro grandes que golpearon Florida uno detrás del otro, fue casi tan mala como la de 2005.

Entonces, justo después de una semana de actividad histórica de manchas solares, se formó una gran grieta en la región oriental del Sahel, en el preciso momento en que se producía una actividad sin precedentes de huracanes en la región occidental del continuo ecológico. ¿Coincidencia, o sinergia catastrófica?

El hecho de que África comenzara a resquebrajarse en el apogeo de todo esto puede ser más que una coincidencia. Si se produce un tumulto sin precedentes en la costa occidental del Sahel, es lógico que la costa oriental de ese continuo ecológico también se vea afectada.

La relación de las manchas solares y otros estallidos en el Sol con tormentas eléctricas, huracanes, volcanes y acontecimientos sísmicos aquí en la Tierra es exactamente la clase de preguntas que deberían formularse durante el Año Heliofísico Internacional (AHI) 2007, un programa global de doce meses de simposios e iniciativas de investigación que promoverán el estudio del Sol. El AHI 2007 es el cuarto en una serie de años internacionales de investigaciones científicas, el más reciente de los cuales ha sido el Año Geofísico Internacional (AGI) de 1957-1958, que impulsó las ciencias de la tierra y estimuló a la Unión Soviética a lanzar el *Sputnik* en 1957 para celebrar el acontecimiento. Otros años similares anteriores fueron el Año Polar Internacional (API) de 1932 (polo Sur) y el Año Polar Internacional de 1882 (polo Norte). Todos esos años internacionales se celebraron sin ningún incidente político significativo.

Hasta ahora no se ha anunciado ninguna protesta para el AHI 2007, pero no nos sorprendamos si en esta ocasión surge la demanda populista de que los datos de la actividad solar se hagan públicos, datos vitales para nuestra salud personal y ecológica, reunidos casi exclusivamente con fondos públicos. El modelo de la NCAR que predice un máximo solar récord para el 2012 casi seguramente será atacado por los físicos solares que defienden el statu quo y a quienes esa predicción ha cogido desprevenidos y, según creo, también por investigadores con predicciones todavía más funestas para el próximo ciclo. Si el trabajo del equipo de la NCAR no ocupa un papel prominente, habremos visto el triunfo de la política sobre la ciencia y el bienestar común. El temor de generar una polémica sobre los peligros del inminente clímax solar habrá subvertido el deber de la comunidad científica de ayudarnos a planificar y prepararnos. Nosotros, los contribuyentes del mundo, tenemos alguna influencia en la clase dominante de la física solar, incluidos el poder de veto definitivo respecto de las numerosas y caras propuestas de satélites solares que, sin duda, serán presentadas en el AHI 2007. Nosotros, después de todo, ya hemos financiado toda una flota. Desde mediados de la década de 1970, cuando el *Helio I* y el *Helio II* ascendieron hacia la atmósfera, se ha lanzado una buena cantidad de satélites de investigación solar, mayormente por parte de la NASA y la ESA (Agencia Espacial Europea). En 1980 se envió la Misión para el Máximo Solar con el objetivo específico de monitorizar la actividad solar en el apogeo del ciclo de manchas solares. En 1990, el *Ulysses*, un emprendimiento conjunto de la NASA y la ESA, se concentró en partes específicas del espectro solar, tales como los rayos X, la luz visible y la ultravioleta, al igual que el satélite japonés *Yokoh Solar A* en 1991.

La generación actual de satélites analiza los acontecimientos solares que afectan particularmente a la Tierra. La más grande de todas las sondas solares, *SOHO* (Observatorio Solar y Heliosférico), lanzada en 1995 y todavía en pleno funcionamiento, tiene la misión de identificar las eyecciones de masa coronal, las erupciones solares y otras actividades similares destinadas a nuestro planeta, y de advertir a los científicos con la suficiente anticipación para que puedan proteger con mecanismos de blindaje los satélites, las redes de suministro eléctrico y otras tecnologías sensibles al Sol. El secretillo perverso de la industria de satélites mundial es que muchos de esos satélites, en especial los comerciales, están desprotegidos contra potenciales estallidos solares. El revestimiento contra las erupciones solares es caro, engorroso, y limita la funcionalidad del satélite. Esas evaluaciones de costos y beneficios deberían ser, por lo general, territorio de las compañías dueñas de esos satélites, salvo por el hecho de que una proporción cada vez mayor del tráfico militar y de inteligencia se lleva a cabo mediante satélites comerciales desprotegidos. De modo que una serie de grandes tormentas solares, como las que se esperan para 2012, no sólo podrían anular las telecomunicaciones comerciales, sino que también podrían inhabilitar importantes sistemas militares.

En 1988 se lanzó el *TRACE* (Explorador de la Región Transicional y de Coronas), para examinar las estructuras magnéticas, incluidas las manchas solares, que aparecen en la superficie del Sol. Y el *RHESSI* (Generador de Imágenes Espectroscópicas Solares de Alta Energía Reuven Ramaty) viene proporcionando imágenes de rayos X y rayos gama de erupciones solares desde 2002. El satélite *SORCE*, operado desde 2003 por el Laboratorio de Física láser y espectral (LASP) de la Universidad de Colorado, tiene la misión de explorar los efectos del Sol en la atmósfera de la Tierra. A fines de 2006, la NASA lanzó *STEREO*, un par de satélites que actuan como un verdadero par de ojos, proporcionando visiones tridimensionales de eyecciones de masa coronal. Ese mismo año también se lanzó el satélite *Yokoh B*, que nos brinda imágenes de acontecimientos en el Sol con una resolución muy elevada. A partir de 2008, el Observatorio de Dinámica Solar de la NASA estudiará el impacto de los acontecimientos solares en la Tierra.

En suma, una verdadera armada para estudiar el Sol, supuestamente la esencia misma de la estabilidad. ¿Se invertiría tanto tiempo, dinero y talento para estudiar el Sol si se tratase de un interés puramente académico? Tal vez ha llegado la hora de que las autoridades científicas y militares nos digan la verdad sobre las motivaciones que fundamentan un cúmulo tan grande de investigaciones.

PEQUEÑAS EDADES DE HIELO

La ciencia no está exenta de la política, ni de sus bochornos. David Hathaway, un físico solar de la NASA quien, más que cualquier otra persona, ha sido el portavoz de la línea política del statu quo y ha declarado que no hay nada extraño en la reciente actividad de las manchas solares, quedó bastante aislado en 2006, cuando apareció el informe de la NCAR sobre el ciclo solar 24, que predecía un inmenso clímax en 2012. Hathaway, un científico respetado y apasionado, aceptó con elegancia el informe de la NCAR. De todas maneras, hizo que algunas cejas se alzaran cuando, varias semanas después, ofreció la hipótesis de que el siguiente ciclo de manchas solares, el ciclo solar 25, que se supone que llegará a su clímax en 2022, será muy inferior al promedio. Algunos nunca se rinden.[4]

El alivio que me provocó la predicción de baja actividad solar de Hathaway comenzó a erosionarse cuando recordé las palabras de Gerardo Barrios respecto de la relación entre la Tierra y el Sol. Barrios observó simplemente que, como toda otra relación, cualquier desequilibrio era una amenaza. Demasiadas manchas solares, demasiado pocas… el problema puede producirse con cualquier extremo.

Dios nos salve de otro mínimo de Maunder, un período de siete décadas que tuvo lugar de 1645 a 1715, cuando casi no hubo manchas solares, apenas se observaron entre cuarenta y cincuenta por telescopio, durante un período en el que normalmente habría habido cientos o miles de erupciones. Se cree que el mínimo de Maunder fue causado por una expansión en el volumen del Sol y, por lo tanto, una disminución de su intensidad, así como también una reducción de la velocidad de rotación. El resultado fue un sol menos energético, menos emisor, que daba menos calor.

El mínimo de Maunder coincidió con el punto central de lo que ahora se conoce como la Pequeña Edad de Hielo, que, al parecer, se inició cerca del 1300 EC, cuando los veranos en Europa empezaron a ser poco fiables, con demasiado pocos días cálidos y soleados como para que los cultivos aguantaran. Luego se produjo la gran hambruna de 1315 a 1317, cuando fuertes lluvias inundaron Europa en primavera, verano y otoño, lo que impidió que los granos maduraran. Más de un millón de personas sufrieron inanición, y, como consecuencia, entre otras cosas, se produjo el abandono masivo de niños, como se cuenta en el relato de Hansel y Gretel.

A través del hemisferio norte, los inviernos se volvieron más fríos y llegaron a su punto más bajo a mediados del siglo XVII, época del mínimo de Maunder. En Suiza, los glaciares de los Alpes ganaron territorio. En los Países Bajos se congelaron canales y ríos. La antigua colonia vikinga de Islandia perdió la mitad de la población; la colonia de Groenlandia desapareció por completo. Hubo informes de nevadas en África, en lugares donde no hay nada parecido en la actualidad. Tombuctú, la antigua ciudad universitaria de Etiopía, se inundó muchas veces, aunque no existen registros de que algo así hubiera ocurrido antes ni ocurriera después.

En la Europa continental, las crecientes tensiones políticas resultantes de las duras condiciones climáticas provocaron la Guerra de los Treinta Años, entre 1618 y 1648. En Alemania, la mortalidad de la población por hambre, guerra y enfermedades se situó entre el 15 y 20 por ciento. Inglaterra quedó desestabilizada por dos guerras civiles, conocidas como la Revolución puritana o la Gran Rebelión. Con razón, ésa fue la época en que se inició la colonización de América del Norte. ¿Persecución religiosa? ¿Y si habláramos mejor de la amenaza de una hambruna masiva? Hay que estar bastante desesperado para saltar a un frágil barco de madera y lanzarse a mar abierto. Aquel primer día de Acción de Gracias representó la gratitud que sentían por haber encontrado, por fin, una buena comida.

Los moralistas tal vez se sobresalten ante la idea de achacar la culpa de que toda una sociedad se hundiera en el canibalismo a un mal funcionamiento de las manchas solares, pero según Sultan

Hameed, un físico solar de Stony Brook, parte de la Universidad Estatal de Nueva York, quien ofreciera una de las presentaciones más emocionantes del congreso SORCE, el mínimo de Maunder tiene una relación íntima con la decadencia y la caída de la dinastía Ming en China. Basándose en meticulosos registros compilados durante dos mil años en forma de memorandos redactados por funcionarios civiles chinos, Hameed demostró metódicamente que, desde 1628 hasta 1643, China sufrió quince años de fuertes sequías; en el pasado, sólo tres años con esa clase de sequías habrían bastado para provocar una hambruna. El hambre, las enfermedades, las epidemias de langostas y, finalmente, un canibalismo muy extendido, precipitaron alzamientos espontáneos en diferentes regiones del país, lo que llevó al derrocamiento de los Ming en 1645 por parte de los manchúes, quienes luego formaron la dinastía Qing, que gobernó hasta 1911.

Imaginemos lo que ocurriría si la China de la actualidad, con sus 1.500 millones de personas, que rápidamente se está convirtiendo en la principal potencia económica del mundo, se enfrentara otra vez a quince años de sequías. China se hundiría en el caos, con consecuencias geopolíticas en el resto del mundo. Una superpotencia herida es algo muy peligroso. La última etapa insurreccional de China, a mediados del siglo XX, dejó al menos veinte millones de muertos. Sin la influencia estabilizadora de China, tanto Corea del Norte como Irán podrían envalentonarse y volverse más belicosos. Y el mercado de consumo global sufriría graves consecuencias si se interrumpiera el flujo de mercaderías baratas chinas. Wal-Mart, la empresa más grande del mundo, perdería su mayor fuente de productos.

CUANDO JÚPITER SE ALINEA CON MARTE

Es natural, desde luego, tratar de desacreditar las noticias terroríficas. Yo me había propuesto asistir al congreso SORCE en Durango, Colorado, para averiguar si existía alguna relación entre las tempestades del Sol y las tempestades de la Tierra. Es evidente que sí la hay, y es igual de evidente que sufriremos tumultos todavía mayores entre la fecha de hoy y 2012. Mi postura, desde luego, es que lo que ocurre en el Sol causa lo que ocurre en la Tierra, y no viceversa. Tenía fe en que las dudas pendientes sobre por qué los grandes huracanes de 2005 precedieron y también siguieron a la terrible semana de tormentas solares del 7 al 13 de septiembre se disiparían algún día. Más tarde me enteré de que existe un prometedor volumen de investigaciones científicas que sostienen que los planetas, incluida la Tierra, pueden ayudar a causar manchas solares, así como ser afectados por ellas. Resulta que las configuraciones y alineaciones planetarias tienen una poderosa influencia en el Sol. Esa revelación provocó en mí lo que podría llamarse una experiencia extracorpórea o, al menos, el nítido recuerdo de otra, muy agradable, que había tenido mucho tiempo antes y muy lejos de allí.

Nada podría haber causado más optimismo en un adolescente. Mi signo astrológico es acuario, y cuando cumplí catorce años, pude ver *Hair* en Broadway. En el número de cierre, antes del intervalo, todo el elenco se desnudó y cantó *The Age of Aquarius*. Dos docenas de personas desnudas, la mitad de ellas chicas bonitas, proclamaban que era el amanecer de mi era.

En un principio, era casi imposible tomar en serio la ciencia de las configuraciones planetarias y sus efectos energéticos sobre el sistema solar, porque la música no dejaba de sonar en mi cabeza: «Cuando la Luna está en la séptima casa, / y Júpiter se alinea con Marte...»

Los astrólogos se basan en la suposición de que las alineaciones planetarias tienen un significado, una posición que yo siempre había considerado poco científica, hasta que comencé mis investigaciones para este libro. Antes de mis análisis sobre 2012, consideraba que la astrología era sincera y entretenida pero, en su mayor parte, indigna de ser tomada en serio. Es cierto que, en algunas ocasiones, uno no puede evitar sentirse involuntariamente impresionado por la forma en que determinadas clases de personalidad sí parecen corresponderse, más allá de las probabilidades del azar, con determinados signos natales. Y la lectura competente de una carta astral (siempre tan absorbente, porque después de todo es sobre uno mismo) puede revelar acontecimientos pasados y futuros, así como situaciones ocultas del presente, con una exactitud notable. Pero yo siempre suponía, sin prestarle demasiada atención, que toda esa cuestión de los planetas no era más que un vehículo a través del cual canalizaban sus percepciones ciertos individuos verdaderamente intuitivos y perceptivos: los buenos astrólogos.

Pero resulta que hay un valor científico genuino en el estudio de las configuraciones planetarias; tal vez bastante elevado. Un devoto grupo de científicos del espacio ahora creen que los planetas ejercen regularmente una influencia electromagnética y gravitacional en el Sol, a la que hasta ahora no se le había dado importancia. Al principio, el sentido común rechaza esta hipótesis. ¿Cómo es posible que unos orbes comparativamente diminutos tengan un impacto en el inmenso y radiante Sol en torno al cual giran? Pero entonces recordamos que el Sol, a diferencia de los planetas, es líquido y blando, como la gelatina derretida, y, por lo tanto, mucho más susceptible a los tirones y empujes magnéticos y gravitacionales.

Mercurio, Venus, la Tierra y Marte se consideran los planetas internos, puesto que se encuentran en el lado del Sol donde está ese enorme golfo lleno de asteroides que separa Marte de Júpiter. De todos éstos, la Tierra tiene la masa más grande, el campo gravitacional más fuerte, y también, por mucho, el campo magnético más fuerte. Por lo tanto, la conexión entre el Sol y la Tierra es una calle de dos sentidos.

Que exista un sistema de retroalimentación energética entre el Sol y la Tierra plantea algunas posibilidades interesantes. Los huracanes, los volcanes, los terremotos y otros acontecimientos climáticos y sísmicos en los que se liberan grandes cantidades de energía podrían tanto causar manchas solares como ser causados por ellas. Más importante que cualquiera de los detalles es el cambio de perspectiva, desde una transmisión unidireccional del Sol a la Tierra hasta una relación energética bidireccional (aunque de todas maneras asimétrica). Las ceremonias indígenas, como las que realiza Manuel, el chamán maya, reconocen en sus ritos la influencia de la Tierra en el Sol, y llevan milenios haciéndolo.

HACEN FALTA DOS PARA BAILAR TANGO

Hacen falta dos o, en este caso, doce —el Sol, diez planetas (incluido Plutón, un planeta enano) y la Luna de la Tierra, que es una de las más grandes del sistema solar y, por lo tanto, presenta un factor gravitacional significativo— para bailar el tango.

The Vital Vastness (La inmensidad vital), un tomo de mil páginas, cargado de meticulosas referencias, que se ha convertido en una especie de clásico de culto entre los geocientíficos, resume todos los hallazgos académicos sobre cómo los planetas, en particular la Tierra, afectan electromagnética y gravitacionalmente el comportamiento del Sol. Así como los astrólogos calculan los ángulos entre planetas para determinar su influencia relativa, lo mismo hace su autor, Richard Michael Pasichnyk, y los otros científicos espaciales que comparten esta hipótesis. La mayor influencia combinada puede tener lugar cuando los planetas se alinean (un ángulo de 0 grados entre ellos) o cuando están en ángulo recto (90 grados). Algunas configuraciones, por ejemplo, son más eficaces para crear fisuras en la capa exterior del Sol; al parecer, otras son más capaces de tirar de los intestinos del viejo astro.

«El campo magnético de la Tierra sufre cambios de intensidad que reflejan la magnitud de los cambios de la actividad solar *antes* de que éstos tengan lugar en el Sol [...]. Los datos magnéticos de la Tierra en un mínimo de manchas solares indican la "profundidad" del siguiente máximo», declara Pasichnyk (las cursivas son suyas). En otras palabras, los sucesos en el campo magnético terrestre preceden y presumiblemente ayudan a causar los sucesos del Sol.[5]

Es interesante notar que el período de grandes huracanes de 2005 enmarcó la semana de actividad solar récord del 7 al 13 de septiembre. El Katrina precedió en poco tiempo a las erupciones solares, y luego Rita, Stan y Wilma siguieron a los estallidos de manchas solares casi inmediatamente.

A las denominadas culturas primitivas que personifican el Sol no les costaría mucho entender esta dinámica. Sus creencias, por más que se deriven de cuestiones místicas, sostienen que la Tierra y el Sol mantienen una relación, es decir, que cada uno de ellos influye en el otro, para bien o para mal.

Los planetas y las estrellas son gigantescos imanes, entre otras cosas. Para entender cómo interactúan energéticamente entre sí, imaginemos que cogemos dos imanes, uno en cada mano. Primero, separemos las manos de modo que los imanes estén lo suficientemente lejos el uno del otro para que no haya ninguna atracción entre ellos, es decir, ninguna interacción magnética. Ahora acerquemos las manos lentamente. En un momento determinado sentiremos una fuerza, ya sea de atracción o de repulsión, según la orientación de los polos magnéticos. Si giramos los imanes en redondo una y otra vez, se generará una electricidad (en este caso, en cantidades diminutas) entre ellos. De hecho, diferentes ángulos y posiciones crean diferentes campos electromagnéticos, de características e intensidades variables. La interacción entre dos planetas es similar. Ahora añadamos un tercer imán, digamos un millón de veces más grande y más poderoso que los que tenemos en las manos, ubicado como una burbuja de gelatina gigantesca y ardiente en el medio de la sala. Este inmenso imán es análogo, desde luego, al Sol, y generará poderosas relaciones electromagnéticas con cada uno de los imanes que tenemos en las manos.

Sin embargo, tendemos a olvidar que, a su manera, los pequeños imanes que tenemos en las manos están influyendo sobre la masa gelatinosa que se encuentra en medio de la sala. Incluso, pese a que esa burbuja gigantesca es mucho más poderosa en su energía que los imanes pequeñitos, sigue siendo gelatinosa. Su superficie y su interior son susceptibles a la más mínima de las perturbaciones.

Volvamos a los imanes de las manos. Separemos las manos lo bastante como para que no interactúen, y luego movamos las manos hacia un lado y hacia el otro en cualquier dirección. No importa lo mucho que hayamos separado las manos ni en que ángulo se encuentren entre sí: cada uno de esos imanes ejerce una fuerza gravitacional. Cada mano también. Pero la gravedad es débil, como podemos notar en el hecho de que no podemos sentir ni los imanes ni las manos atrayéndose entre sí. Newton nos enseñó que la atracción gravitacional entre dos objetos es proporcional a su masa e inversamente proporcional al cuadrado de la distancia que las separa. De modo que si la atracción gravitacional entre dos objetos de un kilogramo a un metro de distancia el uno del otro se define como *1G*, la atracción gravitacional entre esos mismos objetos de un kilogramo pero a dos metros de distancia el uno del otro será *1/4G*, a tres metros será *1/9G*, y así sucesivamente. La distancia diluye la atracción gravitacional de una manera muy eficaz y es un componente mucho más importante que la masa. Lo inverso, desde luego, es que cuando las distancias disminuyen linealmente, las fuerzas gravitacionales aumentan geométricamente.

Cuando los planetas giran, entran y salen de alineaciones que amplifican, modifican y/o cancelan sus efectos magnéticos y gravitacionales en el Sol. Éste, desde luego, ejerce su propia e inmensa influencia, pero como se trata de una gigantesca burbuja incandescente, también es más susceptible a los tirones y empujones que los planetas más duros y más densos que orbitan a su alrededor.

En cierta manera, todo esto le baja un poco los humos al Sol. Desde que Copérnico reventó la burbuja de nuestro ego colectivo y nos convenció de que la Tierra gira alrededor del Sol y no a la inversa, el Sol se puso en segundo lugar detrás del Todopoderoso. Y aunque ya es de conocimiento general que el Sol no es más que una entre millones y millones de estrellas, parte de una inmensa galaxia de la que una millonésima de una millonésima parte es un universo casi infinito, no vemos ni sentimos nada de eso, como sí lo hacemos con la luz del Sol e incluso con la de Luna. De modo que la idea de que nosotros, la diminuta Tierra, puede llegar a perturbar al gran e hirviente Sol sigue siendo tan sacrílega y espantosa como la idea de que nosotros, los diminutos seres humanos, pudiéramos hacerle daño a Dios.

MAREA PLANETARIA

Uno esperaría que el centro de la masa del sistema solar estuviera localizado dentro del Sol, que es mucho más grande que todos los planetas, lunas, asteroides y cometas juntos. En realidad, ese centro de la masa está en constante movimiento, debido a los patrones de órbitas y a las alineaciones planetarias, y puede alejarse hasta 1,6 millones de kilómetros del Sol, según me explicó mi colega Thomas Burgess, un físico cuántico de estado sólido que divide su carrera entre los laboratorios Livermore cerca de Berkeley, en California, y los laboratorios nacionales Sandia de Alburquerque, en Nuevo México.

Imaginemos que nuestro propio centro de gravedad ya no estuviera localizado dentro de nuestro cuerpo, sino desplazado hacia algún punto externo. Uno, desde luego, se inclinaría en esa dirección, y ajustaría los movimientos en consecuencia. El Sol no se inclina, sino que más bien se tambalea y también se abulta en la dirección del centro de la masa del sistema solar. Cuanto más fuerte es el tirón gravitacional sobre el Sol, más probabilidades hay de que se produzcan fisuras en la superficie del Sol, que de pronto liberarían lo que se conoce como *radiación aprisionada*, un término que describe la inconmensurable cantidad de radiación atrapada en el interior del Sol, a veces durante decenas de miles de años. En circunstancias normales, esta radiación sale del Sol en un chorro más o menos constante, pero cuando la superficie solar sufre tirones, la radiación aprisionada puede liberarse en grandes explosiones.

«La radiación aprisionada podría escaparse de la superficie del Sol a través de un rasgón, o incluso un abultamiento negativo», dijo Burgess, y me explicó que un abultamiento negativo, o depresión en la superficie del Sol, significaría que la radiación tiene menos masa que atravesar.

El siguiente pico de la fuerza de la marea planetaria, en esencia la suma total del tirón gravitacional de los planetas sobre el Sol, se producirá a fines de 2012, según los cálculos de Burgess. El máximo de manchas solares, que coincidentemente también se espera para ese año, empeorará la situación, porque sujetará al Sol a un máximo de presiones. También se espera que los polos magnéticos del Sol, que se revierten cada veintidós años, en el pico de cada segundo ciclo, intercambien sus lugares en 2012, lo que añadirá una volatilidad aún mayor a la situación.

La resultante sinergia de presión gravitacional y electromagnética sobre el Sol no puede hacer otra cosa que distorsionar y distender su superficie, liberando megaexplosiones de radiación aprisionada, posiblemente mucho más letales que cualquiera que la Tierra haya padecido desde que el *Homo sapiens* anda por aquí.

CUARTA PARTE

EL ESPACIO

¡Qué fiesta! Cuatro astrónomos, todos doctorados, más un ingeniero, un químico físico y yo, un estudiante de posgrado de literatura, todos de la Universidad de California en San Diego, estábamos dibujando diagramas, riendo, bebiendo y discutiendo sobre fenómenos naturales. Cerca de la una de la mañana, Ernest, el astrónomo más joven y más brillante, se cogió la cara con una mano, la apretó con mucha fuerza, y luego anunció: «Las leyes del momento angular prueban que el universo es isotrópico.»

Un silencio invadió la cocina. Todos nos quedamos atónitos, en especial yo, puesto que no tenía la menor idea de qué demonios hablaba, pero cuando noté lo impresionados que habían quedado los demás con su observación, la apunté en mi libreta y me fui a dormir.

Varias semanas más tarde me encontraba en una elegante fiesta en las colinas de La Jolla, y un físico de la Universidad Estatal de San Diego no paraba de decir que la física era la realidad más profunda y que todo lo demás se derivaba de aquélla y, por lo tanto, tenía una importancia secundaria. Corría el año 1977 y la teoría del big bang empezaba a reemplazar a la del Génesis como el principal mito sobre la creación; además era la primera que se basaba en hechos. Al año siguiente, 1978, Arno Penzias y Robert Wilson ganarían el Premio Nobel de Física por su descubrimiento de que parte de las radiaciones ambientales de microondas del universo son, en realidad, restos del primigenio estallido del big bang. De modo que allí estábamos, media docena de nosotros, incluido mi consejero docente, formando un círculo en torno a aquel profesor de física, quien, en gran medida, se arrogaba el mérito de haber desentrañado el secreto del cosmos, lo que a mí me hacía tremendamente infeliz, porque la mujer con la que yo había ido a la fiesta, Priscilla, una lingüista bonita como una surfista, lo escuchaba con la boca abierta. Había una sola cosa que podía hacer: «He llegado a la conclusión de que las leyes del momento angular prueban que el universo es isotrópico», observé en tono sereno.

Si alguien me hubiera preguntado qué había querido decir o, por todos los diablos, si tan sólo me hubiesen pedido que lo repitiera, me habría desmoronado. Por alguna razón, la forma en que giran los electrones demuestra que el universo se expande de manera equivalente en todas las direcciones, pero yo no tenía la menor idea de cómo Ernest había hecho el salto de lo subatómico a prácticamente el infinito. Aunque aquellas palabras no eran sólo palabras: eran un conjuro. El profesor de física se limitó a responder: «Vaya, qué declaración tan profunda», y luego se alejó del grupo para sentarse a reflexionar.

Avancemos veintiocho años. Mi entrevista con Alexey Dmitriev, para la que me había trasladado desde Los Ángeles hasta Siberia, además en pleno invierno, estaba a punto de interrumpirse a los diez minutos de empezar. Gran parte de esta sección está dedicada a las iconoclastas teorías de Dmitriev sobre la heterogeneidad del continuo espacio-tiempo, una conversación muy complicada, en especial cuando está mediatizada por un intérprete de ruso e inglés. Me confundí, hice una pregunta que no tenía nada que ver con lo que estábamos hablando, me puse nervioso, y formulé una pregunta todavía más estúpida, momento en el cual Dmitriev empezó a mirar su reloj y a buscar la salida. Había una sola cosa que podía hacer: «He llegado a la conclusión de que las leyes del momento angular prueban que el universo es isotrópico», le confié.

Un gesto de compasión se dibujó en la cara de Dmitriev. Él se inclinó hacia adelante desde el otro lado de la mesa. «Todos creíamos eso, Larry. Incluso se lo enseñaba a mis alumnos cuando era más joven. No es para avergonzarse —me alivió el científico, y luego añadió—. Sabiendo lo que sabemos ahora, a veces desearía que fuera cierto.»

Dos horas más de grandiosa conversación, aparte de varias entrevistas de seguimiento y otras sobre temas relacionados, me proporcionaron el indicio científico más claro que existe hasta la fecha de por qué nuestro planeta, de hecho, todo el sistema solar, puede estar encaminándose a un desastre en 2012 o en alguna fecha cercana. En cuanto a cómo las leyes del momento angular prueban que el universo es isotrópico, aún no lo sé y no quiero saberlo.

¿Por qué habría de romper el hechizo?

8

RUMBO A LA NUBE DE ENERGÍA

—Pasajeros del vuelo Delta 2012. Vuelo Delta 2012. Por favor embarquen por Zona 7.

Cuando salí de Los Ángeles rumbo a Siberia, dos números destacaron en mi tarjeta de embarque: el 2012 y el 7, que es el día de mi cumpleaños y mi número de la suerte. Las investigaciones sobre 2012 me estaban poniendo un poco supersticioso. «¿He de subir a este avión? ¿Es un buen presagio para mi investigación?» Y si era un buen presagio para mi libro, ¿entonces era una mala noticia para el mundo? Me sentía bastante confundido. Manchas solares, huracanes, terremotos, volcanes, físicos solares, chamanes mayas... Me hacía falta una nueva perspectiva. Me dirigía a Novosibirsk, la ciudad capital de Siberia, para encontrarme con el doctor Alexey Dmitriev, un geofísico miembro de la Academia Rusa de Ciencias, que me hablaría sobre la zona de peligro galáctico que estaba poniendo en riesgo al Sol, la Tierra y todo nuestro sistema solar. A medida que el Sol traza una órbita en torno al centro de la galaxia, se encuentra con diferentes áreas del espacio, algunas más energéticas que otras. Según Dmitriev, la tormenta eléctrica interestelar que atravesamos en este mismo momento ha hecho que se encendieran luces rojas de alarma.

«El aumento de la actividad solar es un resultado directo de los crecientes flujos de materia, energía e información que experimentamos a medida que avanzamos hacia la nube de energía interestelar. El Sol sufre nuevas exigencias y nosotros experimentamos el impacto de esas exigencias en nuestro propio planeta —ha escrito Dmitriev—. El tiempo transcurrido hasta que las principales perspectivas de catástrofes globales se conviertan en una realidad no pasará de dos o tres docenas de vueltas de la Tierra alrededor del Sol. Esto no es ninguna exageración; de hecho, creemos que esta predicción es más bien "blanda".»[1]

Dmitriev, de sesenta años de edad, tiene un currículum impresionante, con más de trescientos artículos en publicaciones académicas, la mayoría de ellos sobre geofísica y meteorología, tanto terrestre como de otros planetas. Es autor de varios libros académicos y ha recibido numerosas menciones y galardones, incluido el Símbolo de Honor (Znak Pocheta), un premio soviético, por sus adelantos en el desarrollo de métodos de exploración y búsqueda de minerales importantes, tales como níquel, hierro, oro, uranio y petróleo.

A pesar de todos esos antecedentes, nada garantizaba que aquel hombre no fuera un chiflado. Mis intentos de contactar con Dmitriev habían sido tan frustrantes que estuve muy cerca de cancelar todo mi viaje a Rusia. Nunca estaba en su oficina, y las primeras tres veces que llamé a su casa, él o su mujer me colgaron el teléfono. Los intermediarios anglohablantes que me ayudaron organizaban entrevistas telefónicas que se cancelaban con excusas como «El doctor Dmitriev ha salido a investigar tormentas eléctricas. Regresará en un mes». Me llevó diez semanas conseguir una conversación con él, durante la cual me sugirió que le enviara mis preguntas por fax. Me pareció una buena idea, de modo que las hice traducir al ruso, las mandé por fax y por correo electrónico, pero jamás recibí respuesta.

El trabajo de Dmitriev sobre la nube de energía interestelar lo ubica en una gran tradición dentro de la ciencia espacial rusa. Por cierto, es posible que algún día se considere que los rusos estaban tan obsesionados con el estudio del espacio exterior como lo estaban los mayas en sus estudios de los cielos. Con una economía que resultó ser de alrededor de un cuarto de la nuestra, y con niveles de vida todavía más bajos, la Unión Soviética había conseguido igualar a Estados Unidos etapa por etapa en la carrera espacial durante varias décadas. Desde el exitoso lanzamiento del *Sputnik*, el primer satélite, en 1957, los rusos consiguieron lanzar las primeras sondas lunares eficaces, *Luna 2* y *Luna 3*, en 1959. Pusieron al primer astronauta en el espacio, Yuri Gagarin, en 1961; establecieron la primera estación espacial, la *Salyut*, en 1971; y la primera estación espacial operativa durante un largo plazo, la *Mir*, en 1986, que funcionó hasta 2001.

Yo sentía mucha curiosidad por encontrarme con Dmitriev y sus colegas, pero cuando el avión comenzó su descenso en Moscú, donde pasaría un par de días, me encontré haciendo el gesto de clavar el freno, como si fuera un pasajero nervioso en un coche que se dirige a alguna situación peligrosa. Lo único que se me ocurre es que mi pierna derecha estaba canalizando el espíritu de mi padre, a quien no le habría gustado nada de nada que su hijo se dirigiera hacia una ciudad que para él siempre sería la capital comunista del mundo.

Papá había sido prisionero en Italia durante la segunda guerra mundial y se consideraba afortunado de que lo hubieran capturado; sus dos mejores amigos murieron en una trinchera a ambos lados de él durante una batalla. Además, gracias a Dios, él no era el mismo Edward D. Joseph que creían los funcionarios del Departamento de Guerra cuando mandaron, por error, un telegrama a sus padres en el que decían que le habían tenido que amputar los brazos y las piernas como resultado de las heridas sufridas en la batalla. Su madre se negó de plano a creerlo, se dirigió a la iglesia católica maronita de San Antonio en Danbury, Connecticut, cayó de rodillas en la entrada y se arrastró por la nave central hasta el altar, llorando, orando y maldiciendo al Señor. Dio resultado.

Cuando regresó a casa, y después de unos seis meses de levantarse en medio de la noche, correr hasta el jardín trasero, cavar trincheras y luego saltar en ellas, al grito de «¡Vienen los *Jerries* [alemanes]! ¡Vienen los *Jerries*!», mi padre consiguió recuperar su vida normal bastante bien. En política era un republicano pacifista —«Estados Unidos: lo amas o te vas»—, aunque una vez declaró que, si alguna vez me reclutaban, él me llevaría al fondo de la casa y me pegaría un tiro directamente.

El fascismo cayó con tanta fuerza y tan rápidamente que muchos patriotas, incluido mi padre, necesitaron algo nuevo para llenar el vacío de enemigos. Ese algo resultó ser, de una manera muy conveniente, el comunismo, que había sido aliado del fascismo en la época en que Hitler y Stalin todavía se llevaban bien. Dos de las pocas ocasiones en que mi padre se enfadó conmigo tenían que ver con el comunismo. Como muchos niños que crecieron a principios de los sesenta, yo quería ser astronauta, lo que enorgullecía a mi padre. Un día me presentó a un hombre, que ahora me doy cuenta que era su nuevo jefe, y me pidió que le dijera a aquel hombre quién era mi héroe, esperando que se tratara de John Glenn, el primer americano que había recorrido la órbita de la Tierra.

—Yuri Gagarin —dije con orgullo. El cosmonauta ruso que, por supuesto, era el primer hombre en el espacio y también el primero en recorrer la órbita.

La otra ocasión en la que se enfadó mucho fue un día en que, al volver yo de la escuela, en segundo grado, más o menos, y mientras subía la escalera hasta nuestro apartamento, por alguna maldita razón comencé a cantar «Mamá comunista, mamá comunista». Tal vez todas esas emes sonaban bien juntas. Papá se puso hecho una furia. Estábamos en el apogeo de la guerra fría, en el final de la era McCarthy, una época en que hasta las acusaciones más infundadas de simpatías comunistas podían arruinar vidas.

Hasta la caída del Muro de Berlín, en 1989, un libro con la palabra «Apocalipsis» en el título probablemente se habría referido al inminente holocausto nuclear entre Estados Unidos y la Unión Soviética. De hecho, en 1986 yo trabajé en una miniserie de la ABC, *Amerika*, una maratón postapocalíptica de catorce horas que transcurría en una época indefinida después de que los comunistas nos vencieran y nosotros nos rindiéramos para evitar un inmenso e inútil conflicto nuclear. La trama consistía en que los soviéticos desmantelaban nuestra infraestructura y dividían nuestra nación en repúblicas separadas e indefensas hasta que Heartland, la república que comprendía Kansas, Nebraska y alrededores, se rebelaba heroicamente. Irónicamente, hoy en día es el imperio soviético el que se ha dividido en repúblicas independientes, muchas de ellas bastante indefensas. Y al menos una, Georgia, se encuentra en un estado de abierta rebelión.

Mientras me trasladaba desde el aeropuerto hasta el centro de Moscú, no pude evitar pensar que aquél seguía siendo territorio enemigo, más allá de las inclinaciones políticas. ¿La guerra fría realmente ha terminado o sólo se ha postergado? Como muchos de mi generación, crecí con la imagen del premier Nikita Jhruschev golpeando su zapato contra el escritorio en la asamblea general de las Naciones Unidas, gritando «¡Os enterraremos!» a Estados Unidos de América. Mientras observaba a las multitudes descontentas y sin gracia caminando por las calles de Moscú, tampoco pude evitar pensar: «¿Ésta es la gente que casi nos elimina?» (Seguramente los rusos sentirán una confusión similar cuando ven por primera vez a los estadounidenses con sus Big Mac y su ratón Mickey.)

Caminar por la plaza Roja, donde los soviéticos acostumbraban a realizar los desfiles de su arsenal nuclear cada 1 de mayo, me ayudó a recordar que las profecías para 2012, un año de elecciones presidenciales en Estados Unidos, el año en que los Juegos Olímpicos de verano tendrán lugar en Londres, la ciudad capital de nuestro aliado fraternal, también podrían hacerse realidad a través de catástrofes causadas por el hombre. No hay duda de que algunas de aquellas bombas nucleares han salido de Rusia y han caído en manos de sombríos malhechores que están aguardando la oportunidad de atacar. ¿Acaso los temores sobre 2012 están tan extendidos que se convertirán en profecías autocumplidas? ¿Es posible que algún enemigo que pretenda que sintamos pánico escoja justo ese año icónico para atacar? ¿Si este libro tiene éxito, hará que el año 2012 sea mucho más tentador para lanzar un ataque?

Ya de nuevo en el hotel, revisé el correo electrónico y encontré un mensaje de Dmitriev donde decía que haría «lo posible» para mantener nuestra cita.

«Si he recorrido la mitad del mundo para llegar a Siberia y este tipo se echa atrás...»

Toda aquella aventura rusa empezaba a parecerme un terrible error. Para que el viaje no fuera una completa pérdida de tiempo, recorrí Moscú empapándome en toda la cultura que pude, cuando justo surgió un presagio, en el Museo Estatal de Arte Puskhin: el retrato de Juan Bautista, obra de El Greco, mi cuadro favorito. El Greco veía a Juan como un pagano sensible, casi prehumano, sin embargo, con la profundidad y la personalidad necesarias para su misión sagrada de preparar el mundo para el Hijo de Dios.

Hasta entonces, yo había visto aquel cuadro sólo en una ocasión, el 22 de junio de 2000, en mi último encuentro con James Lovelock, el protagonista de mi primer libro. Fue en Valencia, España, donde la Unión Geofísica Estadounidense celebraba la segunda de sus conferencias Chapman de una semana de duración para tratar las hipótesis de Lovelock sobre Gaia, que sostienen que la Tierra es, en esencia, un superorganismo, no un pedazo inanimado de roca y agua. Después de veinte años de escribir sobre ello, había empezado a verme a mí mismo como el Boswell del movimiento Gaia, a pesar de que el más famoso biógrafo de Samuel Johnson había sido, en su vida personal, un patán indecente. Me enamoré de inmediato del tributo conmovedor, ligeramente extrudido, de El Greco a san Juan, esa clase de hombre a la que uno puede aspirar a ser, pero que jamás puede albergar ninguna esperanza racional de alcanzarlo. El hecho de que mi esposa, Sherry, naciera el 24 de junio, el día festivo de san Juan Bautista (por cierto, toda una fiesta en Europa), le añadió una sensación de conexión especial al suceso.

Encontrarme con ese cuadro en Moscú, tan lejos de su hogar español, me hizo dar un respingo. (Resulta que El Greco pintó cuatro retratos prácticamente idénticos de san Juan Bautista, que se encuentran en Valencia, Moscú, San Francisco y otro lugar más.) Pero cuando, varios días después, por fin me encontré con Alexey Dmitriev en Siberia, sentí que estaba entregando mi cabeza en una bandeja de plata. Era idéntico a James Lovelock, con un bigote tan perfecto que parecía falso. No más de 2 kilos, 2,5 centímetros y ningún matiz de blancura en el pelo separaban a aquellos dos científicos menudos y brillantes. Ambos viven y trabajan en sitios muy apartados (Akademgorodok, un pequeño pueblo de Siberia; Saint Giles-on-the-Heath, una aldea en lo profundo de la campiña inglesa) y ambos transmiten convincentes mensajes sobre el destino de la Tierra.

Y resulta también que ambos son celebridades en sus respectivos campos. Aquel hombre de quien yo temía que fuera algún profesor gruñón enloquecido por el aislamiento transiberiano —después de todo, su predicción consiste en que estamos volando hacia una nube de energía que va a sacudir el sistema solar por todas partes—, resultó ser encantador y afable, una celebridad que había jugado conmigo porque, como cualquier otra celebridad, tenía mucha demanda. Por ello debía ser muy cuidadoso con su tiempo.

EL SISTEMA SOLAR ESTÁ RECALENTÁNDOSE

«Me gustaría dejar algo en claro al principio de esta entrevista. Hay tres fuentes de energía importantes que los científicos ortodoxos niegan o a las que no les prestan atención. Éstas son: las condiciones dinámicas y en aumento del medio interplanetario; los efectos energéticos de la configuración planetaria del sistema solar, y los impulsos procedentes del centro de la galaxia», declaró Dmitriev.

Son tres afirmaciones muy amplias y todas tienen consecuencias para 2012.

Para empezar, Dmitriev cree que todo el sistema solar está calentándose. Imaginemos el calentamiento global multiplicado tropecientas veces.

La mayoría de nosotros hemos aprendido, sin darle mucha importancia, que siempre nos estamos moviendo de maneras que no podemos sentir. Más allá de la rotación diaria de la Tierra y su revolución anual alrededor del Sol, somos pasajeros del sistema solar, que se mueve siguiendo una órbita inespecífica a través de la galaxia de la Vía Láctea, que a su vez se desplaza, Dios sabrá adónde, en el universo. Los antiguos astrónomos mayas, desde luego, lo estudiaron atentamente, pero a nosotros los movimientos del sistema solar y la galaxia de la Vía Láctea nos parecen irrelevantes, un tecnicismo cósmico. Nadie mencionó jamás la posibilidad de que el sistema solar pudiera avanzar hacia un nuevo grupo de circunstancias posiblemente hostiles, aunque es razonable suponer que ello ocurriría tarde o temprano. El espacio interestelar no ofrece ninguna garantía de que siempre se mantendrá uniformemente negro, frío y vacío.

Todos somos pasajeros de un avión, el sistema solar, y nuestra aeronave está por encontrarse con un clima tormentoso; con turbulencias interestelares, para ser precisos.

Los siberianos, como mínimo, saben de tormentas. Yo logré finalmente encontrarme con Dmitriev en el Simposio Internacional de Factores Heliogeofísicos en la Salud Humana, que se celebró los días 15 y 16 de noviembre de 2005, organizado por el Centro Científico de Medicina Clínica y Experimental de la rama siberiana de la Academia Rusa de Ciencias, en Akademgorodok, donde Dmitriev ha vivido durante la mayor parte de su carrera académica.

Akademgorodok es una utopía abandonada, fundada a fines de la década de 1950, a unos 50 kilómetros de Novosibirsk, con la intención de que se convirtiera en el centro de investigaciones secretas soviéticas sobre desarrollo de armamento, aplicaciones espaciales, medicina experimental e investigaciones parapsicológicas, que eran consideradas un aspecto del espionaje y el armamento. Los mejores y más brillantes exponentes de la ciencia rusa fueron trasladados a esa aldea boscosa junto a un lago, no exactamente exiliados, sino más bien protegidos de las tentaciones y los ojos indiscretos de Occidente. No hay ningún indicio de gulag en ese sitio. Akademgorodok estaba totalmente equipada con mejores instalaciones, mejores viviendas y mucha más libertad intelectual y cultural que lo que uno podría esperar de la Unión Soviética. Lo más parecido a Woodstock en la historia soviética era el festival anual de Akademgorodok que se celebraba cada primero de mayo. Además, había un elegante café para pasar el rato, con poesía y música y toda clase de deleites subversivos.

En la actualidad, se ha levantado el secreto oficial sobre buena parte de las investigaciones militares secretas que se llevaron a cabo en Akademgorodok. El café de los disidentes ha pasado a ser un banco. Se dice que Intel está construyendo un polígono industrial en las cercanías. Y el restaurante New York Pizza tiene una estatua de la Libertad de neón blanco. Pero la generación más joven no está del todo convencida. Sus miembros se marchan de Akademgorodok para ir a Moscú u Occidente, aunque en términos relativos al pueblo no le está yendo mal. Su población desciende apenas un pequeño tanto por ciento cada año, mientras las estimaciones oficiales para toda la nación rusa hablan de una reducción de hasta un 25 por ciento en las próximas dos décadas, con un aumento de una década o más en la edad promedio.

Los miembros de la generación de Dmitriev, por otra parte, están atrincherados allí para siempre. Sus salarios no les alcanzarían para comprar una cabina telefónica en Moscú y, además, aquella tradición académica de experimentación en un entorno aislado, con la libertad de explorar cualquier cosa que pudiera darle una ventaja a la madre Rusia, sería imposible de igualar. Por otra parte, todavía quedan vestigios de las ventajas soviéticas. En la conferencia donde me encontré con Dmitriev, pagué el almuerzo de mi intérprete, Olga Luckashenko, una brillante estudiante de doctorado, y el mío propio, por alrededor de 1,50 dólares, compuesto de bebida, sopa, un bocadillo y el postre, pero sin servilletas.

Juzgar a la gente por la ropa que usa es un hábito grosero. Trajes resplandecientes, con rígidas camisas blancas y corbatas de poliéster rodeaban a Dmitriev quien, en comparación, parecía cubierto de cachemira (mezcla). Él acababa de publicar un nuevo texto científico sobre el continuo espacio-tiempo, y después de dedicar un momento de la entrevista a firmar algunos ejemplares, explicó que la idea de que el espacio interestelar no es homogéneo es totalmente de sentido común y coherente con la clase de comprensión que deberíamos haber desarrollado a estas alturas después de medio siglo de exploraciones espaciales.

Pensemos en alta mar. Los primeros exploradores tendían a suponer que el océano era homogéneo, más o menos con las mismas características, agua y olas, en todas partes. Al principio, esa suposición fue útil, puesto que permitió que los navegantes avanzaran con seguridad. Luego, cuando hubo más experiencias directas, se produjo un discernimiento mayor respecto de las alturas de las olas, las profundidades del agua, las corrientes, el lecho marino y las formaciones rocosas y coralinas. Esto no echó por tierra la suposición original de que, por ejemplo, el océano está hecho de agua salada en todas partes (una agua imbebible, así como el espacio exterior es irrespirable), lo bastante profundo como para ahogarse, traicionero, aunque sea potencialmente. Pero desde la cristalina tranquilidad del océano Índico —la fuente menos probable, aparentemente, para un *tsunami* asesino— hasta el tormentoso Atlántico Norte, los viajeros oceánicos lograron discernir diferencias fundamentales en algo que antes se consideraba homogéneo.

Lo mismo ocurre con el espacio exterior. Al principio parecía una buena idea pensar que era prácticamente todo vacío y que dentro del sistema solar las condiciones varían principalmente según la proximidad con el Sol. Por lo tanto, se suponía que el espacio interestelar, del que tenemos incluso menos conocimiento directo, estaba todavía más despojado de características. Por supuesto que Dmitriev no es, de ninguna manera, el primero en reconocer estos hechos (retrospectivamente) obvios, pero, sin duda, es uno de los que mejor entienden cómo la heterogeneidad del espacio afecta a nuestra situación actual.

Como un piloto que ordena que ajusten los cinturones, o un capitán que grita que cierren las escotillas, Dmitriev nos dice que la turbulencia que se avecina no es sólo teórica, sino un hecho que debemos enfrentar de inmediato.

Para visualizar lo que le ocurre a nuestro sistema solar, debemos olvidar los típicos modelos de juguete que todos hemos visto colgando en aulas o museos. Imaginemos, en cambio, una gran esfera luminosa, conocida como la heliosfera. La luz de esta esfera es más fuerte en el centro, donde se encuentra el Sol, y va atenuándose cuanto más se aleja uno. Los distintos planetas, lunas, asteroides, cometas y restos hacen lo de siempre, giran, trazan órbitas y andan zumbando dentro de esa enorme bola luminosa. La heliosfera, a su vez, se desplaza por el espacio, posada en un brazo de nuestra galaxia, y ésta también gira y vuela.

Durante mucho tiempo nos hemos limitado a suponer que siempre sería una navegación tranquila y sin problemas. Dmitriev explica que ahora la heliosfera se ha topado con un terreno difícil, específicamente, con cintas y estrías magnetizadas que contienen hidrógeno, helio, hidroxilo (un átomo de hidrógeno unido por un solo nexo a un átomo de oxígeno) y otros elementos, combinaciones y compuestos: desechos espaciales, tal vez resultado de la explosión de una estrella.

Como cualquier otro objeto que viaja a través de cualquier otro medio, un bote que avanza por el agua, por ejemplo, la heliosfera ha creado una onda de choque delante de ella, a medida que empuja partículas de espacio interestelar. Esa onda de choque se ha vuelto más grande y gruesa desde el momento en que la heliosfera entró en esa región más densa del espacio, donde es necesario apartar más partículas del camino. Dmitriev estima que la onda de choque de la heliosfera se ha multiplicado por diez, de 3 o 4 a 40 UA o más. (La UA, o unidad astronómica, es la distancia de la Tierra al Sol, aproximadamente 93 millones de millas, o 150 millones de kilómetros.)

«El crecimiento del grosor de esta onda de choque ha causado la formación de un plasma colusivo en la capa parietal, que ha provocado un exceso de plasma en torno al sistema solar y, luego, su penetración en los campos interplanetarios [...]. Esta penetración constituye una especie de donación de materia y energía que el espacio interplanetario hace a nuestro sistema solar», escribió Dmitriev en su polémica monografía «El estado planetofísico de la Tierra y de la Vida».[2]

En otras palabras, la onda de choque está envolviendo el borde anterior de la heliosfera, de la misma manera en que las llamas envuelven la parte delantera y los lados de un transbordador espacial cuando éste entra en la atmósfera, salvo que los transbordadores espaciales poseen escudos diseñados para protegerlos y evitar que se achicharren. Según Dmitriev, la onda de choque está presionando nuestra heliosfera, penetrando en regiones donde habrían estado ubicados los escudos contra el calor si el buen Dios hubiera encontrado conveniente instalar algunos de esos escudos en el sistema solar. El resultado final es que se están inyectando grandes cantidades de energía en los campos interplanetarios, que sacuden el Sol y hacen que se comporte de manera errática, alteran el campo magnético terrestre y, muy probablemente, exacerban el calentamiento global que está experimentando nuestro planeta.

Dmitriev y sus colegas descubrieron la onda de choque cuando analizaban datos obtenidos por el satélite *Voyager* sobre los límites más alejados del sistema solar. La misión comprendía dos satélites y se lanzó en 1977, aprovechando un alineamiento poco común de Júpiter, Saturno, Urano y Neptuno, de modo que los campos gravitacionales de los planetas pudieran utilizarse para acelerar el desplazamiento de los satélites por el espacio a velocidades que hubieran sido impensables de otra manera. Durante más de una década los satélites *Voyager I* y *II* transmitieron información detallada sobre las lunas, los anillos y los ambientes magnéticos de los planetas más lejanos. Luego, en 1988, pusieron rumbo a la heliopausa, la línea divisoria entre el sistema solar y el espacio interestelar, a unos 16.000 millones de kilómetros del Sol.

Usando los datos del *Voyager* como base, Dmitriev y sus colegas los compararon con investigaciones más recientes seleccionadas de publicaciones científicas rusas y occidentales, así como datos de la NASA y la ESA, y hallaron evidencias asombrosas y coherentes de que, desde las más diminutas y frías lunas que giran en círculo en torno a los planetas más lejanos hasta el centro del Sol, la heliosfera exhibe un comportamiento más excitado y turbulento que hace veinte años, fecha de las primeras mediciones del *Voyager*.

Los científicos rusos han estudiado exhaustivamente la nube de energía interestelar, en especial Vladimir B. Baranov, quien en 1995 obtuvo la cátedra Soros de la Universidad Estatal de Moscú, un honor conferido por George Soros, el peripatético filósofo multimillonario famoso por «coleccionar» genios creativos y científicos. La obra de Baranov sobre la hidrodinámica del plasma interplanetario y la desaceleración del viento solar producida por el medio interestelar se ha publicado ampliamente en ruso, incluso en el *Soros Educational Journal*.[3] Baranov ha desarrollado un modelo matemático de la heliosfera basado en datos del *Voyager*. En una conferencia celebrada en 1999 en Moscú, en la que se lo homenajeó por su quincuagésimo sexto cumpleaños, científicos planetarios de Rusia, Europa y Estados Unidos examinaron el modelo de Baranov, que indica una correspondencia del 96 por ciento entre los datos del *Voyager*, la información más reciente de la NASA y la ESA, y las evaluaciones básicas de energía y espacio realizadas por Dmitriev, quien cree que nuestra heliosfera permanecerá dentro de la onda de choque durante los próximos 3.000 años.

La onda de choque es más intensa en el borde anterior de la heliosfera a medida que ésta avanza a través del espacio interestelar, así como la estela de un barco es más picada en la parte delantera, en el punto donde el casco corta el agua. Por lo tanto, la onda de choque impacta con más fuerza en las atmósferas, climas y campos magnéticos de los planetas exteriores: Júpiter, Saturno, Urano y Neptuno.

Tanto en Urano como en Neptuno se han producido desplazamientos de los polos magnéticos, de una manera muy similar a lo que está empezando a ocurrir en la Tierra, según creen los científicos. Y las atmósferas de ambos planetas brillan con más luz y parecen estar calentándose, lo que ocurriría en el caso de nuevas aportaciones de energía. Las auroras boreales, esos espectaculares fenómenos luminosos producidos por repentinas inyecciones de radiación en una atmósfera, han empezado a aparecer en Saturno, que a fines de enero de 2006 regaló a los astrónomos una tormenta eléctrica del tamaño de Marte, con relámpagos mil veces más fuertes que los que suelen darse en la Tierra. Por primera vez se han visto géiseres similares a los de Yellowstone en Enceladus, la luna de Saturno.[4]

Júpiter está exhibiendo algunos de los efectos más pronunciados de la onda de choque. El campo magnético del planeta más grande de la heliosfera ha duplicado su tamaño y en la actualidad se extiende hasta Saturno. Los campos magnéticos son, literalmente, campos de energía; para duplicar su tamaño, hace falta el doble de la cantidad de energía que los sostiene. Desde la Tierra, el campo magnético de Júpiter, si fuera visible, parecería más grande que el Sol a simple vista. Se han producido auroras boreales entre Júpiter e Ío, su luna, que también ha exhibido una actividad volcánica sin precedentes. Pero el hallazgo más impresionante de todos tuvo lugar en marzo de 2006, cuando se descubrió que Júpiter está generando una nueva mancha roja, en esencia, una tormenta electromagnética interminable, casi tan grande como la Tierra.

Los astrónomos le vienen siguiendo la pista a esta nueva mancha roja, oficialmente conocida como Óvalo BA, desde el año 2000, cuando tres manchas más pequeñas chocaron y se fusionaron, formando la nueva conflagración. El Óvalo BA ha crecido hasta alcanzar alrededor de la mitad del tamaño de la Gran Mancha Roja original de Júpiter, la tormenta más poderosa del sistema solar, que ruge desde hace al menos trescientos años.

«Llevamos años monitorizando Júpiter para ver si el Óvalo BA se volverá rojo... y, finalmente, parece que sí», informa el astrónomo Glenn Orton, miembro del Laboratorio de Propulsión a Chorro (JPL) ubicado en Pasadena, California. Orton explica que la profundización del color rojo del Óvalo BA indica que está creciendo e intensificándose como tormenta. ¿De dónde surge la energía que alimenta esta tormenta? El JPL no da ninguna respuesta a esa pregunta. Dmitriev y Baranov apuntan a la onda de choque, que lanza energía a la atmósfera de Júpiter, lo que estimula tormentas eléctricas y la erupción de volcanes.[5]

Los efectos de la onda de choque también empiezan a detectarse en los planetas interiores. La atmósfera de Marte está volviéndose más densa y, por lo tanto, potencialmente más apta para la vida, puesto que una atmósfera más densa ofrece mayor protección contra las radiaciones cósmicas y solares. La composición química y la calidad óptica de la atmósfera de Venus está cambiando, volviéndose más luminosa, un buen indicio de un incremento de su contenido de energía.

Aunque el Sol se encuentra en el centro de la heliosfera y, por lo tanto, es el punto más lejano de los efectos de la onda de choque, es mucho más susceptible a las infusiones de energía que los planetas. Así como el agua no puede absorber agua y la tierra no puede absorber tierra, la masa derretida de energía del Sol no puede absorber y disipar energía con la misma eficiencia que los cuerpos materiales duros y fríos de los planetas. Por lo tanto, incluso las primeras aportaciones relativamente pequeñas de la onda de choque ya están produciendo impactos significativos en el Sol.

«El aumento de la actividad solar es un resultado directo de los crecientes flujos de materia, energía e información que experimentamos a medida que avanzamos hacia la nube de energía interestelar. El Sol sufre nuevas necesidades y nosotros experimentamos el impacto de esas necesidades en nuestro propio planeta», declaró Dmitriev durante nuestra entrevista.

Todo lo que perturba el Sol nos perturba a nosotros. Ése es el mensaje. Desde la perspectiva de Dmitriev, todos los planetas, incluida la Tierra, se encuentran en un doble aprieto, puesto que reciben precipitaciones radiactivas tanto directa como indirectamente a través de los trastornos que éstas crean en el Sol.

«Existen señales totalmente inequívocas y confiables de este fenómeno amenazador [la onda de choque], en relación tanto con la Tierra como con el espacio adyacente [...]. Lo que en verdad importa es que las entendamos, las aceptemos y hagamos todos los esfuerzos necesarios para sobrevivir», añadió Dmitriev.

DOBLE DESILUSIÓN

Si la Tierra se volviera inhabitable, el último recurso de la humanidad siempre ha sido huir hacia el espacio exterior e instalarnos allí. La Luna, desde luego, debido a su proximidad y ahora a la probabilidad cada vez mayor de que posea cantidades sustanciosas de hielo que se podrían derretir para convertirlas en agua y electrolizarlas para transformarlas en oxígeno respirable, ha sido la elección obvia. También se mencionó a Marte e incluso a Ío, una de las lunas de Júpiter, como posiblemente habitables. De hecho, se ha generado una especie de movimiento en torno a la creencia de que establecer colonias espaciales es una necesidad acuciante, y no sólo la expresión de nuestro espíritu de aventura.

> La misión [...] consiste en proteger a la especie humana y su civilización de la destrucción que podría producirse a partir de un acontecimiento catastrófico global, tales como una guerra nuclear, actos de terrorismo, pestes y choques contra asteroides. Para llevar a término esta misión, la ARC [Alianza para Rescatar la Civilización] se dedica a crear instalaciones con personal continuo en la Luna y otras regiones alejadas de la Tierra. En estas instalaciones se conservarán copias de seguridad de avances científicos y culturales y reservas de las especies importantes para nuestra civilización. En el caso de que se produjera una catástrofe mundial, las instalaciones de la ARC estarán listas para reintroducir en la Tierra lo que se haya perdido de tecnología, arte, historia, cultivos, ganados y, si es necesario, seres humanos.[6]

Esto lo ha escrito Steven M. Wolfe, uno de los principales miembros de la ARC.

La idea consistiría en esparcir el riesgo y respirar un poco mejor. Pero si Dmitriev tiene razón y estamos volando rumbo a la nube de energía interestelar, todo el sistema solar se encontrará en la misma situación que la Tierra, lo que significa que nuestros huevos deberán recorrer un camino terriblemente largo para encontrar una segunda cesta segura. Como mínimo, tendríamos que hallar otro sistema estelar al que pudiéramos escapar, lo bastante próximo como para que los seres humanos, tal vez congelados criogénicamente, sobrevivieran al viaje. Hoy en día, el favorito en la lotería de la supervivencia es el sistema Alfa Centauro de tres estrellas: Alfa Centauri A, Alfa Centauri B y Proxima Centauri. Alfa Centauri A es similar al Sol y posiblemente tenga planetas habitables en su órbita. La buena noticia es que Alfa Centauro es, también, el sistema más cercano a nosotros. La mala es que «cercano» significa 40 billones de kilómetros de distancia. Tardaríamos cuatro años viajando a la velocidad de la luz, 300.000 kilómetros por segundo, para llegar allí. La tecnología espacial tripulada actual nos llevaría hasta allí en, bueno, aproximadamente medio millón de años, lo que, si le buscamos el lado bueno, es mucho menos que lo que tardaría en evolucionar una especie nueva y más sabia si la nube de energía de Dmitriev nos fríe dejando sólo microbios y cucarachas y cosas así.

Ya se está trabajando en ello. En el sudoeste de Nuevo México, no lejos de donde Richard Branson, Paul Allen y compañía están estableciendo su puerto espacial, existe —lo que es toda una coincidencia— un típico conciliábulo neofascista/francmasón, dirigido secretamente desde el Vaticano por miembros deshonestos de la CIA, que trabaja noche y día para liberar billones de dólares de cuentas de la mafia (retenidas ilegal e inmoralmente por codiciosos banqueros internacionales), con los que comprarán extensiones de tierra donde crearán una ciudad subterránea (porque si la ciudad estuviera en la superficie, la gente empezaría a hacer preguntas), criarán y cultivarán ganado y alimentos especiales, y construirán una nave espacial modular que permitirá que un grupo de 160 (el número ideal) o 144.000 (el otro número ideal) individuos escogidos huyan de la Tierra justo antes de que estalle en pedazos en diciembre de 2012, y volarán, por medio de un reactor de fusión nuclear en miniatura, a un sistema solar cercano, que nosotros, para los propósitos de este debate extraoficial, llamaremos Rom, donde un planeta de clase M, similar a la Tierra, espera que lo colonicemos.

Yo he conocido a algunos de esos tipos. Estaban dispuestos a darme un asiento de primera clase en el viaje a Rom, incluso hasta tal vez me habrían dejado pilotar la condenada nave espacial, si yo les comprara, digamos, un Toyota.

De todas maneras, yo preferiría quedarme con ellos que con el Movimiento para la Extinción Voluntaria de la Humanidad, cuyo lema, «Vive mucho y muérete», por otra parte, serviría para un bonito tatuaje.

9

AL OTRO LADO DEL ESPEJO DEL PENSAMIENTO

Desde luego que no fue la comida georgiana, una feliz combinación de la sustanciosa cocina rusa con la saludable cocina de Oriente Medio, lo que me provocó aquella pesadilla. Esa cocina comunista era tan deliciosa que hasta mi papá se hubiera abalanzado sobre ella, aunque no sin antes recordarme que Josef Stalin era georgiano y en algunos aspectos peor que Hitler. Tal vez fuera el viaje de regreso desde el restaurante. Uno creería que los siberianos saben cómo conducir en la nieve. En realidad, terminé orando y haciendo reverencias como el taxista rasta. Por supuesto que la temática del apocalipsis 2012 es bastante adecuada para las pesadillas, aunque durante la mayor parte de la investigación yo había dormido sorprendentemente bien, con la ocasional excepción de algún mordisco del gran tiburón blanco en mi psique. Lo único que se me ocurre es que aquella habitación de hotel de Novosibirsk me afectó. El váter tenía una pequeña cinta que decía «desinfectado». Pero la cortina de la ducha seguro que no.

Que la capa de suciedad en una cortina de ducha representara el mayor triunfo de la historia de la Tierra, tal vez de todo el sistema solar, es un hecho muy adecuado para el reino subconsciente de los sueños. Literalmente, fue una revuelta de la capa de suciedad del submundo, conocida como cianobacterias, que tuvo lugar hace 2.500 millones de años, lo que creó el caos más letal y al mismo tiempo la vida tal como la conocemos hoy.

Antes del surgimiento de las cianobacterias, la vida en la Tierra se limitaba a los anaerobios (organismos que evitan el oxígeno).[1] Esas bacterias se ocultaban de la luz solar y, mediante un proceso de fermentación, descomponían lentamente los enlaces de gases tales como el sulfuro de hidrógeno, del que los volcanes habían escupido una cantidad más que suficiente. Un compuesto que los anaerobios nunca pudieron descomponer fue el hidróxido de hidrógeno, el agua, la sustancia más abundante en la superficie terrestre. De modo que, después de mil millones de años de masticar en la oscuridad, fabricando sus versiones prehistóricas de vino, queso y salsa de soja, los fermentadores fueron reemplazados por las cianobacterias, que salieron a la luz del sol y usaron sus poderosos rayos para separar los enlaces de la molécula de H_2O. El hidrógeno así liberado se combinó con el dióxido de carbono en la atmósfera para formar azúcares y carbohidratos que, un poco más adelante en el camino de la evolución, fueron metabolizados por plantas rudimentarias.

Al principio, el oxígeno liberado por las cianobacterias era absorbido bajo la forma de óxido por los metales y también por otros gases, en especial el metano. Pero después de alrededor de un millón de años, el oxígeno comenzó a llenar el aire, pasando de menos del 1 por ciento de la atmósfera, proporción que ocupaba antes de la aparición de las cianobacterias, a cerca de nuestro actual 21 por ciento, según me dijo Heinrich Holland, un geoquímico de Harvard, durante nuestra entrevista. Con excepción de unos pocos anaerobios que consiguieron refugiarse en el lodo o debajo de las rocas, todos los demás fueron barridos por el gas oxígeno.

Ésa fue la mayor crisis de contaminación en la historia de nuestro planeta, y obligó a las cianobacterias a utilizar el segundo truco de su manga evolutiva. Después de innumerables experimentos fallidos relacionados con el oxígeno, finalmente aprendieron a respirar los desechos de su propio metabolismo. (Todo un truco, puesto que, por definición, los desechos son venenosos para los organismos que los producen.) El esfuerzo valió la pena: la respiración aeróbica resultó ser maravillosamente eficiente, unas dieciocho veces más poderosa que su homóloga anaeróbica.

«Las cianobacterias tenían tanto la fotosíntesis, que generaba oxígeno, como la respiración, que lo consumía. Habían encontrado su lugar bajo el sol», escriben Lynn Margulis y Dorion Sagan.

Aunque todavía siguen presentes en su forma original, por ejemplo, en la suciedad de la cortina de la ducha de mi habitación del hotel, en su mayoría las cianobacterias han evolucionado desde entonces, convirtiéndose en cloroplastos, las máquinas de fotosíntesis que se encuentran en las células de las plantas. La fotosíntesis, por muy avanzada que esté, aún no puede procesar las incalculables reservas del agua salada de la Tierra. El cloruro de sodio y otras sales del agua del mar generan una destrucción electrostática de las membranas celulares y provocan un cortocircuito en su química. Sin embargo, Margulis sostiene que existen comunidades microbianas compuestas de numerosas especies diferentes que han aprendido a cooperar entre sí y quitar la sal del agua sin peligro, aislándola y luego barnizándola para que no vuelva a disolverse.

Imaginemos una comunidad microbiana que no sólo pudiera desalinizar el agua de mar, sino también usar el agua fresca resultante para la fotosíntesis. No es una idea tan exagerada si tenemos en cuenta la ya famosa historia de los reactores nucleares naturales de Oklo, una mina francesa de uranio de Gabón, en África.[2] Cuando se estaban preparando los primeros envíos de mineral, se descubrió que les faltaba el isótopo fisionable U235. Se sospechó de la posible intervención de terroristas. Las autoridades se prepararon para lo peor. Pero todos se relajaron cuando se reveló que el robo había tenido lugar entre 2.000 y 2.500 millones de años antes, en la época en que el oxígeno impregnó por primera vez la atmósfera africana. Al parecer, el mineral de uranio, hasta entonces considerado insoluble, se había oxidado, disuelto en el agua del suelo, y luego se había filtrado en corrientes. Allí las bacterias aprendieron cómo recogerlo y procesarlo, hasta terminar acumulando una cantidad tan alta de U235 que se llegó a una masa crítica. Ello dio comienzo a una reacción en cadena que se mantuvo en el nivel de un kilovatio durante millones de años, mientras las bacterias distribuían los desechos de manera inofensiva en el ambiente, en forma de productos de fisión estable.

De modo que si las bacterias pueden aprender a construir y hacer funcionar un reactor nuclear, también pueden aprender a desalinizar el agua marina y luego hacer fotosíntesis con lo que queda. Se producirían incontrolables tormentas de fuego si las aguas de los océanos se disolvieran, convirtiéndose en oxígeno e hidrógeno separados que se filtraran a la atmósfera. Sería el holocausto que terminaría con todos los holocaustos, desde el punto de vista humano. La Tierra, probablemente, se recuperaría y se adaptaría, como sucedió cuando el oxígeno envenenó el aire, con lo que evolucionaría una especie nueva y más lista (de bacterias). (Los fuegos no eran un problema durante la primera crisis de oxígeno de hace 2.500 millones de años, puesto que prácticamente no había nada —ni plantas, ni ningún otro material orgánico— que se pudiera quemar.)

Mi pesadilla consistía, básicamente, en bacterias que prendían fuego a los océanos, salvo que todo el sistema solar terminaba achicharrado, como si el Sol hubiese entrado en una fase hipercrítica y hubiera perdido el control de su fusión termonuclear, haciendo estallar el vasto océano negro del espacio en *tsunamis* formados por paredes de fuego de un millón de kilómetros de altura, que cayeran sobre islas del tamaño de planetas y las quemara como papel arrugado.

HACIENDO ENFADAR A GAIA

Nadie podría afirmar con seguridad si el triunfo de las cianobacterias primordiales fue simplemente un paso en el proceso evolutivo interno de la Tierra o si fue estimulado por algún factor extraterrestre, tal como el pasaje del sistema solar hacia una nube de energía interestelar. Si Dmitriev tiene razón al creer que esas nubes existen, y parece lógico que sea así, entonces no hay forma de saber cuántas veces las hemos atravesado hasta ahora, o si se trata o no de un proceso cíclico.

«Los efectos en la Tierra [del paso hacia una nube de energía interestelar] se encuentran en la aceleración del desplazamiento de los polos magnéticos, en la distribución vertical y horizontal del contenido de ozono, y en el aumento de la frecuencia y la magnitud de significativos acontecimientos climáticos catastróficos —escribe Dmitriev—. Las respuestas adaptativas de la biosfera, y de la humanidad, a estas nuevas condiciones pueden generar una revisión total y global de la gama de especies y de la vida en la Tierra.»[3]

El concepto de que la Tierra posee una biosfera, en esencia, el medio ambiente en que las cosas vivas existen normalmente, desde el fondo del océano hasta las cimas de las montañas y aún más arriba, en la atmósfera, recuerda la hipótesis de James Lovelock sobre Gaia, que sostiene que la Tierra se comporta de una manera muy similar a la de un organismo vivo. La esencia de Gaia es el sistema de retroalimentación negativa, según el cual la biosfera se ajusta y se regula para compensar las perturbaciones externas. Este proceso se conoce como *homeostasis*, o lo que Lovelock denomina «la sabiduría inconsciente del cuerpo». Si, por ejemplo, la biosfera se calentara repentinamente como resultado de su entrada en una nube de energía interestelar, encontraría la manera de enfriarse, no mediante una decisión consciente, sino más bien de la misma manera inconsciente y automática en que nuestros cuerpos se enfrían a través del sudor. El mecanismo adaptativo de la biosfera ante un incremento de la temperatura podría ir de un aumento de la cobertura protectora de nubes para dar sombra a la Tierra frente a un Sol demasiado poderoso, hasta la detonación de un supervolcán, como la erupción del lago Toba hace 74.000 años, que llevó al planeta a una edad de hielo.

Hay límites, desde luego, a la capacidad de la biosfera para ajustarse con el objeto de mantener un cómodo statu quo. Y esa capacidad de compensar decrece a medida que se inhabilitan ciertos componentes clave de la biosfera, aquellos a los que Lovelock se refiere como «órganos vitales».

Mucho se ha escrito sobre las peligrosas ramificaciones ecológicas de la destrucción de la selva tropical, que funciona como un gigantesco sistema de aire acondicionado en las regiones más calurosas de la Tierra. La selva tropical produce nubes, que dan sombra a la tierra, y estas nubes, a su vez, producen grandes cantidades de precipitaciones, que enfrían las regiones ecuatoriales y ayudan a impedir que se conviertan en desiertos. Aunque algunos sostienen que las selvas tropicales son como los pulmones de la tierra, en realidad se parecen más a la piel, por su capacidad de producir humedad, es decir, sudor, y mantener fresco el planeta. La piel es el órgano más grande del cuerpo humano; si se quema una cantidad demasiado grande, no hay forma de sobrevivir.

«La perspectiva del desastre que creemos más posible es que existe un umbral del aumento de la temperatura global más allá del cual se produciría un calentamiento rápido, irreversible y totalmente fuera de nuestro control. El umbral se encuentra entre 2 y 3 grados centígrados, y si no hacemos nada lo alcanzaremos en un lapso de veinte a cuarenta años. Es un problema principalmente para nuestros hijos y nietos, pero de todas maneras preocupante», declaró Lovelock.

Utilizando sus conocimientos de minería, Dmitriev ha identificado un nuevo «órgano vital» de la biosfera. «Puesto que la Tierra es un organismo grande y muy organizado, cada una de sus unidades estructurales o territorios, tales como los sistemas montañosos, los ríos, las fallas tectónicas, los depósitos minerales, los yacimientos petrolíferos, etc., juegan un determinado papel funcional en su vida, y en sus conexiones con el mundo exterior. Por ejemplo, los depósitos de mineral de oro sostienen la estabilidad climática porque efectúan la conexión entre la actividad eléctrica de la atmósfera y la actividad eléctrica bajo la superficie de la Tierra.»[4]

El hecho de que la capacidad del mineral de oro y otros metales de conducir calor y electricidad termine siendo vital para la ecología global es otra de esas observaciones que nos hacen llevarnos la palma de la mano a la frente, es decir, retrospectivamente obvias. ¿Qué otra manera sería más natural para eliminar el exceso de energía de la atmósfera y la superficie de la Tierra que conducirla a través de la corteza hacia el manto del planeta? Si esos vastos depósitos de mineral de oro fueran colocados allí con ese propósito, o si simplemente realizan esa función por accidente, es una cuestión académica. El hecho más urgente es que se han extraído esos minerales de manera agresiva desde el comienzo de la revolución industrial, hace 150 años, que justamente también es la época en que tuvo comienzo la fase actual del calentamiento global. Dmitriev sostiene que, al quitar esos metales, hemos disminuido la capacidad de la Tierra de absorber el exceso de energía de la atmósfera. Ello, sin duda, podría ayudar a explicar parte del aumento de la severidad de las tormentas, puesto que están sobrecargadas por la energía proveniente de la onda de choque.

Si la Tierra está perdiendo su capacidad de absorber sin peligro el exceso de electricidad atmosférica, y nosotros recibimos una cantidad mayor de esa energía debido a la nube interestelar que la heliosfera atraviesa en este momento, entonces, simplemente, habrá más desechos a los que tendremos que enfrentarnos los que moramos en la superficie. Deberemos encontrar la manera de hacerlo, porque está claro que no dejaremos de extraer hierro y otros metales valiosos. ¿Existen zonas de conductividad que, como las selvas tropicales, deberíamos proteger especialmente por el bien de la ecología global? ¿En qué momento la conductividad se vuelve irrecuperable?

Imaginemos, por un momento, lo mal que la sugerencia implícita de Dmitriev de reducir o eliminar la extracción de minerales sería recibida en Siberia, que es una amplia región de recursos naturales que esperan ser explotados. Con sus más de 10 millones de kilómetros cuadrados, una superficie más grande que el territorio continental de Estados Unidos, y con apenas 25 millones de habitantes, cerca de la duodécima parte de la población de Estados Unidos, Siberia pide por favor que se establezcan industrias y actividades de minería. No me resulta difícil suponer que los chinos podrían intentar atacar a los tambaleantes rusos. China, que sufre un grave exceso de población, podría reubicar fácilmente entre 50 y 100 millones de personas en Siberia en menos de una década. En poco tiempo, el gigante asiático se convertirá en la segunda economía más grande del mundo, con todos los recursos necesarios para extraer minerales y petróleo en Siberia.

¿Salvar Siberia? La idea de Dmitriev no es tan exagerada. Si la selva tropical del Amazonas es el sistema de enfriamiento del clima global, tal vez Siberia y otras regiones con grandes depósitos de mineral de oro sean los amortiguadores eléctricos, un servicio ecológico que no nos conviene desperdiciar, si realmente nos dirigimos hacia una nube de energía interestelar que inyectará relámpagos y ondas de calor, luz y radiación electromagnética en nuestro sistema climático.

VISIONES DE LA NOOSFERA

Como mínimo, la existencia de la biosfera significa que la Tierra podría arder de una manera muy diferente a la de los otros planetas en el caso de que mi pesadilla se volviera realidad y un incendio del sistema solar incinerara el espacio interplanetario. Siempre se puede contar con que la vida intentará defenderse cuando se enfrente a la amenaza de la desaparición. Se esconderá bajo tierra, se convertirá en esporas o enviará batallones de bomberos a los edificios en llamas, en el caso de la especie *Homo sapiens*.

Pero no ocurre lo mismo con las sustancias inanimadas que, por lo que sabemos, forman todos los otros planetas, asteroides y, por supuesto, el Sol. Esos compuestos sin vida pueden arder con más o menos facilidad, en función de su composición, pero no se defienden como sí lo hace la vida.

De hecho, la biosfera está específicamente construida para transformar y difuminar el calor, la luz y la radiación, según V. I. Vernadski, el ecologista planetario ruso cuya tradición sigue Dmitriev. Vernadski entendía que la biosfera es la capa intermediaria de la Tierra cuya función consiste en lidiar con el Sol y, en realidad, con toda la energía cósmica entrante. De modo que cualquier alteración del Sol o del cosmos se traducen directamente en alteraciones de la vida terrestre. Según escribió:

> La biosfera es al menos tanto creación del sol como resultado de procesos terrestres. Las antiguas intuiciones religiosas que consideraban que las criaturas terrestres, en especial el hombre, eran hijos del Sol estaban mucho más cerca de la verdad que lo que creen aquellos que ven a los seres terrestres simplemente como creaciones efímeras surgidas de una interacción ciega y accidental de materia y fuerzas. Las criaturas de la Tierra son fruto de procesos extensos y complejos y una parte esencial de un armonioso mecanismo cósmico, en el que, como se sabe, se aplican leyes fijas y no existe el azar.[5]

La ignorancia del elevado genio de Vernadski es uno de los más vergonzosos escándalos intelectuales de los anales de la ciencia americana. Ése es el mensaje del equipo de académicos de doce países que compilaron *The Biosphere: Complete Annotated Edition*. Ésta, la primera traducción al inglés de una obra importante de Vernadski, apareció unos setenta años después de que el libro fuera publicado en ruso, francés y otros idiomas europeos. Vernadski es un nombre tan familiar para los rusos cultos como Einstein, Darwin y Mendel. Los europeos también conocen su obra. Pero los científicos anglohablantes permanecen penosamente ignorantes. Incluso Lovelock, el otro gran exponente del siglo XX del concepto de la biosfera, descubrió la obra de Vernadski sólo después de que apareciera aquella tardía traducción.

Es interesante notar que el augusto equipo de científicos occidentales que revivieron con tanto entusiasmo la obra de Vernadski sobre la biosfera no han hecho lo mismo con sus escritos sobre la noosfera. Vernadski veía la noosfera como la capa mental que rodea el planeta, la suma total de todos nuestros pensamientos y recuerdos tal cual existen hoy. La idea de la noosfera, desarrollada junto a Pierre Teilhard de Chardin, el paleontólogo francés y filósofo de la conciencia cósmica, se refiere al producto, la fuente, o ambos, de todas las mentes del planeta. La comunicación psíquica puede entenderse como una navegación por la noosfera. Aquellos que se vean tentados de descartar todo este concepto por estrafalario podrían considerar que la telaraña de ancho mundial, la famosa *World*

Wide Web, que habría sido una propuesta ridícula sólo hace medio siglo, en realidad encarna muchas de las características de la mentalidad global que Vernadski predijo.

Yo he atisbado la noosfera en dos ocasiones en mis cincuenta y dos años. La primera vez ocurrió cuando tenía veinte años y seguía un curso de meditación de cuatro días que mi madre me había regalado por mi graduación en la universidad. En retrospectiva, entiendo que aquel curso era un poco «ligero», un rápido repaso de las técnicas de relajación, visualizaciones mentales, biorretroalimentación y asociación libre. Dedicamos la mayor parte del último día a juntarnos en pareja con nuestros compañeros y «leer casos», en los que uno de los dos decía el primer nombre de una persona que sabían que estaba enferma, y luego la visualizaba mentalmente. El otro usaba técnicas de meditación para acceder a esa imagen mental, determinaba la enfermedad y, a continuación, le enviaba una luz blanca sanadora al paciente.

Mi pareja, una amable mujer de mediana edad, empezó primero y me dijo que el nombre de la persona que sufría era Helen. Yo «bajé a mi nivel», lo que en la jerga del curso significaba respirar profundo y contar hacia atrás, recibí una imagen de Helen y luego vi que le salía una rosa de la nalga. Una enfermedad peculiar. Por suerte nuestro instructor nos había advertido de que, una vez que hubiésemos bajado a nuestro nivel, era posible que viéramos las cosas simbólicamente, de modo que deduje que a Helen le habían quitado algo de su área personal y supuse correctamente que se trataba de una histerectomía. Consideré mi esfuerzo exitoso pero para nada concluyente, puesto que en esa época, en 1974, la mayoría de los médicos convencían a las mujeres de que necesitaban tratamientos que ahora se sabe que eran optativos o incluso perjudiciales, y cosechaban tanto úteros como amígdalas.

Luego llegó mi turno de presentar un caso y, por supuesto, dado que básicamente todavía era un adolescente, decidí hacer un poco el payaso. El nombre de la persona que sufría era Dana, un nombre que en inglés puede ser tanto de hombre como de mujer, lo que, por lo tanto, no ofrecía ningún indicio. Y Dana no era especialmente un sufriente. Medía 1,92 metros, era un musculoso y vociferante jugador de baloncesto de secundaria que se había destrozado la rodilla tan gravemente que debía llevar un complicado aparato ortopédico. Mi compañera captó una «rigidez en la pierna», lo que era bastante impresionante, aunque también es posible que yo me hubiera delatado moviendo involuntariamente una pierna, o llamando la atención sobre ella de alguna otra manera. Luego mi compañera añadió que Dana tenía «algo en el hombro, una fruta». Bueno, eso para mí zanjó la discusión. Mi madre había malgastado su dinero y yo mi tiempo. Dana Burke, que hoy en día es un estimado médico, jamás ha cargado frutas en el hombro.

Justo antes de que terminara la clase, mi subconsciente finalmente penetró en mi grueso cráneo. Recordé que Dana se había lastimado el hombro en otro accidente atlético, de una manera tan mala, o lo bastante buena, como para evitar que lo reclutaran para Vietnam. Tenía una gran cicatriz a la altura del hombro y un tornillo de metal en su interior.

Ahora bien, es posible que yo, de alguna manera subconsciente, recordara aquel tornillo y, a través de un lenguaje corporal no intencionado, llamara la atención sobre mi hombro de una manera tal que mi compañera intuyera que había algún material extraño dentro de dicho hombro, pero todo eso parece demasiado retorcido. Como la mejor explicación es la más sencilla, mi compañera consiguió, de alguna manera, ver dentro del hombro de Dana. Pero ¿dónde, exactamente, existiría una imagen así? La respuesta de Vernadski sería: en la noosfera.

Recordé mi segunda incursión en ese territorio el día en que Olga, la intérprete, y yo avanzamos con dificultad a través de un nevado bosque de hayas en Akademgorodok para llegar a una pintoresca capilla ortodoxa rusa, la primera estructura religiosa construida en Rusia durante la *perestroika* (la reconstrucción) de Gorbachov. Una vez dentro, encendimos velas y oramos por los difuntos. Por más conmovedor que fuera aquel momento, no pude dejar de pensar que en realidad las oraciones no van a ninguna parte, puesto que no lo hacen, porque los muertos no están en ninguna parte, sólo están muertos. Con la idea de 2012 y la imagen de tantos muertos, mientras se pronuncian plegarias inútiles por esas almas inexistentes..., Olga seguía rezando, de modo que, temeroso de los sarcasmos que podrían escapar de mi boca, salí de la iglesia.

Tal vez los caminos del Señor sean insondables, pero aquél no fue uno de esos momentos. Anne Stander, que se encontraba en Sudáfrica, a un hemisferio de distancia, no se comunicó conmigo. Lo único que digo es que, mientras esperaba fuera de la iglesia, recordé lo que había ocurrido en Johannesburgo y la lectura astrológica que ella me había dado sobre mi divorcio y otros asuntos. Bastante perceptivo, había pensado entonces, hasta que ella insistió en que yo me había lastimado la mano cinco años antes. No me sonaba en absoluto. Demasiado tiempo delante del ordenador me había producido algún ocasional síndrome del túnel carpiano, pero no era eso. Anne insistió tenazmente en que mi mano había sufrido una herida grave cinco años antes. Cuando volví a Los Ángeles, le pregunté a mi esposa si recordaba que yo me hubiera lastimado la mano alguna vez. Ella me miró como si estuviera loco. Casi exactamente cinco años antes, me había cortado en la mano mientras troceaba calabazas para preparar un pastel. El baño quedó tan lleno de sangre que parecía que hubiera sacrificado una gacela. Terminé recibiendo cinco puntos en la sala de urgencias.

Por una extraña combinación de amnesia histérica y terca negación, yo había olvidado por completo aquel episodio. No había cicatrices, ninguna incapacidad, y no había mencionado el asunto durante varios años. Stander lo vio claramente, pero no me «leyó la mente». La información estaba en otra parte; lo más probable, en la noosfera de Vernadski.

UN VIEJO CAPITÁN DE BARCO ISLANDÉS

Lo que podría ocurrir con la noosfera en el caso de la destrucción de la biosfera o incluso de la incineración del sistema solar, como en la pesadilla que hizo retorcerme entre las sábanas de la habitación del hotel, va más allá del alcance especulativo de este libro. Pero seguramente no será nada bueno. Lo más urgente, sin embargo, es averiguar si la noosfera alberga alguna información vital sobre lo que nos espera en 2012.

Por desgracia, el hombre más capacitado para anticipar la tormenta de 2012 ya no está con nosotros. Aunque una vez tuve el privilegio de visitarlo. El capitán Eirikur Kristofersson tenía cien años en aquel momento. Aquel hombre de baja estatura, contextura poderosa y una recortada barba plateada había pasado décadas al mando de lanchas en la guardia costera islandesa. Era un verdadero héroe. Las paredes de su habitación en el geriátrico de Reikiavik estaban cubiertas de placas, premios, recortes de prensa y libros que registraban su asombroso historial de rescates en el mar.

Apartada de todos esos objetos había una fotografía en blanco y negro, enmarcada e iluminada, de un hombre de mirada oscura y penetrante: Magnus, un amigo y médico que había muerto mucho tiempo antes y que había sido el guía espiritual de Kristofersson desde finales de la segunda guerra mundial.

Durante toda su carrera, Kristofersson atribuyó pública y enteramente a Magnus su capacidad de «ver y oír cosas que otros no», según sus palabras. Y el capitán cumplía con lo que decía. En 1956, acababa de regresar a puerto sano y salvo con su embarcación durante una furiosa tormenta del Atlántico Norte cuando le llegaron instrucciones de Magnus de que volviera al mar. No se recibieron comunicaciones por radio ni ninguna otra transmisión (convencional), según testificaron más tarde el aterrorizado operador de radio y otros tripulantes. De todas maneras, Kristofersson cambió el rumbo y puso proa nuevamente hacia la tempestad. El barco navegó durante varias horas azotado por los vientos hasta llegar a unas coordenadas determinadas. Allí encontraron al *Northern Star*, que, según confirmaron sus ocho tripulantes, llevaba doce horas hundiéndose, y que se sumergió justo después de que el último de ellos, su capitán, fuera rescatado. El Atlántico Norte próximo a Islandia es la zona más ventosa y con mayores olas de la Tierra. Nadie habría sobrevivido más de unos minutos en sus agitadas y heladas aguas.

«Al principio no sabía de dónde venían esos datos, y trataba de no prestarles atención. Pero una vez que entendí que era Magnus quien me hablaba, no tuve problemas en usar lo que había aprendido», explicó Kristofersson.[6]

Desearía tener un guía espiritual como Magnus para que me informara sobre 2012. Aunque ofende mi sentido de decoro intelectual, también tiene un perverso sentido poético el hecho de que el fin del mundo, o alguna imponente aproximación, tuviera lugar sin que lo detectara (o negado por) la sofisticada clase dirigente tecnológica que, a pesar de todos sus esfuerzos hacia la precisión y la objetividad, se aferra terriblemente al statu quo.

Una vez que el capitán Kristofersson aceptó la fuente de su información, pudo salvar muchas vidas. El hecho de que él ya no pueda pedirle a su guía espiritual Magnus que nos aconseje sobre la tormenta de 2012 que parece estar en camino es una pérdida para todos nosotros. ¿Deberíamos alejarnos de California? ¿Deberíamos, en cambio, mudarnos allí, puesto que si el Yellowstone entra en erupción el viento llevará las cenizas a otro lado? ¿Podríamos llegar a la Luna o a Marte o, si es necesario, más allá del sistema solar? ¿O será mejor que nos quedemos aquí sentados a esperar lo que ocurra?

Un millón de expertos diferentes nos dicen que nos preocupemos sobre cosas diferentes, y podemos aprender algo de la apertura mental de Kristofersson. Él era un capitán preparado que utilizaba todas las herramientas convencionales, pero que también mantenía las orejas bien abiertas por si recibía información de algún lugar inesperado. Si podemos aceptar la diversidad de fuentes y enfoques sobre 2012 como aspectos de un todo coherente, entonces podemos avanzar juntos y estar listos nosotros, nuestros seres queridos y la fracción del mundo sobre la que podamos ejercer alguna influencia, para los inminentes acontecimientos.

UN SÓTANO EN SIBERIA

Los admiradores de Dmitriev se acercaban cada vez más, de modo que me atreví a preguntarle sobre 2012. Él me examinó durante un largo momento, luego pasó a otro tema. Insistí, pero Dmitriev se negó a confirmar algo sobre aquella fecha. Pero sí dijo, al final de la entrevista, que «la catástrofe global de la que hemos hablado —huracanes, terremotos, volcanes que se sincronizarán y amplificarán mutuamente en un bucle de retroalimentación positiva que se nos irá de las manos, lo que amenazará la existencia misma de la civilización moderna— probablemente tenga lugar en unos años, no en unas décadas».

Después de que la pandilla de Dmitriev lo alejara de mí, me presentaron a Alexander V. Trofimov, director general del Instituto Internacional de Investigaciones Científicas de Antropoecología Cósmica (ISRICA) y jefe de laboratorio en el Centro Científico Helioclimatopatológico de Medicina Clínica y Experimental de la rama siberiana de la Academia Rusa de Ciencias. Trofimov me llevó al sótano y me enseñó una máquina muy extraña.

El espejo de Kozyrev es como un barril de aleación de aluminio de 1,82 metros. En su interior, hay un colchón y algunas almohadas, sobre las que se tumba el sujeto. Es uno de los numerosos dispositivos poco comunes inventados por Nikolai A. Kozyrev, el legendario físico ruso que era o un bribón o un genio, según con quien uno hablara y el tema de que se tratara. Kozyrev creía que el tiempo fluye en rayos que viajan sin problemas a través del vacío del espacio exterior, pero que se ven obstaculizados por el campo magnético de la Tierra, de una manera muy parecida a la de la luz, que también se desplaza libremente a través de un vacío, pero que se ve difuminada y reflejada por los objetos opacos tales como la tierra y las nubes.

Aprovechando esos rayos del tiempo, razonó, se podría facilitar la comunicación psíquica, puesto que gran parte de lo que se considera telepatía, en realidad, podría explicarse fácilmente como viajes en el tiempo, lo que es más evidente con las predicciones sobre el futuro.

Kozyrev y sus colegas estudiaron lugares sagrados, naturales y hechos por el hombre, y descubrieron que una elevada proporción de esos sitios se encuentran en puntos donde la densidad del campo magnético es baja. A continuación, los investigadores llevaron a parapsicólogos a esos lugares, compararon su rendimiento con otros puntos donde los campos magnéticos son más fuertes, y produjeron una importante cantidad de documentación que demuestra que cuanto más baja es la densidad magnética ambiental, más eficientes son los parapsicólogos.

Por lo tanto, Kozyrev decidió crear su propio campo magnético de baja densidad, un espejo que reduce el campo de su interior quinientas veces, más o menos el equivalente de lo que uno encontraría a 1.000 kilómetros de altura en la atmósfera. Luego llevó sus espejos a ubicaciones de baja densidad magnética —los campos magnéticos tienden a ser más irregulares en las latitudes situadas más hacia el sur y hacia el norte— y condujo nuevos experimentos parapsicológicos, en los que un operador transmite mentalmente símbolos a receptores lejanos, quienes dibujan y comentan lo que su mente recibe.

Al parecer, los resultados fueron tan prometedores que los soviéticos convirtieron las investigaciones parapsicológicas en una prioridad académica y militar. Tal vez para compensar la necesidad humana básica de adorar, que, desde luego, estaba prohibida, el antiguo régimen soviético levantó la bandera de los fenómenos psíquicos. La telepatía fue utilizada para toda clase de acciones, desde la desactivación de la telemetría de un misil balístico, como retrató Thomas Pynchon en *V.*, hasta el espionaje directo, a juzgar por los rumores de que eso fue lo que hicieron los soviéticos cuando, aunque toda su infraestructura había quedado destruida después de la segunda guerra mundial y sólo les quedaban algunas pocas instalaciones de investigación y fabricación, produjeron, sin embargo, una bomba de hidrógeno casi tan rápido como Estados Unidos. ¿Es posible que haya habido algún olvidado burócrata soviético, homólogo del capitán Kristofersson, que, cuando le presentaron secretos atómicos obtenidos a través de espionaje psíquico, superara su escepticismo y reconociera el valor de la información a pesar de los métodos estrafalarios y poco científicos con que se había obtenido?

Trofimov me llevó de vuelta a su despacho. Siguiendo un impulso, le pregunté sobre 2012.

«Le conviene plantear sus dudas a nuestro colega José Argüelles.

Verá, él ha conducido algunos experimentos con nosotros.» Trofimov señaló con un gesto el espejo de Kozyrev.

¿Se trataba, acaso, del mismo José Argüelles quien, a través de su popular e influyente libro *El factor maya* ha hecho más que nadie para alertar al mundo sobre 2012? ¿Aquel artista holístico de México que posa para fotos de anuncios con su flauta de bambú había realizado experimentos parapsicológicos en un sótano junto a científicos siberianos que usan protectores de plástico sobre sus blancas camisas de poliéster? Es cierto que, al igual que los investigadores del ISRICA, Argüelles es un académico, y ha sido profesor en instituciones tales como Princeton y la Universidad de California en Davis. Pero el verdadero encuentro de mentes entre esta extraña pareja tiene que ver con sus creencias sobre el espacio-tiempo: «Los arqueólogos, desde luego, ven el sistema del calendario [maya] sólo como eso: una manera de registrar el tiempo. Pero la pregunta de por qué se ha pasado tanto tiempo registrando el tiempo sigue sin respuesta. ¿Acaso el sistema numérico, que tiene una proporción tan exquisita, es también un medio para registrar calibraciones armónicas que no sólo se relacionan con posiciones del espacio-tiempo, sino con resonantes cualidades del ser y la experiencia cuya naturaleza no podemos ver debido a nuestra predisposición materialista?», se pregunta Argüelles en *El factor maya*.[7]

Es, precisamente, esta habilidad de pensar fuera de los límites del espacio-tiempo lo que estudian los investigadores parapsicológicos siberianos que trabajan con Argüelles. El espacio-tiempo, o lo que los mayas llaman *najt*, es una de las arenas movedizas más voraces de la filosofía contemporánea, de modo que nosotros apenas pisaremos suavemente el borde. Los teóricos de cuerdas sostienen que existen once dimensiones, o en realidad diez, y los números de la cinco a la diez están unidas entre sí muy apretadas, un poco como una red que atrapa una presa de cuatro dimensiones, más una dimensión extra que cobra existencia cuando todas las otras están totalmente desplegadas. Otras teorías similares a la teoría de cuerdas sostienen que vivimos en un «bolsillo» de cuatro dimensiones dentro de un universo de once. Tales disquisiciones son, para el propósito urgente de este libro, desesperadamente abstrusas, a menos que uno pueda encontrar por casualidad la manera de que salgamos de nuestro bolsillo de cuatro dimensiones y pasemos a las otras siete (más seguras) antes de 2012.

El espacio-tiempo se describe tradicionalmente en cuatro dimensiones: longitud, anchura, altura y tiempo. El hecho de que el tiempo se considere adecuadamente como dimensión es, como se sabe, una observación de Albert Einstein, que al principio fue recibida con asombro y confusión, pero que finalmente resultó ser de sentido común. El espacio-tiempo de cuatro dimensiones considera cada objeto como un acontecimiento. Pensemos, por ejemplo, en el primer apartamento que hemos visitado en nuestra vida. Las instrucciones para llegar a él comenzarían con dos grupos de coordenadas correspondientes a la longitud y a la anchura; en este caso, norte-sur y este-oeste. Si estuviéramos en Manhattan, las coordenadas del apartamento podrían estar en la calle 67 entre Central Park West y la avenida Columbus. Luego, una tercera coordenada, la altura, correspondería a la planta donde estaba ubicado el apartamento. Pero hay otro grupo de coordenadas tan obvio que lo damos por sentado: la dimensión del tiempo. Si el edificio hubiera sido construido en 1980, y fuéramos a la 67 entre Central Park West y Columbus en, digamos, 1979, aquel apartamento no estaría allí, en ninguna planta. Lo mismo ocurriría si el edificio fuera destruido antes de que llegáramos. De modo que ese apartamento es un acontecimiento que comenzó en 1980 y terminó, por ejemplo, en 2012.

«Las estrellas son los puntos de condensación material de la evolución y atraviesan etapas y procesos hasta que se desintegran o explotan formando supernovas, y finalmente regresan a la condición de Dios», escribe Argüelles como ilustración del concepto de «objeto como acontecimiento» en una escala celestial.[8]

En cierto sentido, la observación de Einstein de que el tiempo es una dimensión es tan de sentido común que parece más el redescubrimiento de un conocimiento antiguo que un avance de la ciencia vanguardista. Eso, sin duda, es lo que piensa el chamán Carlos Barrios. De hecho, él atribuye muchos de los males contemporáneos a la división conceptual del espacio y el tiempo. Pero antes de que empecemos a reprender al pensamiento occidental por otro insensible error de cálculo, démonos un respiro reconociendo también que una característica fundamental de las dimensiones es que uno puede moverse en ellas. Uno puede desplazarse hacia el norte y llegar a la calle 68 o al sur hasta la 66, avanzar hacia el este y entrar en el Central Park o hacia el oeste y llegar a Broadway, así como bajar y subir en el ascensor hasta el piso que se desee. Pero lo que no podemos es regresar en el tiempo hasta el año en que se construyó el edificio, 1980, o avanzar hasta que finalmente se derrumbe.

El viaje en el tiempo, en especial el movimiento físico hacia adelante y hacia atrás en el tiempo, parece tan imposible en la actualidad como lo parecían los viajes espaciales hace un siglo. Un viaje mental en el tiempo, tal vez a través de la noosfera de Vernadski, es un poco más verosímil. Justamente, Kozyrev hablaba de un viaje mental por el tiempo; mientras su mente tal vez estaba dando vueltas por allí, su cuerpo siempre se quedaba en el mismo lugar.

Dmitriev está de acuerdo en que la ciencia debe estudiar la posibilidad del viaje mental en el tiempo, señalando el hecho tantas veces mencionado de que determinados animales parecen presentir, con horas o incluso días de anticipación, los terremotos y otras catástrofes.

«Los físicos no pueden resolver el problema de por qué ciertos organismos vivos tienen información anticipada sobre acontecimientos catastróficos. Ello nos obliga a modificar nuestra imagen del mundo. El mundo no es sólo materia y energía, sino también información», me dijo. Otra explicación, desde luego, podría ser que esos animales tienen, sencillamente, una sensibilidad exquisita para acontecimientos tan profundos como los terremotos, y que captan, por ejemplo, las perturbaciones geomagnéticas que los preceden. Por extensión, las predicciones y percepciones realizadas por parapsicólogos humanos también podrían explicarse como casos de una sensibilidad superior, de habilidades intuitivas altamente desarrolladas que, si bien son notables, no presentan un desafío al paradigma básico de causa y efecto.

Hay coincidencias asombrosas que caracterizan la colaboración intelectual entre rusos y mayas, que se remonta a la segunda guerra mundial. Existe una buena cantidad de relatos apócrifos, pero enternecedores, sobre cómo Yuri Knorozov, un joven soldado que participó en la invasión del Ejército Rojo a Berlín, se lanzó a las llamas de una biblioteca incendiada para rescatar un libro que, según la leyenda, era el único códice maya que quedaba en el mundo.[9] Si bien resulta que, en realidad, había otros códices más, Knorozov no lo sabía. Aquel joven soldado aceptó el desafío que el destino le había puesto delante, pasó la década siguiente estudiando el códice y, en los cincuenta, descifró el código maya. Descubrió que los jeroglíficos mayas, desarrollados cerca del año 500 AEC, son particularmente complicados, puesto que son en parte fonéticos (glifos que representan sonidos en el lenguaje hablado) y en parte logográficos (glifos que representan palabras o conceptos enteros).

Knorozov dio a conocer sus resultados en una publicación rusa de lingüística, lo que estimuló una oleada de interés académico hacia la cultura maya en toda la comunidad académica de su país y, más tarde, en el resto del mundo. Pero su nombre no se menciona con frecuencia en los círculos mayas. El gobierno guatemalteco otorgó a Knorozov una visita guiada gratis a algunos templos antiguos y lo invitó a un almuerzo. El gobierno mexicano le dio una medalla de plata y la cena.

A principios de los sesenta la Universidad Estatal de Novosibirsk publicó un análisis matemático de los jeroglíficos mayas en cuatro tomos, como continuación de la obra de Knorozov, lo que preparó el escenario para la actual colaboración entre la Fundación para la Ley del Tiempo, un grupo con sede en Oregón, fundado y dirigido por José Argüelles, y los investigadores del ISRICA en aquel sótano siberiano.

Las reglas del experimento eran sencillas. Entre el 29 de mayo y el 24 de junio de 2005 y en segmentos de tiempo preestablecidos, Argüelles debía pasar períodos de diez horas transmitiendo pensamientos e imágenes desde donde quisiera. Ni sus planes sobre dónde realizaría esas transmisiones ni su paradero real durante las mismas se revelarían por adelantado a ninguna persona relacionada con el experimento. El equipo del ISRICA, bajo la dirección de

Taisia Kuznetsova, doctora en cardiología por la Universidad Estatal de Novosibirsk, tenía que estar lista en el interior del espejo de Kozyrev en momentos preprogramados para recibir las transmisiones que pudiera.

En julio de 2006 pasé un día entero con Kuznetsova, una mujer de ojos luminosos y aspecto magistral que conservaba un voluminoso diario con dibujos de las imágenes y símbolos que recibió durante el experimento. El diario estaba dividido en tres secciones porque las transmisiones llegaron en tres oleadas. Kuznetsova me informó y Trofimov confirmó que la primera oleada de información recibida comenzó a fines de abril de 2005.

«Pero yo creía que Argüelles no había empezado a transmitir hasta fines de mayo de 2005», tartamudeé, mientras hojeaba páginas de dibujos de templos, artefactos y jeroglíficos y símbolos que parecían mayas.

Dos gatos, dos canarios. Trofimov y Kuznetsova tenían esa resplandeciente mirada de suficiencia con la que la mayoría de los científicos sólo sueñan. Habían logrado probar una hipótesis deslumbrante: que la telepatía y otros fenómenos parapsicológicos desafían las convenciones del tiempo. Por definición, ver el futuro requiere atravesar el tiempo como si fuera una dimensión. En este caso, Kuznetsova había avanzado en el tiempo para recibir imágenes que Argüelles transmitiría más tarde desde México, incluidas las pirámides mayas de Chichén Itzá, la tumba de Pakal Votan de Palenque, el museo de Antropología de la ciudad de México, la pirámide del Sol de Teotihuacán, la catedral de San Presario de Puebla, el centro turístico costero de Veracruz y la antigua ciudad maya de Uxmal, en Yucatán. Es importante recordar que el ISRICA no supo nada sobre el paradero de Argüelles hasta aproximadamente cuatro meses después de que el experimento hubo terminado.

¿Es posible que esa primera serie de imágenes, que llegó un mes antes de que Argüelles comenzara a transmitir formalmente a las horas estipuladas, se hubieran producido cuando él estaba planeando mentalmente su viaje a México? Los científicos del ISRICA no lo saben, pero, sin duda, piensan investigarlo.

Las imágenes de la segunda sección del cuaderno de Kuznetsova llegaron mientras ella se encontraba dentro del espejo de Kozyrev, y en su mayoría se recibieron mientras Argüelles las transmitía en las horas prefijadas. Estas imágenes repetían y ampliaban las de la primera sección, pero con mucho más color y detalle. Un tosco bosquejo de un templo se convertía en un complejo dibujo con escalinatas, visitantes y paisaje de fondo.

¿Y qué hay de la tercera sección del cuaderno? Estas imágenes fluyeron en septiembre de 2005, tres meses después de que Argüelles visitara los sitios, aunque antes de que los investigadores del ISRICA se enteraran de los detalles específicos de su itinerario. Este último grupo de imágenes era el que presentaba un desarrollo artístico superior, con más elementos procedentes de la reacción personal de Kuznetsova a lo que estaba recibiendo psíquicamente, incluidas páginas llenas de símbolos arcanos que parecían expresar una narrativa o un comentario.

En total, hubo 42 transmisores y receptores que participaron en este experimento, incluidos Argüelles y Kuznetsova. Trofimov y su personal compilaron los datos de las transmisiones en tiempo real y encontraron un grado extremadamente elevado de correlación entre las imágenes transmitidas y las imágenes recibidas; los coeficientes de correlación, conocidos como «valores R», llegaron al 0,7. Eso significa que en al menos el 70 por ciento de las veces en que un receptor en Siberia registraba una imagen, esa imagen correspondía con lo que se enviaba desde México. En términos estadísticos, se trata de una evidencia bastante poderosa, por cierto. Por lo general, las correlaciones del 60 por ciento o más significan que un experimento ha tenido éxito.

Trofimov confirma que los resultados de su experimento concuerdan con la gran cantidad de datos que el equipo del ISRICA ha acumulado desde principios de los noventa, datos que refutan la noción de que las predicciones parapsicológicas no son más que buenas suposiciones o ejemplos de percepciones convencionales exacerbadas.

Los experimentos del ISRICA indican claramente que los fenómenos parapsicológicos desafían las nociones convencionales del tiempo, que siguen el paradigma de causa y efecto. Como escribieron V. P. Kaznacheev y A. V. Trofimov:

> Se han obtenido importantes resultados mientras se estudiaban las relaciones transpersonales. En estos experimentos, las imágenes transferidas se perciben *o bien 24 horas más tarde o entre 20 y 24 horas antes* [las cursivas son suyas] del momento de la traducción de una señal mediante un muestreo azaroso realizado por computadora. En otras palabras, cuando un operador sigue sin saber qué programa va a transmitir, la parte receptora ya ha percibido el proceso dentro de las 24 horas, describiendo o dibujando una imagen «futura» de él.[10]

Ahora bien, los experimentos de Argüelles han demostrado que la comunicación telepática puede empezar no sólo horas, sino semanas antes de que empiecen las transmisiones formales.

¿Acaso Argüelles ha logrado captar alguna verdad profunda sobre 2012? Trofimov se apresura a comentar que no se incluyó nada en el experimento que tuviera relación con 2012.

«Pero, personalmente, diría que Argüelles es un hombre de talentos poco comunes», dijo Trofimov, y concluyó que él «por lo tanto, no descartaría de inmediato ninguna impresión que [Argüelles] pudiera haber captado respecto de la importancia del año 2012».

QUINTA PARTE
EXTINCIÓN

«¡Los gofres redondos congelados han llegado al oeste de Pensilvania!» Esto, según recuerdo, se publicó en el «Resumen de Nuevos Productos» de la revista Progressive Grocer.*

«¿Por qué congelados? ¿Por qué redondos? ¿Por qué en el oeste de Pensilvania? —me pregunté—. ¿Por qué estoy perdiendo el contacto con la realidad?» Si ser aburrido es un pecado, entonces mis más de cinco mil páginas, la mitad de ellas tablas y diagramas, de estudios de comercialización y distribución sobre el volumen en dólares y crecimiento, factores sobre el crecimiento futuro, participaciones de comercialización y situaciones competitivas, posicionamiento y gastos de publicidad, canales de distribución y tendencias, y análisis demográficos y psicográficos de mercaderías envasadas, que realicé para Packaged Facts Inc., una subsidiaria de FIND/SVP con sede en la ciudad de Nueva York, hará que me hunda como una piedra el día del Juicio final. Me confieso culpable de The U. S. Potato Market [El mercado de patatas en Estados Unidos], *un análisis de 250 páginas que incluye* «Spotlight on Crinkle-Cut French Fries» [Foco sobre las patatas fritas con ranuras]. *Culpable, también, de tres estudios de marketing consecutivos sobre el mercado de golosinas, galletas dulces y pastas, que me valieron el apelativo del Señor Pastas Dulces. Pero soy inocente, sin embargo, de* The Toilet Bowl Cleaner Market: Trends and Perspectives [El mercado del limpiador para la taza del váter: tendencias y perspectivas], *hasta que se demuestre lo contrario.*

En las primeras páginas de este libro mentí un poco cuando declaré que nunca había tenido visiones sobre 2012. Me avergonzaba admitir que mi epifanía espiritual estaba relacionada con la investigación de mercado. A principios de la década de 1990 estaba escribiendo un informe sobre gestión de categorías que, superficialmente, trata sobre cómo los minoristas ordenan los productos en sus estantes, pero en términos más profundos tiene que ver con que hay demasiados artículos estúpidos abarrotando las tiendas. Por ejemplo, el protector solar X ahora viene con doce factores de protección solar diferentes, además de con aroma a plátano, fresa, flores silvestres y guayaba con hierbas, en

* Publicación de la industria alimenticia de Estados Unidos. La traducción literal de su título es «Tendero progresista». *(N. del t.)*

pulverizadores de tamaño de viaje, crema humectante tamaño familiar, gel multipack, hasta llegar a supositorios gigantes para las zonas a las que el sol no llega, cuando lo único que uno quiere es un puto coppertone. El secretillo perverso de todo esto es que con todas esas repeticiones se pierde dinero. Entonces, ¿por qué existen? Para que los productos de la competencia no tengan espacio en los anaqueles.

Los biólogos poblacionales identifican la proliferación absurda como uno de los precursores de la extinción. Resulta que algunas especies se extinguen reduciéndose lentamente hasta la nada, mientras que otras comienzan con una explosión de la población, exceden sus recursos, inician guerras o contraen enfermedades, y luego se derrumban a niveles inferiores a los que tenían cuando tuvo lugar la explosión. Ésta es la lógica tradicional de gran parte de la caza. Reducir la manada, al igual que podar el árbol, es una alternativa más saludable a aguardar a que se extinga.

Por lo general, se supone que la explosión de la población humana está relacionada con la revolución industrial, que comenzó a mediados del siglo XIX. *Los historiadores creen que hasta entonces la población del planeta llevaba alrededor de un milenio manteniendo el nivel bastante constante de 2.000 millones de personas. Esa cifra se ha más que triplicado en los últimos ciento cincuenta años, hasta llegar a los casi 6.500 millones de hoy en día, y eso no es todo. La gente vive más tiempo. En Occidente, donde se realiza el consumo más intenso, la expectativa de vida pasó de unos cuarenta años a alrededor de setenta y cinco. De modo que el impacto humano neto sobre el planeta casi se ha sextuplicado en un período que, para los niveles históricos y ecológicos, es un abrir y cerrar de ojos.*

¿Entonces 2012 es el año en que seremos sacrificados selectivamente por nuestro propio bien? ¿Podados hasta los nudos para que algún día podamos florecer más que nunca? No hay duda de que la combinación de catástrofe e iluminación que resultaría de todo eso cumpliría con la esencia de las profecías mayas.

10

¡UF!

Hace sesenta y cinco millones de años, un cometa o asteroide de 10 kilómetros de ancho cayó sobre Chicxulub, en la península de Yucatán, México, y dejó un cráter de 175 kilómetros justo en el centro de lo que un día se convertiría en el dominio maya. Ese impacto, según Luis Álvarez, el famoso físico de Berkeley y premio Nobel, es lo que provocó la extinción de los dinosaurios y cerca del 70 por ciento de todas las otras especies del planeta.[1]

Ninguna tradición folclórica, ni siquiera la maya, se remonta a 65.000 años atrás; mucho menos 65 millones. De todas maneras, uno no puede evitar preguntarse si no existe alguna clase de recuerdo transmitido a través de la evolución, o algo similar, que predisponga a los mayas a profetizar cataclismos, algo que tal vez los vuelva más sensibles a los ciclos subyacentes. Si el big bang sigue vibrando en todo el universo 15.000 millones de años más tarde, como demostraron Arno Penzias y Robert Wilson, de Bell Laboratories, cuando compartieron el Premio Nobel, entonces ¿por qué el impacto en Chicxulub, doscientas veces más reciente, no podría seguir resonando en la zona donde se produjo? Eso, seguramente, sugeriría una explicación posible para la obsesión de los mayas con el cielo.

Una noche, después de regresar de Guatemala, se me encendió una bombilla o, mejor dicho, se me apagó. En lo que respecta a la observación de los astros, yo había perdido mucho la práctica. Allí estaba, prediciendo el fin del mundo a partir de investigaciones sobre las manchas solares, las configuraciones planetarias y la nube de energía interestelar, y, sin embargo, no podía recordar la última vez que había alzado la vista para mirar un hermoso cielo estrellado. La mayoría de nosotros estamos en la misma situación. Por primera vez en la historia de la humanidad hay más personas viviendo en ciudades que fuera de ellas. La polución lumínica ha desnaturalizado el majestuoso firmamento, convirtiéndolo en unos pocos agujeros titilantes que, como nos han enseñado, se encuentran a distancias inconcebibles y, por lo tanto, no tienen ninguna relevancia física para nuestra vida cotidiana. La civilización ha quedado aislada del cielo nocturno.

Había llegado el momento de escaparme de las luces de la ciudad.

Cada julio y agosto, la Tierra pasa por la cola del cometa Swift-Tuttle, y sus partículas de polvo chocan contra la atmósfera a 212.000 kilómetros por hora, creando la lluvia de estrellas de la Perseidas. Por lo general, el apogeo de esa lluvia se produce la noche del 12 de agosto; de modo que, después de medianoche, conduje dos horas hasta la base Edwards de las Fuerzas Aéreas, donde el transbordador espacial *Discovery*, una estrella fugaz a su manera, había aterrizado el día antes. Aparqué en un oscuro espacio en el camino que daba a una urbanización residencial, salí del coche y contemplé el exuberante cielo nocturno. Los meteoros pasaban volando cada pocos segundos, dejando estelas resplandecientes que desaparecían en seguida. Pero ¿qué ocurriría si una de esas estelas no se desvaneciera y, en cambio, se volviera más grande y más cercana, convirtiéndose en una «estrella barbada», como Nostradamus la describió una vez, roja y llameante, cambiante e inestable, retorciéndose como una ascua ardiente?[2]

Eso es lo que debieron de haber visto los dinosaurios hace 65 millones de años, cuando el asteroide asesino se acercó, atacando sus ojos y luego sus oídos con rugidos, chillidos, sonidos ensordecedores. Hasta sus cerebros de hormiga debieron de comprender el hecho de que se avecinaba el terror. Los mares estaban a punto de hervir, los bosques de arder, las montañas de derretirse, las tierras de inundarse, el aire de pudrirse con un hedor insoportable. ¿Acaso el holocausto hizo que los dinosaurios se pelearan entre sí? No hay duda de que eso es lo que sucedería entre los seres humanos, que buscarían refugio en lo familiar, por sangriento y horrible que fuera.

Al otro lado de mi coche, a unos diez metros de distancia, una liebre contemplaba el espectáculo. De pronto dio un salto. Una fracción de segundo más tarde, un inmenso chotacabras se abalanzó sobre el sitio donde antes estaba el animal. Aquel pájaro había estado a punto de atrapar a su presa con la guardia baja y mirando el cielo. Después de asegurarme de que no hubiera nada fijándose en mí de una manera similar, me reconcilié con la situación al tener en cuenta que al menos aquel animalito había mantenido la cabeza en alto. Si hubiera estado mirando hacia abajo, distraída, aquella liebre se habría convertido en un tentempié nocturno.

Mientras regresaba a casa, encendí la luz de la cabina del coche para consultar un mapa. Prender una luz de noche hace más fácil ver lo que está cerca, pero más difícil ver lejos. Lógicamente, la misma ventaja, o desventaja, se cumple con la luz de la iluminación interna: alumbramos cosas nuevas, pero otras, que antes uno podría haber discernido, se oscurecen. Me pregunté, entonces, qué perspectiva había ganado y qué había perdido al alumbrar con mi luz la oscuridad de 2012.

CIENCIA PARA LAS ERAS

En *Shampoo*, una película sexy y divertida protagonizada por un Warren Beatty y una Julie Christie muy jóvenes, había un momento que a los críticos no les gustó. De pronto, el hijo de un personaje moría en un accidente de coche. Todos reaccionaban al suceso, pero luego seguían con su vida. La trama de la película no se alteraba como consecuencia de aquella muerte, lo que alentó las críticas. Pero Pauline Kael, crítica de cine del *New Yorker*, lo comprendió. Entendió que los accidentes ocurren. La gente vive y muere. La vida continúa.

Yo también acepté la forma en que se hablaba de aquel momento en la película porque era lo mismo que le ocurrió a mi padre: tuvo un accidente y se murió. Supongo que debería haberme quedado traumatizado, pero, por lo que sé sobre mí mismo, en realidad prefiero que los peligros se me presenten de manera inesperada, como cuando caen meteoritos del cielo. Así no tengo que perder mi valioso tiempo preocupándome, discutiendo, preparándome, esquivando. Francamente, una de las molestias de investigar sobre 2012 es que uno siempre está buscando razones por las que ese año será o no apocalíptico; construir hipótesis, evaluar evidencias, considerar contingencias para la supervivencia. Déjenme decirles que, si no tuviera hijos, no habría escrito este libro; al menos, no de la misma manera. Cuando uno tiene hijos, debe preocuparse por el futuro, hacer todo lo posible para mantenerlos a salvo. No hay alternativa. Pero si uno es soltero, bueno, la frase «total, mañana moriremos» nos ayuda a tener un estilo de vida más sencillo.

James Lovelock, a quien admiro profundamente, escribió un artículo en *Science* en el que pedía que alguien escribiese un libro, llamémoslo *Ciencia para las eras*, que compilara todos nuestros conocimientos científicos básicos. El libro se imprimiría en un material resistente a la descomposición y se distribuiría ampliamente, todo esto para prepararnos ante la posibilidad de que una catástrofe destruya nuestra civilización, pulverice las redes electrónicas y nos vuelva a hundir en el oscurantismo. El que nosotros, la raza humana, podamos llegar a perder los conocimientos que tanto nos costó obtener sobre, digamos, cómo funciona el sistema circulatorio, o cómo se contienen las epidemias, o cómo se construyen los láseres parece, al principio, los balbuceos de un desquiciado. Pero sólo hace falta reflexionar un momento para darnos cuenta de que, en el transcurso de la historia, a épocas florecientes las han seguido períodos de ignorancia absoluta, en los que se perdió lo que antes se sabía. No es necesario mirar más allá de la Grecia antigua, cuando se entendían tantas cosas, incluida la redondez de la Tierra. Durante gran parte del milenio y medio siguiente predominó un pensamiento plano, en todos los aspectos de la palabra.[3]

Nada nos aplanaría más rápido y con más fuerza que otro impacto similar al que extinguió los dinosaurios hace 65 millones de años. Después de semejante cataclismo, necesitaríamos la *Ciencia para las eras* de Lovelock y, tal vez, también alguien que nos enseñara a leer.

Malas noticias: ya hemos pasado de lejos nuestra fecha de «extinción»

Con este humorístico titular, el *Guardian* nos informaba de que la mayoría de los seres humanos, animales, plantas y microbios de la Tierra perecerán en cualquier momento.[4]

El periódico comentaba «Ciclos de diversidad de los fósiles», un artículo del físico de Berkeley Richard Muller y Robert Rohde, su estudiante de posgrado, publicado en *Nature* en 2005. Muller y Rohde encontraron pruebas sólidas y fiables de que se producen regularmente extinciones masivas, cada 62 o 65 millones de años. Por desgracia, la última gran extinción masiva, la que arrasó con todos los dinosaurios y compañía, tuvo lugar hace 65 millones de años. Nos ha llegado la hora.

La hipótesis de las extinciones masivas de Muller y Rohde se basa en un análisis de tres años realizado por computadora sobre los registros de fósiles de 542 millones de años, compilados por Jack Sepkoski, el fallecido paleontólogo de la Universidad de Chicago, cuya publicación póstuma, *Compendium of Fossil Marine Animal Genera* [Compendio de géneros de fósiles marinos y animales], es la mejor referencia disponible para el estudio de la biodiversidad y las extinciones. Sepkoski pasó décadas en bibliotecas analizando los registros de los descubrimientos de fósiles. En lugar de clasificar los fósiles por especie, un término que agrupa criaturas tan similares genéticamente que pueden reproducirse entre sí, Sepkoski optó por clasificarlos por género, un orden taxonómico superior al de las especies. Un ejemplo de género es *Felis*, que incluye a los gatos domésticos, los linces rojos y los jaguares. El género *Canis* incluye a los perros, los lobos y los chacales.

Sepkoski descubrió que el período de 542 millones de años comprendido por su compendio se dividía en capas que estaban separadas por aproximadamente 3 millones de años. Luego identificó las capas más antiguas y las más modernas en las que cada género aparecía. Por ejemplo, los jaguares y los otros gatos aún no habían aparecido en la época en que los dinosaurios se extinguieron, pero no hay duda de que las serpientes datan de antes que los dinosaurios y presumiblemente sigan aquí después de nosotros.

Muller y Rohde sintetizaron el descomunal compendio de Sepkoski, analizaron los resultados con una computadora y descubrieron, para su asombro, que con una regularidad cristalina, entre el 50 y el 90 por ciento de los géneros desaparecían cada 62 a 65 millones de años, el diferencial de tiempo atribuido a esa brecha de tres millones de años que, según había descubierto Sepkoski, existía entre una capa de fósiles y la siguiente.

En su comentario a la hipótesis de las extinciones masivas de Muller y Rohde,[5] James Kirchner, un geólogo planetario, también de Berkeley, pero no participante de este estudio, declara en *Nature* que las pruebas «simplemente saltan de los datos».[6] Yo he seguido la carrera de Kirchner durante diecisiete años. Es un escéptico a toda prueba; se pasa la vida pinchando globos y socavando las suposiciones cuestionables. Aun así, califica la evidencia estadística de Muller y Rohde como cierta en un 99 por ciento, lo que significa, literalmente, que la próxima extinción masiva, del estilo del megaholocausto que tuvo lugar hace 65 millones de años, está en camino.

Semejante acontecimiento tendría como resultado probable la muerte de miles de millones de individuos por la fuerza del impacto, por los efectos sísmicos y volcánicos posteriores, y luego por el colapso de la infraestructura y el orden social que se produciría de manera inevitable; suponiendo, desde luego, que nuestro planeta logre mantener su integridad estructural después del golpe.

El epitafio de la civilización se escribirá en Berkeley. Así como

Rohde recibió su educación de posgrado de Muller, éste había estudiado antes con Luis Álvarez, y tuvo el privilegio de presenciar de primera mano cómo su ahora famoso profesor desarrolló la teoría del impacto que explicaba la desaparición de los dinosaurios. Para Álvarez, la evidencia clave fue una sustancia conocida como *iridio*, un polvo que cubre asteroides y cometas. El iridio existe en la Tierra sólo en cantidades microscópicas, salvo por una abundante capa que se remonta a 65 millones de años en los registros de fósiles, con las mayores concentraciones en el cráter de Chicxulub, en Yucatán. Eso, junto con el hecho de que miles de rocas del sitio del cráter fueron aplastadas y hechas añicos más o menos al mismo tiempo que apareció el iridio, es como una arma humeante que prueba la teoría del impacto.[7]

En 1980, cuando Álvarez presentó su teoría del impacto, sospechaba que las extinciones masivas, como la que acabó con los dinosaurios, se producían con regularidad; sólo que no sabía con qué frecuencia. (Recordemos que esto ocurrió treinta años antes de que Muller y Rohde llevaran a cabo su investigación.) De modo que Álvarez desafió a Muller a que explicara qué clase de mecanismo podría aniquilar toda o la mayor parte de la vida terrestre a intervalos regulares. Muller respondió con la hipótesis Némesis, que desde entonces se ha hecho famosa, y que promulgaba que el Sol, como la mayoría de las estrellas de su edad y clase, tiene un compañero, probablemente una estrella apenas visible, como una enana roja o marrón o posiblemente un agujero negro. La hipótesis de Muller era que la órbita de Némesis la haría acercarse cada X millones de años, lo que alteraría la gravedad del Sol y desestabilizaría todo el sistema solar.

Pero cuando Muller y Rohde investigaron los registros de fósiles, descubrieron que las extinciones masivas tenían lugar cada 65 millones de años. ¿Por qué una estrella tardaría tanto en trazar una órbita en torno a otra? Verse cada 65 millones de años es un romance a larga distancia, incluso para los niveles interestelares. ¿No sería posible que el Sol y/o Némesis tuvieran un amante más cercano? Desde entonces, Muller ha abandonado su teoría, pero Némesis sigue atrayendo a numerosos partidarios, la mayoría de los cuales creen que el período orbital del compañero del Sol es mucho más corto, dentro del rango de los 26.000 años, un *pas de deux* más plausible. Recordemos que 26.000 años es lo que tardan los cielos, mirando desde la superficie de la Tierra, en completar una rotación entera, es decir, el tiempo que tarda la Estrella Polar en hacer el recorrido de ida y vuelta de Polaris a Vega.

El Instituto de Investigaciones Binarias de Newport, California, produce una gran cantidad de gráficos y tablas para impulsar la teoría Némesis revisada, que, supuestamente, demuestran que los distintos bamboleos del eje terrestre y las anomalías en el comportamiento orbital del Sol sólo pueden atribuirse a alguna influencia gravitacional externa, es decir, a un compañero binario. Es un concepto romántico, del estilo yin-yang, positivo-negativo, oscuridad-luz, y en absoluto exagerado, si se considera que, al parecer, son muchas las estrellas que tienen compañeros. Pero hasta ahora, la falta de cualquier prueba obtenida mediante la observación directa ha impedido que la teoría Némesis avanzara mucho.

Entonces, si no es Némesis, ¿qué es lo que está aporreando el sistema solar? El planeta X, considerado por algunos el décimo planeta, descubierto en 2005 y oficialmente conocido como 2003UB313, bien podría ser ese «factor x». Con una extensión estimada en un 18 por ciento superior a la de Plutón, el planeta X se encuentra actualmente unas tres veces más lejos del Sol. Sin embargo, sigue una órbita muy extraña que transgrede los planos orbitales de otros planetas y en ocasiones lo lleva tan cerca del Sol como algunos de los otros planetas exteriores. En teoría, una órbita semejante podría tener repercusiones gravitacionales y electromagnéticas imprevistas.

Es posible que los astrónomos sumerios anticiparan el planeta X hace 5.000 años, y lo llamaran Niburu. La reaparición de Niburu durante la reciente guerra de Irak, donde estaba ubicada la mayor parte de Sumeria, ha estimulado algunas febriles especulaciones sobre el fin de los tiempos. Pero, entre los científicos, el planeta X se ve más como un nuevo hijo que como una amenaza a la familia planetaria.

Hoy en día Muller cree que cada 62-65 millones de años la órbita del sistema solar pasa a través de una región de la Vía Láctea que tiene una densidad gravitacional excepcional. Según su hipótesis, ese repentino y extremo tirón gravitacional desencadena lluvias de cometas y/o asteroides que acribillan el Sol y todos los planetas, la Tierra incluida. Su pensamiento concuerda a la perfección con la nube de energía interestelar de Dmitriev, que, por definición, posee una densidad gravitacional y también electromagnética superior al comparativo vacío en que se encontraba el sistema solar. La perspectiva de Muller también recuerda las profecías mayas de que el 21/12/12 el sistema solar eclipsará el centro gravitacional de la galaxia, un agujero negro, el fenómeno gravitacional más denso del universo conocido, lo que nos llevará al apocalipsis.

¡LEVANTAD LA CABEZA!

Para hacernos una idea de los riesgos del ambiente interplanetario de la Tierra, imaginemos a un malabarista que camina por la nave central de una catedral durante una misa dominical, manteniendo tres series separadas de objetos en el aire al mismo tiempo. La serie más alta, que casi llega al techo, está formada por objetos que parecen plumas, esas cosas con plumas del bádminton, salvo que cada una de ellas está cargada de explosivos. La mala noticia para el malabarista, en este caso el Sol, es que realmente debe lanzar cada una de esas plumas explosivas bien alto, casi hasta el techo. La buena noticia es que, una vez que las ha lanzado, no tiene que ocuparse de ellas por un rato, puesto que suben bien arriba. De vez en cuando, alguna de las bombas con forma de plumilla choca contra un candelabro o una columna y explota, pero en la mayoría de los casos nadie sale lastimado.

Esta serie de plumas explosivas que forman un arco elevado es análoga a la nube de Oort, que se encuentra justo en el límite del sistema solar. Se cree que la nube de Oort, que fue bautizada así en 1950 por el astrónomo holandés Jan Hendrik Oort basándose en un trabajo anterior del astrónomo de Estonia Ernst Opik, contiene hasta cien veces la masa de la Tierra, extendida a lo largo de muchos millones de kilómetros. Según los científicos, contiene millones de núcleos de cometas, de los cuáles sólo una fracción del 1 por ciento se convierten en cometas enteros cada año. Por lo general, a los cometas que salen de la nube de Oort se los clasifica como de período largo, lo que significa que tardan más de doscientos años en trazar una órbita completa alrededor del Sol. Los cometas de período largo suelen ser más difíciles de rastrear que los de período corto y, por lo tanto, es más probable que se presenten sobre la Tierra sin mucho tiempo de aviso previo.

La serie del medio que el malabarista mantiene en lo alto también está formada por plumas explosivas, las cuales, como sólo llegan a la mitad de altura, no necesitan un impulso tan grande, pero, por lo tanto, también bajan antes. Este territorio del medio se conoce como cinturón de Kuiper, que se extiende desde Neptuno hasta más allá de Plutón y del planeta X. Los cometas del cinturón de Kuiper se clasifican como de período corto, con órbitas de menos de doscientos años y, por lo tanto, son más fáciles de rastrear para los astrónomos. Muchos de los cometas del cinturón de Kuiper son absorbidos y destruidos por Júpiter, el planeta más grande y el que tiene el campo gravitacional más fuerte. Un ejemplo es el poderoso cometa Shoemaker-Levy 9, que en julio de 1994 chocó contra Júpiter y formó bolas de fuego más grandes que la Tierra. Si el Shoemaker-Levy 9 hubiera caído en nuestro planeta, la vida en la Tierra habría quedado carbonizada.

Los cometas se relacionan con catástrofes desde la alborada de la historia de la humanidad. Son, tal vez, los fenómenos celestes más mencionados, y aparecen en la religión, la historia y la ciencia de todas las épocas. Se cree que anuncian nuevas eras, auguran tragedias y transportan ocupantes extraterrestres. También es posible que sean el esperma del Todopoderoso, o un homólogo sorprendentemente parecido, si las hipótesis científicas contemporáneas son correctas.

Con sus grandes cabezas blancas y sus colas largas y sinuosas, los cometas hasta se parecen a los espermatozoides. En los últimos 5.000 millones de años, los cometas han fecundado la Tierra con elementos químicos vitales, incluidos ciertos minerales, y tal vez nos hayan proporcionado nuestras reservas de agua, según afirma

Louis Frank, un físico de la Universidad de Iowa. Frank sostiene que nuestro planeta es acribillado todos los días por entre 25.000 y 30.000 cometas pequeños y apagados, «bolas de nieve sucias» de entre 20 y 40 toneladas formadas en su mayor parte de hielo y con varias impurezas químicas. Calcula que los cometas depositan en la superficie de la Tierra el equivalente de 2,54 centímetros (1 pulgada) de agua cada 10.000 años.[8] Eso equivale a una capa de agua de unos 12 kilómetros de profundidad desde que nació nuestro planeta, más que suficiente para explicar nuestros océanos y mares, incluso asignando generosas estimaciones a las cantidades de agua contenidas dentro de los organismos, o disociadas por procesos químicos tales como la acción de los elementos y la fotosíntesis.

La hipótesis de Frank nos obligaría a reescribir gran parte de la historia de la Tierra. Por ejemplo, implicaría un período mucho más prolongado de una existencia relativamente seca sobre la Tierra, y habría que tener en cuenta las cantidades crecientes de agua en el esquema de la evolución. La NASA ha apoyado, con algunos atenuantes, sus afirmaciones: «La NASA aún no está convencida de que sepamos cuántos son, cuánto pesan y cuánta agua le proporcionan a la Tierra. Pero es obvio que hay puntos oscuros en las imágenes de nuestros satélites, y que esos puntos son objetos que se acercan trayendo agua», declaró Steve Maran, portavoz de la NASA, en una entrevista de la CNN.[9]

Un indicio de que Frank podría estar sobreestimando la cantidad de agua que traen los cometas surge de la hazaña totalmente espectacular de la sonda espacial de la NASA *Deep Impact*, que, el 4 de julio de 2005, llevó la gloria de Estados Unidos a mayores alturas al eyectar una de sus sondas en el cometa Tempel 1. El encuentro tuvo lugar a menos de un segundo de diferencia del momento planeado. Todavía se están interpretando los datos, pero los hallazgos preliminares sugieren que el cometa no está hecho tanto de hielo, como se pensaba antes, sino de polvo, de una consistencia fina, como la del talco.

Con la imagen de miles de diminutos cometas (espermatozoides) tratando de penetrar la atmósfera (membrana) de una gran Tierra (óvulo), está claro que Frank retrata el sistema solar como una entidad orgánica. Más allá de la verdadera exactitud fáctica de su hipótesis, ésta nos ayuda a integrar nuestra comprensión de la vida en nuestro planeta como consecuencia de procesos mucho más lejanos. Y, al igual que en la sexualidad humana, de vez en cuando un cometa (espermatozoide) excepcionalmente poderoso consigue atravesar la membrana del planeta y chocar contra la superficie de la Tierra. Ésos son los cometas que hacen leyenda y en los que se basan las profecías. Se han identificado y rastreado aproximadamente 750 cometas de este calibre potencialmente catastrófico, y cada año se añaden entre 20 y 30 a la base de datos.

Por el momento, el malabarista está más preocupado por la tercera serie de objetos, la más cercana, formada por elementos más parecidos a pedazos de dinamita que a plumas. Le pasan muy cerca de la cabeza y en ocasiones se dividen en trozos más pequeños y explotan en el suelo. Esos elementos forman el cinturón de asteroides localizado entre Marte y Júpiter. Los asteroides son pedazos innobles de escombros espaciales, probablemente restos de un planeta que no pudo contener sus intestinos, una unidad innominada cuya vengativa apuesta por la inmortalidad amenaza caprichosamente a sus vecinos con pedazos de su antiguo ser. Los asteroides no poseen ni la grandeza de los cometas ni su química vital y seminal. En términos cósmicos, están en la más baja de las categorías.

No nos preocupemos. La poesía de los cielos, la sublime armonía de la sabiduría infinita, no permitirá que nuestra Tierra viviente, el lugar más maravilloso del universo, sea azotada hasta morir por basura espacial. O al menos de eso deberíamos convencernos, puesto que cada vez se descubren más asteroides que nos pasan zumbando cerca. Ninguno de los doscientos objetos espaciales, conocidos como *bólidos*, de los que se espera que crucen la órbita terrestre, lo harán en los próximos doscientos años, pero no se sabe nada con seguridad sobre los 1.800 o más objetos proyectados no identificados que pueden estar por allí. Se estima que objetos de uno o más kilómetros de diámetro podrían atacarnos cada medio millón de años y probablemente causarían catástrofes globales, incluida la muerte de millones —y hasta miles de millones— de personas.

En marzo de 1989, el asteroide 1989 FC, de aproximadamente medio kilómetro de ancho, se acercó a 690.000 kilómetros de la Tierra, atravesando la órbita terrestre en un lugar donde había estado nuestro planeta apenas seis horas antes. El asteroide 1989 FC tenía entre 15 y 20 veces el tamaño de un bólido que en 1908 incineró cientos de kilómetros cuadrados en Tunguska, Siberia, con la fuerza de mil bombas atómicas como las que cayeron en Hiroshima. Por suerte, hubo pocas bajas humanas. Si el asteroide hubiese caído en una área más poblada, o se hubiera sumergido en el océano, creando, por lo tanto, olas del tamaño de un *tsunami*, la devastación resultante probablemente habría igualado la de cualquiera de las dos guerras mundiales.

¿PARAGUAS?

Se han generado algunos debates sobre si sería conveniente o no desarrollar y desplegar sistemas de defensa contra asteroides y cometas. Los oponentes argumentan que, además del costo, en el rango de los billones de dólares, cualquier sistema armamentístico capaz de cumplir esa tarea representaría en sí mismo una amenaza a la civilización mayor que los asteroides o cometas que debería frenar. Es posible que terroristas, o elementos rebeldes del gobierno, secuestraran esas armas y las usaran para causar estragos en los satélites y en blancos terrestres.[10]

Los sistemas de defensa contra asteroides y cometas sufren desde hace tiempo el «efecto risita», y el hecho de que el ex vicepresidente Dan Quayle los apoyara tampoco ha ayudado mucho. ¿Pero acaso esas risitas son, en realidad, gestos de nerviosismo, el silbido en la oscuridad que surge cuando se contempla un apocalipsis inimaginable?

Si gastar un billón de dólares en un sistema de defensa contra asteroides y cometas es o no una buena idea excede el alcance de este libro, puesto que es imposible que tal sistema pudiera estar listo y operativo antes de 2012. Sólo podemos hacer la observación de que probablemente las consecuencias de impacto extraterrestre serían más perjudiciales ahora que en la mayor parte del resto de la historia. Uno de los efectos del calentamiento global ha sido el derretimiento de los glaciares que presionaban las placas tectónicas. Por lo tanto, las consecuencias sísmicas de un impacto de gran poder serían notablemente más grandes ahora que incluso un siglo atrás, puesto que esas placas pueden moverse con mayor facilidad y, por lo tanto, chocar entre sí, con resultados catastróficos, si un cometa o asteroide cayera sobre ellas. Pensemos en la diferencia entre una roca que cae sobre un lago cubierto de un hielo duro como una piedra y otra que cae sobre un lago cuya superficie está parcialmente derretida. Más allá de si la roca rebota o consigue quebrar la capa de hielo, la salpicadura sería mucho mayor en el lago formado por una mezcla de pedazos de hielo y agua.

De la misma manera, si es cierto que el vulcanismo es una respuesta de enfriamiento de retroalimentación negativa ante el calentamiento global, entonces debería haber un número más grande de volcanes en estado de «maduración», tales como el Yellowstone y Long Valley, a los que un impacto grande activaría, de una manera muy similar en que el zumo de un tomate grande y viejo saldría a chorros con más facilidad si se lo aplastara con, digamos, una piedra, que si se lo dejara en paz. Todos estos factores, sumados a la densidad sin precedentes de la población humana, que se acerca a los 6.500 millones de personas, hacen que una mortandad inmensa e inimaginable, como la que Muller y Rohde predicen con tanta seguridad, sea bastante probable.

El malabarista, mayormente, tiene las cosas bajo control, pero cada tanto algo o alguien lo sacude y hace que deje caer montones de plumas explosivas sobre la congregación. Esto se conoce como la hipótesis Shiva, propuesta en 1996 por M. R. Rampino y B. M. Haggerty. Bautizada con el nombre del dios hindú de la destrucción y la reproducción, la hipótesis Shiva afirma que el sistema solar se balancea hacia arriba y hacia abajo mientras traza su órbita por la galaxia, topándose periódicamente con anomalías de gravedad y energía, tales como la nube de energía interestelar de Dmitriev. La hipótesis Shiva encaja bien con la hipótesis de las extinciones masivas de Muller y Rohde, al sostener que estos traqueteos en el camino del sistema solar desestabilizan la nube de Oort, desencadenando precipitaciones de cometas asesinos.[11]

La hipótesis Shiva sostiene que, en los últimos 540 millones de años, cometas procedentes de la nube de Oort han sido responsables de al menos cinco extinciones masivas en la Tierra. Estamos esperando la sexta. Las profecías sobre Shiva habían sido anticipadas de una manera bastante inquietante por la Madre Shipton, la legendaria vidente del siglo XVI que se incorporó en el folclore inglés por haber predicho las turbulencias y asesinatos del reinado de Enrique VIII, y también el gran incendio de Londres. La última visión de la Madre Shipton relata cómo la humanidad se lanza a la guerra y a un caos suicida como resultado de la sexta visita a la Tierra del «dragón del cielo».

Un dragón de fuego cruzará el cielo
seis veces antes de que esta tierra muera.
La humanidad temblará y se espantará
por el sexto heraldo de esta profecía.

Durante siete días y siete noches,
el hombre contemplará esta visión imponente.
Las mareas subirán de manera incomprensible
para arrasar las costas, y luego
las montañas empezarán a rugir
y terremotos partirán la llanura hasta la orilla,

y las grandes aguas entrarán con fuerza
e inundarán las tierras con tal estrépito
que los hombres se encogerán de miedo en los pantanos,
y les gruñirán a sus compañeros.[12]

SEXTA PARTE

EL ARMAGEDÓN

Yo asistí a la universidad durante la era Watergate, y la mayoría de los profesores y estudiantes de ciencia política de Brown sostenían con una actitud de superioridad que, a diferencia de lo que decían los histéricos medios de prensa, era imposible obligar a los presidentes a renunciar, al menos por causa de un delito del nivel del que se creía que Nixon había cometido. Aquellos que habían estudiado profesionalmente historia política americana, que tenían la experiencia, sabiduría y madurez necesarias para entender la situación global, decían que Nixon no caería. Yo, un necio estudiante de inglés, perdía siempre todas las discusiones, pero en el fondo sabía que tenía razón.

Detestaba a Nixon, como todo buen liberal visceral, pero también sentía una conexión con él y, de hecho, en su campaña presidencial de 1968 me había ofrecido como voluntario en la sede neoyorquina. Se trataba, mayormente, de un trabajo tedioso, pero un día me dieron una tarea prestigiosa. Al parecer, a nuestro candidato le apasionaba coleccionar objetos anti-Nixon, de modo que, durante un día entero, tuve que recorrer toda la ciudad buscando algo que volviera furioso a Nixon. Di en el blanco cuando le entregué a Ron Ziegler, quien luego se convertiría en el secretario de prensa de Nixon, el póster de una bonita mujer negra, con un embarazo bastante avanzado, que llevaba el distintivo de campaña que decía «Es Nixon».

La noche en la que Nixon anunció su renuncia, yo estaba en el ballet del Lincoln Center, en Nueva York. Mi madre me había llevado a ver a Rudolf Nureyev en una de sus últimas actuaciones, Giselle, *creo que era. Llegaron a interrumpir el ballet y trajeron un televisor al escenario para que todos pudiéramos ver cómo se despedía el presidente. Mucha gente gritó de alegría. Mi madre no soportaba a Nixon, pero le pareció que era una vergüenza lanzar una ovación en un momento tan triste para nuestra nación. Yo, de todas maneras, me sumé a los aplausos. Había tenido razón, y eso me hacía sentir bien.*

Para mí, el apocalipsis 2012 es como una nueva versión del Watergate. Todos los que mantienen la cabeza fría y los serenos y confiados miembros de la clase dominante intelectual se reirán de 2012. Mientras lo hagan para tratar de que cunda el pánico, de acuerdo, es justo. Pero esta vez también tengo razón. Cuando se acerque el momento y todos comiencen a darse cuenta de que algo grande, sin precedentes, ocurrirá en 2012, quiero estar presente para ayudar a que la gente se comporte de manera responsable ante la amenaza. Y haré todo lo posible para no sonreír.

11 QUE VENGA EL FIN DE LOS TIEMPOS

Siempre quise escribir una autobiografía en la que yo fuera un personaje secundario. La escribiría de manera tal que demostrara que todos tenemos un papel en la gran saga histórica y que la felicidad llega cuando representamos ese papel. O, tal vez, que demostrara que todos somos organismos en el gran ecosistema de la vida, y que la felicidad llega al saber cuándo debemos cooperar y cuándo competir. Sería uno de esos libros complejos en los que entretejería datos de mi vida y mi historia para hacer el orden global del universo un poco más accesible.

Supuestamente, la historia comenzaría con una gran roca ardiente y negra que caería en una duna del desierto de Arabia, derretiría la arena de alrededor y la convertiría en vidrio. Según quien narrara la historia, aquella roca moteada de negro sería un meteorito del cinturón de asteroides, un regalo llameante del arcángel Gabriel, o un pedazo negro y, por lo tanto maligno, arrancado de la brillante luna blanca. Hace tres mil años, o cuatro mil, nadie lo sabe con seguridad, una banda de beduinos se topó con la roca, que estaba protegida en un pequeño santuario improvisado. Según el Hadiz, la sabiduría y la tradición folklórica del islam, análogo del Talmud del judaísmo, los beduinos eran Abraham y su hijo Ismael, y el santuario que descubrieron había sido construido por Adán, en un lugar ahora conocido como La Meca.

Abraham y su hijo Ismael construyeron un santuario nuevo y más robusto, llamado la Kaaba, para albergar la roca sagrada. Cuando terminaron, Abraham subió al cerro que daba a La Meca. Cuatro veces llamó a una ave y cuatro veces una ave vino y se posó en su hombro. Siguiendo las órdenes de Dios, Abraham cortó cada pájaro en trozos pequeños que luego arrojó al precipicio. Cada vez, los trozos se reunían, el pájaro volvía volando hasta Abraham y se posaba nuevamente sobre su hombro. Abraham descendió del cerro hasta la Kaaba, donde lo esperaba Gabriel, quien enseñó a Abraham e Ismael la manera correcta de adorar su regalo y alabar la gloria de Dios Todopodoroso. Les explicó que debían tirar piedras en cada una de las cuatro direcciones, lavarse ritualmente, vestir con mantos blancos y sencillos, y rodear la Kaaba siete veces; los mismos movimientos sagrados que repiten religiosamente los millones de peregrinos que viajan a La Meca en la actualidad.

Ismael y su madre, Agar, fueron enterrados en La Meca, y sus descendientes cuidaron de la Kaaba. Pero, con el paso de los siglos, el propósito original del santuario de cantar la gloria de Dios se olvidó. Una tribu llamada Quraysh empezó a ubicar sus ídolos en la Kaaba y luego a alguien se le ocurrió la brillante idea de alquilar espacio en el santuario para que los peregrinos también pudieran colocar a sus propios ídolos. De modo que, un milenio antes del islam, y cuatro siglos antes del cristianismo, La Meca se convirtió en un centro de peregrinación y comercio. Finalmente llegó a haber 360 ídolos en la Kaaba, uno por cada día del año lunar. Esos ídolos iban desde Alá, el magnífico, hasta Hubal, el dios de la guerra, pasando por un dibujo de Jesús y María, y por Al-Lat, Al Uzza y Manat, las tres hijas de la Luna. Los codiciosos qurayshíes llegaron incluso a arrancar pedazos de la sagrada piedra negra y vendérselos a los peregrinos, lo que provocó el surgimiento de un culto de adoradores de la piedra.

La tribu de Quraysh fue dividiéndose gradualmente en clanes

ricos y pobres, que se distinguían por los que tenían propiedades en la Kaaba y los que no. De los hashimíes, uno de los clanes más humildes, salió un joven sabio y respetado llamado Mahoma, la paz sea con él. Mahoma se oponía con vehemencia a los excesos paganos y a los comportamientos sacrílegos dentro de la Kaaba. Sus profecías sobre el Juicio Final se cumplieron cuando La Meca, que estaba rodeada de montañas, se inundó y la Kaaba quedó destruida.

Todos los clanes qurayshíes colaboraron para reconstruir la Kaaba, pero cuando se terminó el trabajo, los líderes del clan discutieron sobre quién era merecedor del honor de volver a poner la sagrada piedra negra en su sitio especial de la muralla. A regañadientes, decidieron seguir el consejo de la primera persona que pasara por allí. Resultó ser Mahoma, quien resolvió el problema arrojando al suelo su manto y colocando la roca negra sobre él. Luego indicó a tres de los líderes que cogieran una esquina del manto cada uno. Él cogió la cuarta y juntos levantaron la roca y la volvieron a poner en su sitio.

Poco después de resolver aquella disputa, Mahoma estaba meditando en una cueva cuando Gabriel se le presentó y le reveló las primeras estrofas del Corán. La esencia del mensaje era que sólo había un dios, Alá, que es misericordioso y todopoderoso. Más tarde Gabriel fue revelándole regularmente el resto del Corán al profeta Mahoma, cuya prodigiosa recitación, de una elocuencia muy superior a cualquier cosa que se hubiera oído en La Meca, le hizo ganar rápidamente un número de seguidores leales.

Yo desciendo en un ciento por ciento del Oriente Medio. Soy de origen cristiano libanés con antepasados musulmanes y paganos, y con una poderosa afinidad judía. Puedo rastrear mis orígenes hasta hace 1.600 años, en la península Arábiga y la tribu de los qurayshíes, pero no tengo ningún antepasado, me temo, del clan de los hashimíes al que pertenecía el profeta Mahoma. En cambio, mi familia descendía de los makhzumíes, cuyo jefe era Abu Jahal, el villano más grande de la historia del islam. Mi antepasado trató en tres ocasiones de matar al profeta Mahoma, la paz sea con él.

Abu Jahal era, según se sabe, un hombre de muy mal carácter. Todo lo que hacía Mahoma lo enfurecía, en especial la enseñanza del profeta de que «No hay otro Dios que Dios» y que su nombre es Alá. La exigencia de Mahoma de limpiar la Kaaba de todos los dioses e ídolos excepto Alá era una amenaza directa a los intereses comerciales de Abu Jahal, puesto que su clan cobraba alquiler en la Kaaba e intercambiaba camellos con los peregrinos visitantes. Abu Jahal se llenó de ira cuando Mahoma explicó que aquellos que no aceptaban a Alá como el Dios verdadero irían directamente al infierno.

«¿Y qué hay de todos los antepasados que murieron sin haber oído hablar de Alá?», exigió saber Abu Jahal. «Por desgracia, ahora se encuentran en el infierno», respondió Mahoma.

Esa clase de razonamiento es habitual en todas las religiones organizadas. Dante, que era católico romano, creía que hasta las más importantes luminarias de la antigüedad, incluido Virgilio, que lo guió por el infierno, estaban condenadas porque no habían aceptado a Cristo antes de morir. El hecho de que murieran antes del nacimiento de Cristo, y que, por lo tanto, no tuvieran la oportunidad de aceptarlo, no tenía importancia. En la actualidad, los mormones han recopilado la base de datos genealógicos más impresionante del mundo, con el único propósito de regresar en el tiempo para salvar las almas que, de lo contrario, languidecerían en la perdición.

La noche después de la discusión respecto de quién iría al infierno, Abu Jahal cogió una roca, se acercó sigilosamente a Mahoma, que estaba durmiendo en su tienda, levantó la piedra sobre la cabeza de su víctima, y entonces... huyó presa del pánico. Apareció un enfadado camello alado, resoplando a través de sus enormes orificios nasales, enviado por el arcángel Gabriel o por la conciencia de Abu Jahal, según quien cuente la historia, y lo espantó.

El poder y la gracia de la fe de Mahoma eran muy superiores a todo lo que conocían los habitantes de La Meca. Incluso Abu Jahal debió de haberse dado cuenta, en algún momento, de que resistirse a la gloria creciente del islam era inútil y patético. El Corán, que Dios le reveló a Mahoma por medio del arcángel Gabriel, era una sinfonía sublime; las réplicas balbuceantes de Abu Jahal eran como los chillidos de un pájaro. Salvo, desde luego, los Versos Satánicos, que encomiaban a Al-Lat, Al-Uzza y Manat, las tres diosas de la Luna.

La gente del desierto, como eran y son, los habitantes de La

Meca, adoran a la Luna. La Luna sale de noche y el clima nocturno es fresco y vivificante. A diferencia del Sol, que castiga a quienes se atreven a mirarlo, la Luna alivia los ojos y los seduce, cambiando de forma cada noche. La adoración a la Luna no siempre se presta a la rectitud moral, y, en el transcurso de los siglos, los adoradores de la Luna que vivían en La Meca se prestaron a bastantes actividades libertinas, en tributo (sí, claro) a las tres diosas de la Luna y sus ojos oscuros. Mahoma tenía la intención de poner fin a las orgías. Abu Jahal no quería que terminara la fiesta, ni tampoco el flujo de ingresos. Tampoco tenía la intención de reemplazar su genuino afecto por la Luna, a la que podía ver, por Alá, a quien los ojos de los mortales no podían contemplar jamás. (Es interesante notar que la luna creciente se convirtió en el símbolo del islam.)

Satanás, según una insidiosa leyenda folclórica antigua, cuya nueva versión a cargo de Salman Rushdie es famosa, susurró algunos versos sobre las diosas de la Luna al oído del profeta Mahoma, para que se incluyeran en el Corán. Mahoma se negó. Abu Jahal se enfureció tanto por la exclusión de lo que más tarde se conoció como los Versos Satánicos, que organizó una pandilla, en la que había un espadachín por cada clan de la tribu, de modo que no se pudieran tomar represalias sobre ningún clan en particular. Como es natural, Mahoma y sus familiares se enteraron de este complot para asesinarlo en grupo, justo a tiempo para huir de La Meca a la Medina.

Mahoma se reorganizó, regresó y derrotó a las fuerzas de La Meca, que eran mucho más numerosas, en la batalla de Bedr. También en esa ocasión, Mahoma contó con la ayuda del arcángel Gabriel, quien formó una tormenta de arena en la cara del enemigo. Al final de la batalla, Mahoma levantó la cabeza cortada de Abu Jahal y declaró: «¡Contemplad al enemigo de Dios!»

Un destino que este descendiente desea devotamente evitar.

No puedo negar, sin embargo, una inquietante semejanza con mi antepasado pagano. Su reverencia por las tres diosas de la Luna se refleja en mi propia devoción a la hipótesis de Gaia, la filosofía de una Tierra viva de la que he hablado largo y tendido desde 1986. Esta teoría sugiere una reverencia al mundo natural, representado simbólicamente por la Madre Tierra. En cuanto a la Luna, tan poderosa para mi antepasado, he realizado campañas tanto editoriales como empresariales para su colonización, basándome en la convicción de que la Luna será el Medio Oriente, la gran reserva energética, del siglo XXI. A diferencia de la Tierra, la Luna contiene grandes cantidades de helio-3, el combustible ideal para ser utilizado en una fusión nuclear controlada, tal vez la fuerza más poderosa del universo.[1]

Una vez aclarado eso, debo decir que en lo personal soy felizmente monoteísta, bautizado y casado en los ritos católicos romanos, y que he sido confirmado como episcopaliano, lo que me parece bien. Por las numerosas bendiciones que he recibido en mi vida, en especial mis dos hijos, debo agradecer y alabar a Dios Todopoderoso, quien no habría sido tan bondadoso conmigo si hubiera mantenido un rencor de 1.600 años por los actos de mi ancestro. En realidad, cuento con que continúe la buena voluntad que Él ha demostrado hacia mí, puesto que, en lo que respecta a este libro y en particular a esta sección, me veo obligado a manifestar seriamente lo mucho que me ofende el personaje literario conocido como Dios según aparece en determinadas partes de la Biblia y el Corán, que se ocupan del final de los tiempos.

Alguien debe hacerlo.

EL CÓDIGO DE LA BIBLIA

La Biblia dice que Dios aniquilará la Tierra en 2012.

Ésta es la conclusión a la que llega Michael Drosnin en *El código secreto de la Biblia*, un bestseller internacional en el que sostiene de manera plausible haber descifrado un código secreto y divino oculto en el texto de la Biblia. La muy sólida base de esta afirmación es un artículo académico titulado «Secuencias equidistantes de letras en el libro del Génesis», escrito por tres matemáticos israelíes, Doron Witztum, Yoav Rosenberg y... Elías, en la persona de Eliyahu Rips (Eliyahu es una transliteración de la ortografía correcta en hebreo del nombre del incendiario profeta), y publicado en *Statistical Science*.[2] Este notable análisis estadístico verifica la observación realizada por primera vez por un rabino de Praga, H. M. D. Weissmandel, de que «si se saltaba cincuenta letras, y luego otras cincuenta, y luego cincuenta más, podía leer la palabra *Torá* desde el principio del libro del Génesis».[3] La misma secuencia de letras saltadas revelaba la palabra *Torá* en Éxodo, Números y el Deuteronomio, el segundo, cuarto y quinto de los libros de Moisés. (Por alguna razón, este procedimiento no se cumple en el Levítico, el tercer libro de Moisés, donde se explican las reglas del comportamiento de los sacerdotes.)

Este descubrimiento estimuló la curiosidad de los investigadores sobre qué otras cosas podrían estar codificadas. La tarea era bastante abrumadora: Isaac Newton aprendió hebreo por su cuenta y pasó décadas en busca del código que suponía con seguridad que se ocultaba en la Biblia. Newton, tal vez la mayor mente científica de la historia, no encontró nada. Eso es porque no tenía un ordenador. Los tres matemáticos israelíes copiaron el Libro del Génesis, en los caracteres hebreos originales, letra por letra, sin espacios ni puntuaciones, tal cual se habían escrito originalmente los textos bíblicos. En esencia, desplegaron el Génesis como un acróstico enorme, y luego buscaron qué palabras se formaban, en forma vertical, horizontal y diagonal. Con la ayuda de la computadora, examinaron el acróstico en busca de palabras compuestas no sólo por letras adyacentes, sino también por letras separadas por un número determinado de espacios, como había hecho el rabino Weissmandel cuando encontró la palabra *Torá*. Usando el mismo enfoque de letras equidistantes, los análisis informáticos revelaron los nombres de 66 rabinos legendarios, de los cuales prácticamente todos habían vivido muchos siglos e incluso milenios después de que el Génesis se hubiera escrito. En cada caso, los nombres estaban cerca, o se intersecaban con las fechas de nacimiento y muerte de los rabinos, así como las ciudades en las que vivían.

No hay duda de que ningún mortal podría saber, y, por lo tanto, codificar subrepticiamente, los nombres de todos esos venerables hombres sagrados que vivirían tantos siglos más adelante. La insinuación es clara: hay un código secreto en la Biblia, que Dios puso allí. Eliyahu Rips, el principal colaborador de Drosnin, explicó esa aparente imposibilidad citando a uno de los rabinos descubiertos en la Biblia, justamente otro Elías, el famoso sabio del siglo XVIII Eliyahu de Vilna: «La regla es que todo lo que fue, es y será hasta el fin de los tiempos está incluido en la Torá, desde la primera hasta la última palabra. Y no sólo en sentido general, sino en cuanto a los detalles de cada especie y de cada individuo, y los detalles de los detalles de todo lo que le ha ocurrido desde el día de su nacimiento hasta el de su fin.»[4]

Es como si se descubriera que en la Constitución de Estados Unidos se esconden los nombres de 66 presidentes futuros, intersecados o adyacentes a los estados en los que vivieron y a las fechas en las que serían elegidos. O si la edición anual de 1965 del *Sports Almanac* contuviera los nombres de los próximos 66 ganadores de la Super Bowl, con las puntuaciones de los partidos.

Mediante sus rigurosos análisis estadísticos, los matemáticos israelíes llegaron a la conclusión de que prácticamente no hay ninguna probabilidad, como mucho de 1 en 50.000, de que todo esto fuera producto de la casualidad. Como es natural, estas extraordinarias afirmaciones recibieron toda clase de críticas. En la década transcurrida desde la publicación de su ensayo, numerosos matemáticos y técnicos en estadística, incluidos a expertos de la Agencia de Seguridad Nacional de Estados Unidos, han cuestionado el descubrimiento poniendo en tela de juicio la metodología utilizada y llevando a cabo análisis comparables en otros dos textos hebreos originales, así como en la traducción al hebreo de *Guerra y paz*. Por lo que sé, no se ha efectuado ningún test de esa clase con el Corán. Pero, hasta ahora, nadie ha podido desmentir a los matemáticos israelíes. Por cierto, algunos de los que se propusieron refutar la existencia de lo que se conoce como el código de la Biblia hoy en día se encuentran entre sus defensores más fervorosos.

Drosnin, que es periodista, comenzó a explorar los códigos de la Biblia en busca de pistas sobre el futuro. Su descubrimiento más famoso es que el nombre Yitzhak Rabin se cruza físicamente con la frase «asesino que asesinará».[5] Más tarde descifró un lugar, Tel Aviv, y una fecha, 1995, que en ese momento todavía estaba en el futuro. Por supuesto, Drosnin hizo todos los esfuerzos posibles para advertir a Rabin, pero fue en vano. Después del trágico asesinato de Rabin se descubrió que Amir, el nombre del asesino derechista, estaba codificado cerca.

¿Qué ocurrirá luego? Como es lógico, Drosnin quiso saberlo, y generó una gran cantidad de observaciones y predicciones, la mayoría de ellas concernientes a Oriente Medio. Como muchos de los que tenemos un linaje semita, Drosnin tiende a equiparar el resultado del interminable drama de esa región con el destino del mundo. Yo no me he encontrado jamás con alguna persona del hemisferio sur que diera a entender que el destino global de la humanidad depende del resultado de sus disputas regionales. Aunque Drosnin ha recibido las debidas críticas por interpretar exageradamente el código de la Biblia, desde entonces se ha cumplido una proporción impresionante de sus predicciones, incluida una que sostenía que un juez, en este caso la Corte Suprema de Estados Unidos, fallaría en contra de Al Gore y a favor de George W. Bush en la cuestión de las elecciones presidenciales de 2000.

Recemos todos por que la buena racha de Drosnin disminuya. Puesto que, según *El código secreto de la Biblia*, se espera que una lluvia de cometas ataque la Tierra en 2010 y también en 2012 (5772 en el calendario hebreo), punto en el cual también aparece la profecía de la «Tierra aniquilada». Es cierto que su análisis también desenterró la frase «Se desmenuzará, se expulsará, yo lo haré trizas» cerca del cometa de 2012, aunque eso puede tener sus pros y sus contras, porque haría que la Tierra sufriera múltiples impactos, potencialmente más perjudiciales que un golpe grande pero aislado.

El código secreto de la Biblia ofrece la evidencia científica más profunda que se conoce en la actualidad de que la Biblia tuvo inspiración divina. Hasta ahora, el trabajo de los matemáticos israelíes Rips, Witztum y Rosenberg ha resistido todos los cuestionamientos científicos. La buena noticia es que el libro en el que se basa gran parte de la fe religiosa del mundo ha obtenido una confirmación matemática sin precedentes. La mala noticia, desde luego, es cómo termina el relato de la Biblia.

EL MOVIMIENTO DEL ARMAGEDÓN

> Vi salir de la boca del dragón, de la boca de la bestia y de la boca del falso profeta tres espíritus inmundos semejantes a ranas. Son espíritus de demonios, que hacen señales y van a los reyes de la tierra en todo el mundo para reunirlos para la batalla de aquel gran día del Dios Todopoderoso. (Yo vengo como ladrón. Bienaventurado el que vela y guarda sus vestiduras, no sea que ande desnudo y vean su vergüenza.) Y los reunió en el lugar que en hebreo se llama Armagedón.[6]
>
> *Apocalipsis 16: 13-16*

Algunos dicen que desde la cumbre del Armagedón, la legendaria colina que da a la llanura Megiddo de Israel, puede verse el final del tiempo, puesto que allí es donde tendrá lugar la batalla que terminará con todas las batallas. (En hebreo, *har* significa «monte», y Megiddo se deriva en «mageddon».) El Armagedón, que, como se profetiza en el Apocalipsis, será el sitio del choque definitivo entre el bien y el mal, es decir, entre los que aceptan a Jesucristo y los que no, da a un valle de 360 kilómetros de largo que algún día estará lleno de cadáveres, en número de 2.000 o 3.000 millones, según las interpretaciones de algunos académicos. Se supone que la vista es majestuosa. Pero no hay forma de que yo lo sepa. Jamás pisaré el Armagedón. Y espero que ustedes tampoco lo hagan o, si ya lo han hecho, espero que jamás regresen allí.

El Armagedón se refiere a la guerra fabulosa y arrasadora que tendrá lugar entre los pueblos de la Tierra. El apocalipsis es el cataclismo natural y/o sobrenatural que se supone que tendrá lugar después del Armagedón. Yo me opongo a todo ello, más allá de lo «edificante» que se supone que será el resultado. (Si resulta que todo ha valido la pena, entonces saldré arrastrándome de mi búnker bajo tierra y admitiré mi equivocación.) Ahora bien, tratar de oponerse a catástrofes globales, como erupciones de supervolcanes o impactos de cometas, parecería tan eficaz como tratar de oponerse a la ley de gravedad. Pero el Armagedón es diferente. De todos los cataclismos potenciales, el Armagedón es el único que un número significativo de musulmanes, cristianos y judíos esperan, piden en sus ruegos y planean. Y es la única profecía sobre el final de los tiempos que tal vez realmente podamos impedir, o llevar a cabo.

Karl Marx observó que cuando una teoría convence a las masas, se convierte en una fuerza material; por desgracia, las teorías de Marx hicieron precisamente eso durante más de un siglo. La doctrina del Armagedón ha convencido a varios grupos pequeños pero extremadamente motivados e influyentes en Estados Unidos, Israel y el mundo musulmán, y esa doctrina se está convirtiendo rápidamente en una fuerza poderosa, tal vez imparable, de la política mundial.

«Si bien la mayoría de los judíos, la mayoría de los cristianos, la mayoría de los musulmanes, la mayoría de todos nosotros aborrecemos y nos abstenemos de usar el pensamiento fundamentalista, no somos la mayoría de nosotros quienes impulsamos la historia [...]. Como regla general, las mayorías están gobernadas. Son unos pocos fanáticos, de los que un día nos reímos y al día siguiente nos dominan, quienes conforman el motor de la historia. Es una minoría de dementes obsesionados que pueden ocupar un lugar sagrado y generar un desastre nefasto», observa Jeff Wells, *blogger* del *webzine Rigorous Intuition*.[7]

Mucho más perturbador que su influencia sobre algunos fanáticos es el poderoso atractivo que parece tener el Armagedón sobre personas de diversos ámbitos e ideologías. El libro *La agonía del gran planeta tierra* de Hal Lindsey, que predijo que la gran batalla del Armagedón se produciría aproximadamente en 1998, fue el título de no ficción más vendido en la década de 1970. Los operadores turísticos israelíes han visto su negocio duplicarse una y otra vez cuando fervorosos cristianos de Estados Unidos, Europa y otros lugares se congregaron en la región. De hecho, un estudio reciente realizado por el Ministerio de Turismo de Israel señala que de los dos millones de visitantes que recibe la nación cada año, más de la mitad son cristianos y más de la mitad de ellos se identifican como evangelistas.

Los cristianos evangélicos son el grupo más impaciente por que se precipite el Armagedón y esperan con ansiedad el Arrebato, el momento de elevación en que, antes de que dé comienzo la batalla, los cristianos verdaderos y fieles serán literalmente elevados en el aire para trasladarse al cielo, donde los espera Dios.[8] Una experiencia, sin duda, excitante. Desde la seguridad y la comodidad del Cielo, uno tendría la oportunidad de mirar la Tierra y observar la batalla entre las dos partes en conflicto: los cristianos que, debido a imperfecciones en su fe o a su destino de guerreros especiales no fueron incluidos en el Arrebato, y los seguidores del anticristo, un carismático falso mesías, entre quienes se incluyen los humanistas seculares, los paganos, los hindúes, los budistas, así como los musulmanes, los judíos y los cristianos insuficientemente comprometidos. Según la teología evangélica, se espera que una buena proporción de judíos se conviertan al cristianismo y, por lo tanto, combatan en el lado justo de la batalla del Armagedón. Los que rechacen a Jesús, junto con los otros negativistas, terminarán aniquilados.

Cuanta más gente vaya al Armagedón, mayor será el halo de misterio que rodee aquel monte, y más probable será que se produzca algún incidente, espontáneo u organizado, que provoque una guerra trágica. En poco tiempo, oleadas de cristianos invadirán el nuevo parque temático cristiano que está construyéndose en las cercanías, en una extensión de unas 50 hectáreas a lo largo del mar de Galilea, donde se supone que Jesús caminó sobre las aguas. El proyecto, con un costo de 50 millones de dólares, está a cargo de una sociedad entre el gobierno israelí y grupos evangélicos americanos. Según un portavoz de la Asociación Nacional de Evangélicos, cuyo líder, el pastor Ted Haggard, está al frente del proyecto, el Galilee World Heritage Park debería inaugurarse a fines de 2011 o principios de 2012.

Estos días, las cosas tienen buena pinta para los armagedonistas. A fines de 2005, Ramil Razilo, un prisionero musulmán que cumplía una sentencia de dos años por contravenciones de tráfico, desenterró accidentalmente en Megiddo lo que tal vez sea la iglesia cristiana más antigua. Razilo era parte de una cuadrilla de prisioneros que ayudaba a construir una nueva instalación para detener e interrogar a palestinos. La iglesia del Armagedón, como se la conoce en la actualidad, se remonta al siglo III o IV, época en que los rituales cristianos todavía se realizaban en secreto. En el centro de un mosaico de 2,22 metros cuadrados que está en el suelo se ve un círculo que contiene dos peces. El pez es un antiguo símbolo cristiano; las letras que conforman la palabra *pez* en griego son un acróstico del nombre Jesucristo. Los primeros cristianos se saludaban entre sí haciendo la señal del pez, que también alude al apóstol Pedro, el pescador que pasó a ser «pescador de hombres». El nombre de Pedro, que significa «piedra», se refería a la roca sobre la que se construyó la iglesia cristiana, en especial la basílica de San Pedro del Vaticano, en Roma.

Aunque no existe ninguna predicción bíblica específica, este descubrimiento ya se ha recibido como otra señal de que el final está cerca. La fecha estimada de la restauración de la iglesia del Armagedón en Megiddo: 2010-2012.

EL CASTIGO DIVINO

Hace unos años, un amigo y yo tratamos de conseguir trabajo como guionistas para el programa televisivo *Saturday Night Live*. En uno de los *sketchs* que intentamos vender aparecían Yasser Arafat y Ariel Sharon bailando a dúo *Té para dos*, con llameantes ametralladoras en lugar de bastones. ¡Ni hablar!

Veinte años más tarde, la muerte de Arafat, un terrorista que creía estar defendiendo a su pueblo de la segregación y tal vez de un genocidio, no me conmovió particularmente. Pero, para mi sorpresa, el infarto que poco más tarde acabó con Sharon resultó ser un duro golpe para mí. Siempre había despreciado a Sharon por su invasión engañosa y salvaje del Líbano en 1982, lo que fue una traición al primer ministro Menachen Begin de una manera tan descarada que éste, cuya amada esposa falleció justo por esa época, se hundió en una depresión de la que no salió jamás.

Es cierto que Sharon, al igual que Begin, terminó «haciendo la de Nixon» y convirtió su credo callejero y de línea dura en un proceso de paz que incluía la retirada israelí de la franja de Gaza. Eso le ganó respeto, pero no afecto. Por supuesto que la muerte de Sharon podría dar lugar a la triste perspectiva de que los partidarios de la línea dura dentro y fuera de Israel, demasiado débiles o cobardes para enfrentársele cara a cara, ahora intentarían provocar el caos en la región. Pero eso era apenas una parte. ¿Acaso la hemorragia cerebral masiva de Sharon era, como sostenía el teleevangelista Pat Robertson, un castigo divino? ¿Era la forma en que Dios decía que Israel se había equivocado al entregar parte de la «tierra sagrada» y/o su manera de impedir la segunda y mucho más polémica etapa del plan de Sharon, la retirada de algunas áreas de la Cisjordania?

«Estaba dividiendo la tierra de Dios —declaró Robertson respecto de Sharon en su programa de televisión *700 Club*, que lleva varios años de emisión—. Yo digo: "¡Ay de cualquier primer ministro de Israel que siga un rumbo similar para apaciguar la Unión Europea, las Naciones Unidas o Estados Unidos de América! [...]" Dios dice: "Esta Tierra me pertenece, y será mejor que no la toquéis."»[9]

Robertson recibió una regañina por sus comentarios ofensivos e incluso lo excluyeron, al menos oficialmente, de la sociedad que está construyendo el parque temático cristiano en Galilea. Pero en realidad lo único que hizo el teleevangelista fue expresar la opinión que mantienen en silencio numerosos fanáticos de la Biblia: que Sharon había traicionado el plan del Armagedón y había pagado por ello.

SATANÁS ES FUERTE* Y «VERDE»

Tim LaHaye es un predicador evangelista cuya serie de novelas moralistas y apocalípticas, Left Behind, ha vendido más de 60 millones de ejemplares con su demonización de las Naciones Unidas. Su taquillero archivillano es un tal Nicolae Carpathia, ex secretario general de las Naciones Unidas, a quien con frecuencia se lo men-

* Juego de palabras entre la palabra inglesa *strong* («fuerte») y el apellido Strong. *(N. del t.)*

ciona sólo como «el maligno». LaHaye, que es un narrador cautivante, ha aprovechado la profunda sospecha que albergan algunos cristianos de que las Naciones Unidas, con sus negros helicópteros siempre merodeando, es un organismo impío que tiene el objeto de conquistar el mundo.

A pesar de todas las disputas religiosas que tienen lugar en Oriente Medio, el Armagedón no es una batalla entre cristianos, musulmanes y judíos, sino más bien entre los que temen a Dios y los que no, más allá del mesías que escojan. Puede parecer que la insistente ideología cristiana de LaHaye, quien en su tiempo libre encabeza visitas de grupo al Armagedón, sirva para fomentar divisiones, pero en realidad ha ayudado a unificar el movimiento armagedonista retratando un enemigo —caracterizado de diferentes maneras, como el Nuevo Orden Mundial, el movimiento del Gobierno Mundial o, simplemente, el socialismo o comunismo liso y llano que ha regresado en forma ecologista y pagana— al que los musulmanes, cristianos y judíos pueden enfrentarse juntos.

Según algunos rumores, el archivillano Carpathia está inspirado en Maurice Strong, el ultramillonario canadiense que es industrial, magnate de la minería y ecologista. Strong es, precisamente, la clase de turbia figura de la Nueva Era que encaja en el perfil del anticristo (Carpathia). Este autoproclamado socialista se codea con docenas de líderes mundiales y es habitual de grupos tales como Bilderberg, el conciliábulo ultrasecreto cuya sede se encuentra en Leiden, Holanda. Establecido en 1954 como centro de la base de poder del Nuevo Orden Mundial, Bilderberg cuenta entre sus miembros a Bill Clinton, Melinda Gates, Henry Kissinger, Tony Blair y muchos otros demasiado poderosos como para que sus nombres sean de dominio público. Otro aspecto que estimula todavía más las sospechas de la derecha sobre Strong es que su esposa, Hanne, dirige un retiro espiritual, budista y artístico en la extensa hacienda que ambos poseen en Colorado.

Strong es considerado el arquitecto del protocolo de Kioto, que propone reducir antes de 2012 la cantidad de dióxido carbónico en la atmósfera a un nivel un 5,2 por ciento inferior al que tenía en 1990. Kioto fue la culminación de un proceso de varias décadas que se inició en 1972 con la Conferencia de las Naciones Unidas sobre el Ambiente Humano. Se supone que esa conferencia, realizada en Estocolmo, Suecia, fue la que inyectó la conciencia ambientalista en el debate político público y mundial con un grupo de iniciativas «verdes», incluida una moratoria de diez años en la caza comercial de ballenas. Su continuación se produjo veinte años después, con la Conferencia de las Naciones Unidas de 1992 sobre Ambiente y Desarrollo, la Cumbre de la Tierra, que tuvo lugar en Río de Janeiro, Brasil, a la que acudieron más de cien jefes de Estado y que se centró en salvar la jungla tropical y otras regiones ecológicas en peligro.

Strong, quien abandonó la escuela secundaria de Manitoba a los catorce años, fue el secretario general de ambos congresos mundiales.

Strong es un ferviente defensor del gobierno mundial lo que, desde luego, es lo que sostendría cualquier anticristo (Carpathia) que se precie, como medio de conquistar a toda la raza humana. Pero lo que a los ojos de los armagedonistas lo distingue de Kofi Annan, ex secretario general de las Naciones Unidas, de quien Strong era un consejero cercano, o de Ted Turner y Al Gore (ambos buenos amigos suyos) es que Strong ha dedicado metódicamente gran parte de su carrera a crear y controlar el Nuevo Orden Mundial.

¿Anticristo o salvador de la Tierra? Con el fin de no ocultar ningún dato relevante, he de decir que yo trabajé en el equipo de Strong en la Cumbre de la Tierra en Río de Janeiro y es bastante probable que me beneficiara de su ascenso al poder, aunque sólo fuera porque los que estamos relacionados con el programa Gaia seríamos bienvenidos. Para ser justos con las críticas de los cristianos evangélicos, es cierto que Strong tiende a rodearse de superestrellas «impías» (es decir, que no son religiosas en un sentido tradicional de la palabra). Por ejemplo, uno de las colaboradores más antiguos de Strong es Gro Harlem Brundtland, otra de esas personalidades que escapan a los radares, pero que es una de las mujeres más influyentes y beneficiosas del mundo. Y una socialista acérrima.

Brundtland, una médica de familia que cumplió tres mandatos como primera ministro de Noruega, ex líder del Partido Laborista de ese país, es una ferviente feminista dedicada a su familia, incluido su marido, un columnista conservador a quien en una ocasión salvó de que se ahogara. Fue vicepresidente de la Internacional Socialista, una red socialista de alcance mundial, y cree que la atención sanitaria es un derecho fundamental de los seres humanos, necesaria para el funcionamiento de cualquier democracia. Hace poco tiempo se retiró como directora general de la Organización Mundial de la Salud (OMS), el organismo de las Naciones Unidas con sede en Ginebra responsable del aumento de los niveles sanitarios del mundo. Brundtland recibió fuertes críticas por la lentitud de su reacción a la muy politizada crisis mundial del Sida, pero al mismo tiempo fue muy elogiada por crear el equipo de respuesta rápida de la OMS, que resultó tan eficaz para contener epidemias como el ébola y el SARS.

Como jefa de la Comisión Mundial de las Naciones Unidas sobre Medio Ambiente y Desarrollo, conocida informalmente como Comisión Brundtland, ella estableció la doctrina del «desarrollo sostenible», que considera la pobreza el mayor de todos los contaminantes. Entonces ¿por qué sabemos más de Paris Hilton? Brundtland es seca, enciclopédica, tiene un aspecto poco imponente, se parece a la tía que nos regala un bono de ahorros para nuestro cumpleaños. También es una de las mayores sanadoras, de personas y del medio ambiente, que el mundo ha visto jamás.

Junto a Strong, Brundtland coorganizó la Conferencia de las Naciones Unidas de 1972 en Estocolmo y codirigió la Cumbre de la Tierra de Río de Janeiro en 1992. Se dice que el dúo planea otra megaconferencia de la ONU en 2012, con el objetivo de consolidar y codificar los preceptos ambientales en estatutos globales vinculantes.

«Este entrelazamiento [de la economía del mundo y la ecología de la Tierra] es la nueva realidad del siglo, con profundas consecuencias para la forma de nuestras instituciones de gobierno, nacionales e internacionales. En el año 2012, estos cambios deben estar plenamente integrados en nuestra vida económica y política», escribe Strong, quien, como Carpathia, sin duda, se pondrá al mando de todo.[10]

DRENAR EL ABSCESO DE ORIENTE MEDIO

Si vamos a la farmacia y decimos que nos duele un oído, lo más probable es que nos recomienden gotas para los oídos. Si vamos al médico, él nos revisará la garganta, los senos frontales y las glándulas linfáticas, además del oído. El absceso lleno de pus que es necesario drenar en Oriente Medio en realidad no está en Oriente Medio. Está en Europa, donde tuvo lugar el Holocausto, un hecho que aún no se ha pagado.

Rápido: ¿cuántos nazis criminales de guerra fueron condenados en total en los tribunales de guerra de Nuremberg?

a) 1.213
b) 674
c) 87
d) 19

Si hemos escogido *d*) 19, estaremos en lo cierto, y probablemente un poco decepcionados.

Los juicios posteriores, además de los heroicos esfuerzos de cazadores de nazis, tales como Simon Wiesenthal, y también de aquellos que trabajaban en las fuerzas de seguridad israelíes, aumentan la cifra total de asquerosos asesinos llevados a la justicia o eliminados de alguna otra manera a tal vez unos doscientos, de una nación de 70 millones que exterminó sistemáticamente a hasta 6 millones de hombres, mujeres y niños, en su mayoría judíos. Además de unos pocos miles de millones de marcos alemanes en concepto de reparaciones a sobrevivientes del Holocausto repartidos a lo largo de un par décadas. Alemania y Austria hicieron un muy buen negocio.

Increíblemente bueno, dice Mahmud Ahmadineyad, el hostil presidente de Irán, quien ha repetido, una y otra vez, una verdad fundamental que, si bien es evidente en todo el mundo árabe, Occidente niega y rechaza con vehemencia. La verdad: que Alemania jamás pagó por sus crímenes. Ahmadineyad ha subido al poder manifestando de manera incendiaria la pregunta que preocupa desde hace mucho tiempo a muchos árabes: si el Holocausto realmente tuvo lugar, como sostienen los europeos, ¿cómo es posible que Alemania quedara impune tan fácilmente?

Eso sí que es un genocidio sin culpa. Inmediatamente después del final de la segunda guerra mundial, ingresaron en Alemania y Austria miles de millones de dólares en fondos de reconstrucción del Plan Marshall y fuentes aliadas, para reparar la infraestructura, la industria y los servicios esenciales. Es cierto que Alemania quedó dividida durante un tiempo, pero todo se resolvió en 1989 con la caída del Muro de Berlín. De modo que o bien el Holocausto nunca tuvo lugar —y cualquier individuo cuerdo sabe que sí sucedió— o fueron otros (¿los palestinos?, ¿los musulmanes?) quienes pagaron por los pecados de Alemania.

Ahmadineyad y otros que comparten sus retóricas convicciones manipulan a la multitud sosteniendo que la razón por la que Alemania —y, por extensión, los fascistas de Italia, Francia y España que se aliaron con los nazis— jamás pagaron por sus pecados es que el Holocausto en realidad nunca sucedió. Eso es repugnante: el Holocausto fue probablemente el episodio más horrible y trágico de la historia de la humanidad. Pero de todas maneras es fácil entender la incredulidad del árabe de a pie, furioso y manipulado por la propaganda.

Quizá con la única excepción de reconocer una ligera afinidad de los franceses hacia la cultura árabe, que se remonta a la conquista del Medio Oriente por parte de Napoleón Bonaparte a fines del siglo XIX, el árabe común cree que las potencias cristianas —Estados Unidos y Europa occidental, incluida Alemania— son un bloque bastante unificado. ¿Cómo suponemos que suenan los sermones occidentales sobre los valores moralmente superiores de la democracia —que es, por cierto, nuestro máximo valor secular— cuando salen de la boca de líderes cuyos gobiernos, no hace tanto tiempo, cometieron el Holocausto y luego en definitiva se perdonaron mutuamente? ¿Ustedes aceptarían instrucciones de esa clase de fuentes?

Los escépticos echan leña al fuego diciendo que es absolutamente imposible que sociedades civiles cuerdas, como, sin duda, lo son las naciones cristianas de Europa, hubieran podido cometer semejantes crímenes sin pagar por ellos más tarde y redimiéndose ante sus víctimas y ante Dios. En este punto, los gobiernos de Alemania y Austria comienzan a ponerse nerviosos. Ellos cometieron el Holocausto y dejaron que otros se hicieran cargo de la factura. ¿Por qué se salieron con la suya? ¿Será porque los alemanes y los austríacos son gente blanca que fabrica cosas bonitas?

La lógica más común para esta indulgencia es el Tratado de Versalles, que puso fin a la primera guerra mundial con un castigo desproporcionado para Alemania. La poderosa nación del káiser se derrumbó en la patética República de Weimar, donde hacía falta un tonel lleno de marcos para comprar una hogaza de pan. De ese caos surgió el Tercer Reich. Pero un error no se subsana con otro. La destrucción de Alemania y Austria después de la primera guerra mundial no justifica una palmadita en la muñeca por el genocidio cometido durante la segunda.

Platón nos enseñó a atacar los puntos fuertes de los argumentos de nuestros oponentes, no sólo los débiles. Los ataques retóricos pueden ayudar a calmar a los exaltados como Ahmadineyad, pero no sirven para refutar las verdades que él, y cualquiera que lo preceda, sostienen. Reconocer la perspectiva islámica sobre el Holocausto —el hecho de que los europeos que lo perpetraron no han recibido un castigo verdadero y no han reparado los daños producidos, y que el mundo árabe, en especial los palestinos, han sido el chivo expiatorio— no socava de ninguna manera la posición occidental básica de que hay que establecer la democracia en la región. Sólo que no podemos ser tan condescendientes al respecto.

He aquí una novedosa propuesta de paz para Oriente Medio. Los palestinos se quedan con Cisjordania y Gaza para formar un estado independiente. Los judíos se quedan con el territorio de Israel delimitado por las fronteras anteriores a 1967. Además, con el estado de Baviera.

Tampoco valdría la pena, pero si algún gran cataclismo y/o revelación tiene lugar en el mundo el 21/12/12, yo, por lo menos, me consolaría aunque sólo fuera un momento por lo boquiabiertos que quedarían todos los seguidores de la Biblia y el Corán al darse cuenta de que los que conocían la profecía más importante de la historia de la humanidad eran una pandilla de paganos de los quintos infiernos de Centroamérica. Los religiosos más testarudos argumentarían que el código secreto de la Biblia ya había predicho que la Tierra sería aniquilada en 2012, pero el hecho es que el 21/12/12 es, en primer lugar, una profecía maya. Que Dios nos proteja de semejante catástrofe, pero no de que nos pase cerca, que no evite que tengamos el susto más grande de la vida de todos nosotros. A todos nos vendría bien una buena sacudida, en especial a los fanáticos religiosos que constantemente hablan de Oriente Medio, llenos de odio y obsesionados con la perspectiva de conflicto, y que por algún motivo llegaron a la conclusión de que son los que están más cerca de Dios.

12

ALABADO SEA EL STATU QUO

Mi malvado antepasado, Abu Jahal, tenía un sobrino, Khalid, quien finalmente rechazó la fe pagana de su tío y terminó convirtiéndose en el general más importante de Mahoma. A los veintinueve años, Khalid, conocido como la Espada de Alá, ya había conquistado gran parte del mundo árabe en el nombre del islam. La campaña más famosa de la Espada tuvo lugar en el año 635 EC, una carrera de 1.300 kilómetros a través del desierto hasta Damasco, en la que los guerreros sólo paraban para hacer un corte en la joroba de sus camellos y chupar un poco de agua. En la misma época, la cultura maya estaba en pleno florecimiento, y sus astrónomos-sacerdotes ya habían profetizado que la fecha del fin del mundo sería el año 2012.

La Espada infligió una derrota aplastante a los bizantinos que ocupaban Damasco y entró triunfalmente en la ciudad enjoyada. Desmontó para honrar el sitio donde san Pablo, que había quedado ciego por la luz del Señor, recuperó la vista. En ese mismo sitio, la Espada nombró caballero a uno de sus primos, el jinete más veloz de sus guerreros, que se llamaba Shehab, lo que significa «rayo». Mi abuela materna, la menor de veintitrés hermanos, era Shehab tanto de padre como de madre.

Los ejércitos del islam conquistaron Jerusalén tres años después, en 638 EC, y se toparon con un lugar que las autoridades cristianas de la zona usaban como vertedero de basura. Ese lugar se conocía como el Monte del Templo, el sitio más sagrado para la religión judía. Según el Talmud, Dios usó la tierra del Monte del Templo para dar forma a Adán. También es el lugar en el que Abraham probó su fe ofreciendo sacrificar a su hijo Isaac. El rey David erigió un altar o, según algunos, un trono. Su hijo, Salomón, construyó allí el primer templo, de allí su nombre, Monte del Templo, cerca de 950 AEC. El primer templo se mantuvo en pie hasta que los babilonios lo destruyeron en 586 AEC. El segundo templo fue reconstruido cerca de 515 AEC, y luego destruido por el emperador romano Tito en 70 EC. De todas maneras, los romanos no pudieron destruir el muro occidental del segundo templo, que ahora se conoce como Muro de las Lamentaciones.

Se dice que el profeta Mahoma fue el primer musulmán en visitar el Monte del Templo, en 621 EC, durante su famoso viaje nocturno. Mahoma fue transportado desde La Meca hasta un punto cercano a la muralla occidental del Monte del Templo, y de allí viajó al cielo y al infierno, de una manera muy similar a como se cree que lo hizo Jesús. Según la historia, Mahoma volcó accidentalmente una copa de la que se derramó agua. En ese momento el Profeta viajó por todas las dimensiones y galaxias y regresó antes de que el agua cayera sobre la mesa. Además de su naturaleza milagrosa, el viaje nocturno de Mahoma es importante para el islam porque conecta la religión físicamente con Jerusalén y, por lo tanto, con las grandes tradiciones bíblicas del judaísmo y el cristianismo. En el islam se considera que Mahoma es el último y el más grande de los profetas, en un linaje que incluye a Abraham y Jesús.

Los conquistadores musulmanes limpiaron el Monte del Templo y luego lo resantificaron con rituales y oraciones. En 690 EC se construyó la Cúpula de la Roca, un santuario musulmán, pero no una mezquita, en el Monte del Templo. Y en 710 EC se construyó la mezquita de Al-Aqsa en el punto en que Mahoma ascendió al cielo.

En 1099 los musulmanes perdieron el control de Jerusalén a manos de los cruzados, pero lo recuperaron en 1187, cuando el legendario guerrero y estadista islámico Saladino, en cuyo ejército se alistaron los Shehab, bajó desde Damasco para derrotar a Ricardo Corazón de León durante la tercera cruzada. Jerusalén fue reconstruida a principios del siglo XIV bajo Suleimán el Magnífico, emperador del Imperio otomano; desde entonces, la mezquita de Al-Aqsa se reconstruyó y expandió en numerosas ocasiones y, al igual que la Cúpula de la Roca, sigue en pie en la actualidad.

El control del Monte del Templo de Jerusalén es una de las cuestiones más potencialmente explosivas y menos discutidas del Armagedón. Aunque está claro que se encuentra dentro de las fronteras de Israel, el Monte del Templo sigue bajo la custodia de los musulmanes. Está controlado por el Waqf, un consorcio del suelo islámico que opera de una manera prácticamente autónoma respecto del gobierno israelí. Por lo tanto, la defensa del mundo contra la catástrofe del Armagedón descansa en la continuación de una buena cooperación entre las fuerzas de seguridad israelíes y las autoridades musulmanas locales.

El Monte del Templo es un lugar sagrado para el cristianismo, en primer lugar debido a que los cristianos consideran que ambos testamentos de la Biblia son su patrimonio. Pero también hay numerosas referencias importantes a Jesús en ese sitio. Según una famosa historia del Nuevo Testamento, Jesús expulsó a los mercaderes y prestamistas del segundo templo. Se dice que cuando Jesús fue crucificado, el segundo templo se destruyó, cumpliendo su profecía de que «no quedaría piedra sobre piedra» después de su resurrección. Sin embargo, la mayoría de los historiadores coinciden en que el segundo templo fue destruido años más tarde por los invasores romanos.

Basándose en la importancia religiosa, los judíos tienen, de lejos, más derecho que los otros sobre el Monte del Templo. Basándose en la custodia histórica, el derecho de los musulmanes es más fuerte, puesto que han preservado y defendido la zona durante la mayor parte de los últimos 1.400 años. Los musulmanes consideran que el Monte del Templo es su tercer sitio más sagrado, después de La Meca y la Medina.

El hecho de que la totalidad del Monte del Templo se encuentre en la actualidad dentro de las fronteras del Estado de Israel y, sin embargo, siga administrado por una autoridad islámica habla muy bien de las autoridades israelíes y de aquellos que las apoyan. Claro que cualquier intento de apropiarse formalmente de esa tierra probablemente resultaría en caos y derramamiento de sangre a una escala enorme. Por cierto, muchos creen que la visita de Ariel Sharon al Monte del Templo en septiembre de 2000, durante la cual realizó algunos comentarios incendiarios sobre su futuro, provocó la segunda intifada, o levantamiento palestino, y también facilitó, de una retorcida manera, su propia elección como primer ministro.

No obstante, el inteligente interés exhibido por la mayoría de las autoridades, tanto políticas y religiosas, de Israel, redunda en beneficio de toda la humanidad. Hay que quitarse el sombrero ante los diplomáticos que se las ingeniaron para calmar los ánimos después de que Israel conquistó el este de Jerusalén en la guerra de los Seis Días de junio de 1967. Y habrá que ponerse los cascos si Ted Haggard, Pat Robertson y su floreciente grupo de aliados fundamentalistas consiguen alterar ese delicado equilibrio.

EL (LOS) MESÍAS ESTÁ(N) AL LLEGAR

Las doctrinas de cristianos, islámicos y judíos concuerdan en que el Mesías visitará físicamente la Tierra algún día; primera parada: el Monte del Templo. Los tres credos, desde luego, difieren en cuanto a la naturaleza del Mesías y en lo que hará una vez que llegue allí. La doctrina judía sostiene que ésta será la primera venida del Mashiach (mesías), un mortal con una alma divina adicional, quien ocupará el trono reconstruido de David. El cristianismo afirma que el Mesías, Jesucristo, el Hijo de Dios, antes hecho carne por la Virgen María, regresará para ocupar el trono de David.

Los musulmanes aguardan el regreso del Mahdi. En el islam hay descripciones muy variadas de quién es el Mahdi y de dónde vendrá, en gran medida debido a que no hay menciones a un mesías en el Corán. Los suníes, que constituyen la mayoría de los musulmanes, por lo general sostienen que el Mahdi será un descendiente de Mahoma y de la hija de éste, Fátima. Es importante recordar, sin embargo, que se supone que Mahoma, si bien es considerado el último y el más grande de los profetas, es humano, no divino.

Los musulmanes chiíes, quienes, al igual que los cristianos evangelistas y los judíos ortodoxos, son una minoría activa dentro de su fe, creen que el Mahdi, también conocido como el Decimosegundo Imán, Muhammada ibn Hasan, desapareció en el siglo IX a los cinco años de edad. El presidente Ahmadineyad es uno de los líderes chiíes de quienes se dice que creen que el regreso del Mahdi es inminente, y que todos los buenos musulmanes deberían hacer lo posible por acelerar ese regreso, incluso si eso incluye precipitar un estado de guerra perjudicial para los ciudadanos iraníes. Porque, en definitiva, para esta mentalidad fanática, la gloria de la venida del Mahdi vale el precio en sangre que cueste.

El Mahdi hará su aparición después de un período de caos, guerra y pestes, de una manera bastante similar a como se lo describe en el Apocalipsis. Según la versión, también reclamará para sí el Monte del Templo. Y, siguiendo ese guión básico, el Mahdi hará que el bien triunfe sobre el mal, encarnado por Dajjal, que es, en esencia, la versión musulmana del anticristo, en una guerra mundial que lo arrasará todo. De hecho, muchos musulmanes esperan que el Mahdi colabore con Jesucristo, una vez que éste derrote al anticristo (Dajjal).

Aquellos que desean acelerar la (primera o segunda) venida del Mesías/Mahdi/Mashiach están de acuerdo en que deben cumplirse determinadas condiciones, la más importante de las cuales es la construcción del tercer templo en el mismo lugar donde se construyeron los dos primeros. Sin embargo, los teólogos islámicos disienten con sus análogos cristianos y judíos, quienes sostienen que para la reconstrucción del templo es necesario destruir la mezquita de Al-Aqsa, que linda con el muro occidental y que es lo único que queda del segundo templo. En los últimos años se han producido diversos ataques contra la mezquita de Al-Aqsa. En 1969, Michael Dennis Rohan, un australiano, trató de incendiarla. Lo que hizo que este ataque fuera todavía más notable es que Rohan era un ferviente seguidor de Herbert W. Armstrong, fundador y líder, junto con su hijo, Garner Ted Armstrong, de la Iglesia universal de Dios. Los Armstrong fueron unos de los primeros en utilizar extensamente los medios masivos de comunicación para transmitir su mensaje religioso; en una famosa fotografía periodística, Rohan aparecía con un ejemplar de *Plain Truth* [La pura verdad], la revista de los Armstrong, enrollada y guardada en su bolsillo. La pura verdad era, según ellos, que había que expulsar a los musulmanes del Monte del Templo y destruir sus edificaciones, de modo que pudiera erigirse el tercer templo. Momento en el cual regresaría Jesús, el Mesías. Y daría comienzo el Armagedón.

De una manera muy similar a cómo la ideología política de Ronald Reagan pasó de ser una filosofía derechista, extremista y marginal a ser adoptada por la corriente principal de centro derecha, los sermones de los Armstrong han sido absorbidos por el movimiento evangélico en Estados Unidos y otras partes del mundo, por la muy buena razón de que se trata de un construccionismo estricto, formado en su mayor parte por una lectura detallada y literal de la Biblia. Si el Armagedón es voluntad de Dios, entonces que así sea. Pero no aceleremos la muerte y la destrucción por la probabilidad de una redención posterior. La expulsión de los musulmanes del Monte del Templo y la subsiguiente construcción del tercer templo provocaría caos y derramamiento de sangre a una escala tan grande que, en comparación, el conflicto actual de Oriente Medio parecería una riña en el patio de la escuela. El Armagedón, o algún espantoso facsímil de éste, tendrá lugar, más allá de si Dios participa o no. Pero, por otra parte, ¿qué mejor manera de inaugurar el nuevo parque temático cristiano de Israel, cuya fecha de apertura está prevista para 2012?

EL MESÍAS YA ESTÁ AQUÍ

El 13 de octubre de 2005 (Tishrae 10, 5766, según el calendario hebreo), durante el servicio de oración del Yom Kippur, el día más sagrado del año judío, el rabino Yitzhak Kaduri, el más famoso de los ancianos maestros de la cábala, inclinó la cabeza y entró en un trance que duró cuarenta y cinco minutos. Muchos de sus seguidores pensaron que Kaduri, de ciento cinco años de edad, estaba sufriendo un infarto. Cuando por fin abrió los ojos, el rabino anunció con una sonrisa radiante que «¡Con la ayuda de Dios, el alma del Mashiach se ha unido a una persona en Israel!».[1] Cuando el alma del Mashiach se une a una persona, ello no significa necesariamente que dicha persona se convierta realmente en el Mashiach, sino que es un candidato para el mesianazgo. En cualquier caso, tiene buenas probabilidades de obtener el puesto.

«El Mashiach ya está en Israel. Lo que la gente está segura de que no ocurrirá es probable que ocurra, y lo que estamos seguros de que ocurrirá tal vez nos desilusione. Pero, finalmente, habrá paz en todo el mundo. El mundo está *mitmatek mehadinim* [endulzándose con la justicia estricta]», declaró el reverenciado anciano.[2]

Kaduri llevaba casi un siglo esperando ver al Mashiach (transliteración de la palabra *mesías* en hebreo), desde que era un muchacho y el legendario rabino Rosef Chaim —también conocido como Ben Ish Chai— de Irán declaró que Kaduri viviría el tiempo suficiente para ver al Mashiach. Otra luminaria, el rabino Menachem Schneerson, el querido Rebe de Luvabitch de Brooklyn que falleció en 1994, también predijo públicamente que Kaduri llegaría a ver al Mashiach. Kaduri murió el 2 de enero de 2006 sin haber visto jamás al Mashiach físicamente, aunque tal vez consiguió avistarlo en sus revelaciones.

A decir de todos, el requisito previo y necesario para la llegada del Mashiach es, además de la construcción del tercer templo, el regreso de los judíos a la Tierra Sagrada. Durante varios siglos, numerosos rabinos importantes y cultos han proclamado erróneamente que el Mashiach estaba a punto de regresar y que se avecinaba el final de los tiempos. Sin embargo, antes de que, en 1948, se estableciese el Estado de Israel, todas esas predicciones se basaban en la trascendental suposición de que, en el ínterin, los judíos se las arreglarían para conseguir una tierra natal a la que regresar. De todas maneras y por lo que yo sé, ningún santo varón de la estatura del rabino Kaduri ha efectuado una proclamación semejante en el lapso transcurrido desde que los judíos regresaron a su hogar espiritual de Israel.

Los puristas insisten en que el Antiguo Testamento exige que, antes de que el Mashiach pueda aparecer en la Tierra, todos y cada uno de los judíos del mundo deben acudir a Israel. Este viaje se conoce como «hacer el *aliyah*», un término hebreo que literalmente significa «ir arriba» (la *al* de *aliyah* tiene la misma raíz que la *al* de las aerolíneas El Al) y que en sentido figurado significa ascender a un nivel más elevado mudándose a Israel. Pero hay un consenso cada vez mayor de que una vez que todos los judíos que deseen regresar lo consigan, incluidos aquellos individuos que pudieran necesitar ayuda financiera o de otra clase, la condición para el retorno del Mashiach se habrá cumplido.

En su mayoría, los principales rabinos de Israel se han cuidado de instar públicamente a los judíos del mundo a que vuelvan a Israel y, en cambio, han dejado que cada persona tome en privado la decisión de hacer el aliyah. Es evidente que entienden a la perfección que el Armagedón puede, en muchos aspectos, convertirse en una profecía autocumplida: si los judíos del mundo empezaran a mudarse masivamente a Israel, es muy probable que estallara una guerra, ya fuera por la voluntad de Dios o no. Más allá del desestabilizador impacto físico y económico, es casi seguro que los países vecinos verían semejante migración en masa como una amenaza de proporciones bíblicas. Sin embargo, y anticipando la llegada del Mashiach, Kaduri sí emitió la convocatoria del regreso.

«Ésta es una declaración pública dirigida a todos los judíos del mundo que quieran escuchar. Todos deben regresar a la tierra de Israel debido a los terribles desastres naturales que se avecinan en el mundo.[3]

»He ordenado la publicación de esta declaración como una advertencia, para que los judíos que viven en las regiones distantes del planeta sean conscientes del peligro inminente que corren y regresen de inmediato a la tierra de Israel, para reconstruir el Templo y permitir que se revele nuestro justo Mesías.»

Las predicciones de Kaduri, si están en lo cierto, equivaldrían al fin del mundo tal como lo conocemos, después del cual algunos se reunirían con Dios y todos los demás sufrirían la muerte y caerían en la perdición. Su pronunciamiento, por lo tanto, ha generado toda clase de comentarios. Por cierto, durante un tiempo, algunos cuestionaron que el rabino Kaduri hubiera efectuado verdaderamente esa declaración, pero ya se ha comprobado que así fue.

Los cínicos observan que el rabino Kaduri era un hombre muy politizado, aliado con el partido Shas, de ideología religiosa y de extrema derecha, que, al parecer, no tolera ninguna clase de pacto con los palestinos, ni con los árabes en general, y que apoya a los dirigentes de la línea dura, tales como el ex primer ministro Benjamin Netanyahu. En octubre de 2004, Kaduri fue uno de los principales organizadores del tribunal religioso judío, conocido como *sanedrín*, que se reunió por primera vez en casi mil seiscientos años.

El grupo del sanedrín, consistente en 71 académicos rabínicos, estaba compuesto en su mayoría por partidarios de Meir Kahane, un terrorista de derechas mejor conocido como fundador, en Estados Unidos, de la Liga de Defensa Judía, cuyo eslogan era «Cada judío un calibre .22», que yo recuerdo bien porque cuando estaba en la universidad salía con una chica judía cuyo padre era uno de los patrocinadores de Kahane. En Israel, Kahane fundó el partido Kaj, prohibido por la Knéset (el parlamento israelí) por racista.

El primer punto en el orden del día del sanedrín es reconstruir el templo de Jerusalén. Kahane lo intentó al menos en una ocasión, y en 1980 fue sentenciado a seis meses de cárcel por conspirar para destruir la mezquita de Al-Aqsa. Su espíritu vive entre los miembros actuales del tribunal, algunos de los cuales están relacionados con grupos implicados en diversos ataques al control musulmán del Monte del Templo. Las acusaciones de la Waqf islámica de que diversos grupos judíos han hecho túneles en y en torno al Monte del Templo, debilitando los cimientos de Al-Aqsa, se han respondido con acusaciones por parte de grupos judíos de que los musulmanes también han socavado el Muro de las Lamentaciones y, de hecho, han destruido antiguas reliquias hebreas.

En Oriente Medio, desde luego, siempre existe un nivel mínimo de esta clase de temibles actividades, a ambos lados de la ecuación política. Es similar a un volcán en activo que periódicamente vierte un poco de lava, tal vez para disipar la presión o tal vez para prepararse para una erupción grande. La cuestión consiste no tanto en calmar el rugiente volcán del Monte del Templo, sino en evitar que alguien arroje una bomba a sus fauces.

El rabino Kaduri hablaba como si estuviera narrando el desarrollo de la historia tal cual se lo había ordenado la divinidad: «Según las escrituras del Gaón de Vilna, una señal de la guerra de Gog y Magog es que estallará en la fiesta judía de Hoshana Raba [el séptimo día de las festividades del Sukot], justo después de la conclusión del séptimo año de shemitá [año sabático agrario]».[4]

El rabino Eliyahu, el Genio de Vilna, cuyo nombre descubrieron en el Libro del Génesis los investigadores del código de la Biblia, es un legendario rabino cuyas predicciones, al estilo de Nostradamus, son muy veneradas, pero difíciles de interpretar. Se supone que Magog, y su rey, Gog, son los enemigos definitivos de Israel. Como se describe en Ezequiel 38 y 39, el final de la guerra contra Gog y Magog es también el momento en que comenzará el conflicto definitivo del Armagedón. (Durante gran parte de la guerra fría se suponía que la Unión Soviética era Magog, pero esa creencia no parece haberse cumplido.) Resulta que Estados Unidos comenzó a bombardear las fuerzas de los talibanes y de Al Qaeda en Afganistán justo después de la puesta del sol del 13 de octubre de 2001, precisamente la guerra de Hoshana Raba de la que hablaba el rabino Eliyahu de Vilna, y durante un año de shemitá, para rematarla. Según la profecía, el conflicto de Gog y Magog durará siete años, momento en el cual, en el otoño de 2008, se producirá una revelación trascendental concerniente al Mashiach.

Kaduri también nos recordó que, según el *midrash*, la compilación de comentarios de sabiduría talmúdica, una de las señales de la inminente llegada del Mashiach es un calentamiento de la Tierra.

Cuando un sabio de ciento cinco años vuelca su corazón y su alma en una profecía, uno debería tomársela con respeto. Si lo único que quería Kaduri era contemplar el desarrollo del Armagedón, de paso ofreciendo apoyo y guía espiritual, es posible que todos nos beneficiemos de ello. Pero si sus seguidores consideran que deben precipitar los acontecimientos y actúan como si supieran lo que piensa Dios, ese acto de agresión contra la paz y la estabilidad debe ser neutralizado.

Yo tal vez hubiera cedido a la tentación de cruzar los dedos y mandar todas las predicciones del honorable rabino Kaduri, y su todavía más estimable antecesor, el rabino Eliyahu de Vilna, a la papelera de los crípticos misterios del Talmud, si no fuera por la aparición de otro cabalista en el extremo opuesto de la escala cultural.

Joseph Michael Levry, un estudioso de la cábala de lo que podría llamarse la variedad Nueva Era, ha predicho básicamente la misma serie de acontecimientos, aunque describe esta perspectiva de manera muy diferente. Residente de la ciudad de Nueva York, donde ha fundado el Centro Universal de Curación, Levry viaja casi constantemente por Estados Unidos, Europa e Israel, enseñando una síntesis de la cábala y yoga kundalini. Sostiene que en 2004 el mundo entró en un período conocido como la Inundación, el Descenso de las Nubes. Este período de turbulentas transiciones, que hasta ahora coincide con la guerra de Irak, el Katrina y las otras megatormentas, continuará, según Levry, con una época de intensos conflictos que culminará en 2012.

«La Tierra también lucha por su supervivencia. Con seguridad, el mundo [habrá pasado por] ocho años de purificación, una especie de experiencia planetaria cercana a la muerte, a través de la dolorosa experiencia de catástrofes naturales y/o guerra —declara el cabalista—. El viejo mundo quedará postrado para dejar sitio a la construcción de un mundo nuevo de conciencia espiritual y colectiva con el amor universal como su núcleo. El mapa político se alterará. Puede haber, incluso, modificaciones en la estabilidad geofísica del mundo. Todos llegarán a entender que la nueva era que surja, junto con la devastación que se producirá antes, será una purga necesaria para la transformación de la humanidad».[5]

Levry considera que 2012 será el año en que se presentará una conciencia nueva y elevada. «Los humanistas esperan el amanecer de 2012, y sienten en sus corazones la fuerza del cambio, los giros y vueltas del destino que se encuentra a su alcance y que los invoca y los tienta para que lo sigan. Y ahora, más que nunca, la humanidad necesita toda la ayuda que pueda obtener para evolucionar y convertirse en hombres y mujeres de luz.»[6]

RESISTIR LA PROFECÍA

El Armagedón da toda la impresión de que será lo que debe ser. Pero ese sentimiento ha sido inculcado por más de tres mil años de escrituras y sermones, lo que significa que pocos de nosotros somos inmunes a este adoctrinamiento, más allá de las creencias que suponemos nos guían. Se nos ha proporcionado una perspectiva plausible, y lo más irónico es que, por alguna razón, eso nos hace sentir más seguros, incluso aunque nos lleve hacia un clímax de muerte total, que cuestionar o rechazar los fundamentos básicos de la civilización judeocristiano-islámica. La promesa de una salvación eterna es, desde luego, un poderoso incentivo. Pero, en suma, la mayoría de los que marchemos hacia el Armagedón lo haremos, según creo, porque estamos programados para pensar de esa manera, porque nos han enseñado que la vida va a terminar así.

¿Realmente Dios —no sólo el personaje bíblico, sino el Dios verdadero y bondadoso, si es que Él o Ella realmente existe, como yo, por mi parte, creo con todo fervor— desea que todos los no cristianos se consuman como desventurados extras en la historia bíblica del Armagedón? Los evangélicos replican que todos los seres humanos tendrán la oportunidad de conocer y aceptar a Cristo. Pero los miles de millones que se mantienen fieles a sus propias tradiciones sagradas no van a arrojarse al fuego, más allá de lo descontrolada que se ponga la situación en Oriente Medio.

Los pueblos de Oriente Medio y sus adherentes han logrado un éxito extraordinario en su intento de presentar su propio destino como el del mundo, pero la cuestión es que la mayoría de la población mundial, incluidos, pero no limitándolo, los que viven en China, la India y otros países que no son ni cristianos, ni judíos ni musulmanes, piensan otra cosa, lo que es natural. El mundo occidental tiene que dejar el vicio de Oriente Medio. Es cierto que la mayoría del petróleo del mundo proviene de esa región, pero ellos necesitan venderlo tanto como nosotros comprarlo, de modo que todo puede arreglarse. Miles de millones de dólares de ganancias potenciales aseguran que, de una manera u otra, el petróleo seguirá fluyendo.

La adicción de la que debemos librarnos con más urgencia es nuestra servil codependencia del horror y la perversión de esa región, inyectada a diario en nuestros hogares. Tenemos que entender que el melodrama de Oriente Medio cumple falsamente con la oscura necesidad colectiva de demostrar que nuestra deidad particular tiene la más grande... —¿es necesario que lo diga?— y, de ese modo, librarnos de la superstición de que ese conflicto lleva aparejado el destino de toda la humanidad. Pero a veces es más fácil convivir con creencias primitivas y aterradoras que aceptar nuestra responsabilidad con calma y madurez.

Es más fácil decirlo que hacerlo. El presidente George W. Bush asumió el cargo con la elogiable intención de disminuir el énfasis de Oriente Medio en la política de gobierno de Estados Unidos. En cambio, la región, en especial Irak, creció en importancia con su administración. Una cantidad relativamente mínima de habitantes de Oriente Medio se vuelven locos y de inmediato se organizan cumbres. Mientras tanto, China absorbe los recursos naturales del hemisferio sur y genera la peor contaminación de toda la historia, y nadie alza una ceja.

¿Podría haber un plan preestablecido, como se predice en Isaías y el Apocalipsis y se repite en el Corán, de que todo esto estallará en el Armagedón, y que si no nos aliamos con Jesús, el Mahdi o el Mashiach, o si lo hacemos, pero también creemos en alguna forma de gobierno mundial, entonces somos enemigos de Dios y, por lo tanto, volaremos por los aires? La incapacidad de Sharon y la elección de Ahmadineyad son los últimos de una interminable serie de acontecimientos que, al igual que el asesinato de Yitzhak Rabin, el descubrimiento de los códigos de la Biblia y el hallazgo de la iglesia del Armagedón en Megiddo, encajan de una manera demasiado plausible en el inexorable avance de la perspectiva de un juicio final.

Aquellos que creen que nos merecemos el Apocalipsis porque somos malos y debemos ser destruidos, porque necesitamos una violencia que nos redima para poder reunirnos con el Todopoderoso, porque estamos dominados por el Anticristo (Dajjal), o por cualquier otro motivo ignorante, dan miedo, no sólo por su sanguinaria ideología, sino debido a las pretensiones de superioridad moral que impulsan sus ideas y las convierten en una profecía de autocumplimiento. Están impacientes por que empiece el espectáculo pirotécnico definitivo y, si se les proporciona una cerilla y acceso, no esperarán.

13 LA EXTRAÑA ATRACCIÓN DE 2012

—Todos quedaremos en paz si tú haces una cosa —dijo Carlos Barrios guiñando un ojo.

Carlos, Gerardo y yo acabábamos de tener una difícil conversación sobre lo que los mayas ven como cinco siglos de inmisericorde dominación, persecuciones y exterminio de los pueblo indígenas por parte de conquistadores procedentes del norte. Por razones que sólo puedo describir como patriotismo visceral, me encontré defendiendo políticas que no apoyaba y que ni siquiera conocía bien. En ese momento, Carlos recibió una llamada respecto del viaje a Tokio que estaba por realizar junto con Gerardo, donde concluirían las negociaciones para suministrar horóscopos mayas diarios a los japoneses usuarios de teléfonos móviles. Carlos le gritó sus instrucciones al abogado, cortó la comunicación, y reanudó su frase:

—¡Detén a José Argüelles!

¿Detener a José Argüelles? Pero si él fue quien inició las celebraciones de la Convergencia Armónica en 1987. Es la persona más relacionada en todo el mundo con la cultura y la ciencia de los mayas. Más que ningún otro, Argüelles ha hecho pública la importancia de 2012. ¿Por qué demonios querría Carlos detenerlo?

El problema es que Argüelles está chalado. Loco de remate. Totalmente majareta.

Consideremos su predicción para el 21/12/12. Después de que las cuadrillas de sincronización galáctica desplegadas en las coordenadas planetarias del cuerpo lumínico hayan recibido instrucciones de la Federación Galáctica, las unidades de avanzada del Consejo de Asuntos Solares y Planetarios pasarán a la acción.

«El instante único, el instante de la sincronización planetaria total, el cierre no sólo del Gran Ciclo sino del intermedio evolutivo llamado *Homo sapiens*, llegará en el 13.0.0.0.0. del rayo [el 21/12/12 en nuestro calendario]. En medio de la preparación festiva y de las asombrosas señales galáctico-solares que se recibirán psíquicamente, la raza humana, en armonía con el reino animal y con los demás reinos, y ocupando su lugar correcto en el gran mar electromagnético, se unificará en un solo circuito. Las transmisiones de sonidos galácticos y solares inundarán el campo planetario. Y por fin la Tierra estará lista para formar parte de la civilización interplanetaria», escribe Argüelles.[1]

En ese momento, un arco iris iridiscente formado por la conciencia colectiva de la humanidad trazará un arco de polo a polo, y, en una única explosión multicolor, todos nos proyectaremos hacia la dicha que nos aguarda en el más allá.

¡Vaya!

Tal vez Argüelles sea un creador de mitos modernos, como Gene Roddenberry y George Lucas. Según *Hamlet's Mill: An Essay Investigating the Origins of Human Knowledge and Its Transmission Through Myth* [El molino de Hamlet: ensayo para investigar los orígenes del conocimiento humano y su transmisión a través de los mitos], la mayoría de los grandes mitos se inician como relatos sobre el cielo. En este clásico volumen académico, Giorgio de Santillana, profesor de historia y filosofía en el MIT, y Hertha von Dechend, profesora de historia de la ciencia en la Universidad de Frankfurt, revisan prácticamente todos los mitos existentes, desde el de Amaterasu (la diosa japonesa del Sol que expulsó a su hermano del cielo después de que éste le arrojara encima los cuartos traseros de su corcel) hasta el de Zurvan Akarana (el poderoso dios iraní del tiempo, que se cierne sobre el huevo del mundo con un celoso martillo de cobre). Aunque en algunos casos esta enciclopédica exégesis se asemeja a un viaje por el Maelstrom (el agitado río nórdico que lleva a la tierra de los muertos), su tesis de que la mitología surge de la astronomía es, en realidad, muy sensata.

Imaginemos que vivimos en una sociedad primitiva. En las noches oscuras, sin luna y sin nubes, nosotros y nuestros camaradas dedicamos un rato a contemplar la magnífica Vía Láctea, y con el paso de los años es posible que nos convirtamos en unos astrónomos aficionados bastante decentes. El cielo nocturno sería un escenario obvio para las historias; probablemente las estrellas y en particular los planetas, que brillan y se mueven, podrían antropomorfizarse y/o identificarse con grandes serpientes, leones o caballos. ¿Qué mejor test proyectivo? Las historias que han sobrevivido durante siglos de intercambiar relatos se convertirían en los mitos esenciales de nuestra cultura.

Cuando Argüelles se enfrentó por primera vez a la cosmología maya, o a lo que percibía como tal, reaccionó de una manera creativa, emocional y asociativa. De todas las maneras posibles, excepto la literal. Lo que estaría bien si sus libros fueran catalogados como «ficción».

—Argüelles puede contar todas las historias de estrellas que quiera. Pero no tiene derecho a afirmar que eso es lo que creen los mayas. ¿Quieres lograr algo con tu libro? ¡Detén a Argüelles! Tiene seguidores en todo el mundo. ¡Medio millón en Australia! El libro que lo hizo famoso [*El factor maya*] lo escribió sin siquiera haber viajado al mundo maya, sin hablar ni una sola vez con el pueblo maya. La ciudad de México [de origen azteca] no cuenta —declaró Carlos. Él ve a Argüelles como un usurpador, más peligroso que cualquiera de los otros, porque Argüelles es de origen hispánico y se presenta como un defensor nativo de la cultura maya.

—Por fin nos encontramos con él hace varios años, y prometió que dejaría de decir que estaba hablando sobre los mayas y que aclararía que aquéllas eran sólo sus teorías personales. Pero entonces nadie le prestó más atención, por eso volvió a afirmar que su obra es maya. En cualquier caso, el daño ya está hecho —añadió Gerardo.

En los últimos tiempos, Argüelles ha comenzado a decir que su trabajo es «maya galáctico» y escribe con el nombre de Votan, tomado de una deidad maya cuya tumba fue descubierta en la década de 1950. Argüelles es el canal por el que se expresa Votan, y luego transmite esas revelaciones a Stephanie South, alias la Reina Roja. Esta inspiración ya ha cobrado forma material bajo el título de *Crónicas de la historia cósmica*, una «reformulación de la mente humana» en siete tomos.

«La historia cósmica es un sistema de pensamiento y técnica que debe ser aprendido y aplicado para que el ser humano pueda dar el próximo paso en el camino de la evolución hacia un sistema holográfico de percepción», le transmitió Votan a la Reina Roja.[2]

Con delicadeza, les pregunté a los hermanos Barrios si, como sostiene Argüelles, o Votan, los mayas creen que hay antenas en el plexo solar humano que captan señales del centro de la Vía Láctea. El rostro de Gerardo pareció convertirse en piedra. Carlos se tomó un antiácido. Insistí. ¿Es cierto lo que escribe el cosmólogo Brian Swimme en su continuación a *El factor maya*, que hay un rayo que sale del núcleo de nuestra galaxia al cual «cada persona tiene el poder de conectarse de manera directa; de manera sensible, sensual y electromagnética», absorbiendo de ese modo su energía e información? Este rayo galáctico es motivo de irritación para los mayas, porque se ha utilizado para respaldar las advertencias y profecías sobre el 2012. Swimme resume la hipótesis de Argüelles: «La historia humana está formada en gran parte por un rayo galáctico a través del cual el Sol y la Tierra han pasado durante los últimos 5.000 años, y [...] nos espera un gran momento de transformación cuando lleguemos al final del rayo, en 2012.»[3]

No hay antenas en la barriga, ni ningún rayo, confirmaron los hermanos Barrios. Pero Vernadski, el legendario ecologista planetario ruso, tal vez no esté tan seguro: «Radiaciones de todos los astros entran en la biosfera, pero nosotros captamos y percibimos sólo una parte insignificante del total, que llega exclusivamente del Sol.[4] La existencia de radiaciones originadas en las regiones más distantes del cosmos no puede ponerse en duda. Las estrellas y las nebulosas emiten constantemente radiaciones específicas, y todo sugiere que la penetrante radiación descubierta en las regiones superiores de la atmósfera [...] determina las características y el mecanismo de la biosfera», escribe.

Tampoco Vernadski habla de antenas en la barriga, pero es evidente que, al igual que Argüelles, cree que la biosfera, de la que el *Homo sapiens* es una parte integral, depende para su continuo bienestar de rayos de radiación galáctica. Lo mismo cree Dmitriev, para quien los «impulsos del centro de la galaxia» son uno de los tres factores más gravemente subestimados por los científicos contemporáneos. Y hay por lo menos una coincidencia poética entre esta percepción de una conectividad galáctica y la antigua creencia maya de que la Vía Láctea es un camino al submundo para las almas o una conexión umbilical entre el cielo y la Tierra, que será interrumpida por el eclipse del sistema solar del centro de la galaxia el 21/12/12.

Mi ex esposa, Sherry, tiene la costumbre de cubrirse el plexo solar cada vez que alguna persona maligna o inestable entra en la sala. Si bien dudo de que su recepción se extienda hasta el centro de la galaxia, si hay algún plexo solar que pueda captar señales tan remotas, es el suyo. Y tal vez el de Argüelles.

En resumen, la visión de 2012 de Argüelles es histérica e interesada, pero no puedo librarme de la sensación de que su campana ha sonado por alguna razón. ¿Es posible que Argüelles haya atisbado de alguna manera la enormidad de 2012 y haya perdido la chaveta a causa de lo que vio?

2012 Y EL I CHING

No hay duda de que el espectro de 2012 ha cautivado a algunas mentes poco comunes, empezando por Terence McKenna, un filósofo de la Nueva Era, ungido por el *New York Times* como sucesor de Timothy Leary, quien, de hecho, en una ocasión presentó a McKenna como «el verdadero Timothy Leary». Después de graduarse en ecología y conservación ambiental en Tussman Experimental, un anexo de corta vida de la Universidad de California en Berkeley,

McKenna pasó unos años cazando mariposas y contrabandeando hachís en Asia, y luego, acompañado de su hermano David, puso rumbo a la jungla tropical del Amazonas colombiano, donde «investigaron» algo llamado *oo-koo-he*, el «psicofluido violeta» local. Después de un año (¿o fue una década?) de colocarse con alucinógenos de la jungla tropical y de darle vueltas al I Ching, el antiguo libro chino de predicciones y sabiduría, McKenna descubrió un complejo fractal codificado en el oráculo. Bautizó ese fractal con el nombre de «onda temporal», en esencia un diagrama repetido de la trayectoria del tiempo. Con él verificó la profecía maya básica de que el tiempo, tal como lo conocemos, se detendrá, se parará en seco, el 21/12/12.[5]

El I Ching, también conocido como Libro de las Mutaciones, se remonta a casi tres mil años. Combina imágenes e ideas de antiguos oráculos con mitología, historia y folclore de China. Según el psicólogo Carl Jung, las explicaciones teóricas de causa y efecto no son importantes para el I Ching. En cambio, el foco principal del libro se encuentra en el elemento de cambio; ofrece al lector varias maneras de comprender e incluso de utilizar las coincidencias logrando un estado mental y espiritual adecuadamente saludable y captando toda la gama de detalles que forman un momento determinado.

¿Acaso McKenna se colocó más que un estudiante universitario y le dio vueltas a la sabiduría del I Ching hasta que lo asaltó la inspiración? ¿O realmente descifró nuestro destino? El I Ching comienza con lo que se conoce como la secuencia del rey Wen de 64 hexagramas, que son dibujos formados por seis líneas continuas o interrumpidas. Cada hexagrama tiene su propio significado e implicaciones, según se explica en el texto del I Ching. McKenna descubrió que esta secuencia corresponde al calendario lunar de 384 días utilizado por los antiguos chinos: 64 (el número de hexagramas) por 6 (el número de líneas por hexagrama) es igual a 384. Así, comenzó a formarse la opinión de que la secuencia del rey Wen representaba de alguna manera el tiempo. Mediante posteriores investigaciones encontró más correspondencias. El número promedio de días de un mes lunar —los chinos llevan mucho tiempo utilizando un calendario lunar— es 29,53. Si multiplicamos ese número por 13, la cantidad de meses de un año lunar, nos da como resultado 383,39, que podemos redondear fácilmente en 384, el número mágico de la secuencia del rey Wen.[6]

Convencido de que, por lo tanto, el I Ching representa el flujo del tiempo, McKenna se dispuso a diagramar la historia. Representó las eras con elevados niveles de innovación como picos; las de niveles bajos, como depresiones. Descubrió que el mismo patrón básico de pico y depresión se repetía una y otra vez, pero a intervalos cada vez más cortos. Por ejemplo, el mismo gráfico que representa el período de más de 30.000 años desde la aparición del hombre de Neandertal hasta el comienzo del arte y la música también ilustra adecuadamente el período de quinientos años que transcurrió desde la época en que la peste negra asoló Europa al comienzo de la revolución industrial. Y ese mismo segmento gráfico representa períodos subsiguientes de medio siglo, un año, hasta llegar a meses, semanas, días y horas, a medida que la onda temporal se aproxima a su final, en 2012. El tiempo empezó como la más suave de las brisas, pero ha soplado cada vez más rápido en el transcurso de la historia y ahora tiene la fuerza de un vendaval.[7]

«Porque la belleza no es nada salvo el comienzo del terror», escribe el poeta romántico alemán Rainer Maria Rilke en las *Elegías de Duino*. Una mentalidad psicodélica como la de McKenna habría flipado con esa frase, en especial en el momento en que descubrió que la fecha que, según él, es el punto final de la historia, el día en que el tiempo soplará y resoplará hasta tirar abajo la realidad, es el 22/12/12, apenas un día de diferencia respecto de la fecha profetizada por los antiguos mayas.[8]

McKenna sostiene firmemente que la fecha del final del 22/12/12 se le ocurrió por su cuenta. A decir verdad, los McKenna publicaron su teoría de la onda temporal en *The Invisible Landscape: Mind, Hallucinogens, and the I Ching* [El paisaje invisible: la mente, los alucinógenos y el I Ching] doce años antes que el libro de José Argüelles, *El factor maya*, instalara la fecha del 22/12/12 en el debate cultural.

LA MÍSTICA ORIENTAL DE 2012

Elogiado por Tom Robbins, el brillante novelista, como «el más grande filósofo visionario de nuestra era», Terence McKenna se convirtió en el niño mimado del selecto grupo del Instituto Santa Fe, donde conceptos tales como caos y catástrofe están a la orden del día. Antes de fallecer, en el año 2000, a los cincuenta y tres años, de un tumor cerebral que, según declaró su médico, no tenía nada que ver con las copiosas cantidades de productos psicodélicos que había ingerido desde su adolescencia, McKenna llegó a coescribir un libro, *Trialogues at the Edge of the West: Chaos, Creativity and the Resacralization of the World* [Triálogos al borde de Occidente: Caos, creatividad y la reconsagración del mundo] con dos pesos pesados del Instituto. El teórico del caos, Ralph Abraham, se especializa en determinar las condiciones bajo las que los sistemas organizados caen en la anarquía, tales como, digamos, el derrumbe del ecosistema global debido a presiones internas o externas. El filósofo de la naturaleza, Rupert Sheldrake, sostiene que la naturaleza posee algo similar a un banco de memoria universal que sus criaturas utilizan cada tanto, acelerando el aprendizaje y la evolución, una teoría que encaja perfectamente con la onda temporal del cambio acelerado de McKenna.

En 1987, el *New York Times* me pidió que explicara por qué Sheldrake había renunciado a su acomodado puesto como profesor titular de bioquímica en la Universidad de Cambridge y se había mudado a un ashram del sur de la India donde escribió un libro, *A New Science of Life: The Hypothesis of Formative Causation.* En resumidas cuentas, Sheldrake sostiene que si, por ejemplo, se enseñara a un grupo de ratas una serie de trucos en Los Ángeles durante el mes de abril, un grupo de la misma especie de ratas en, digamos, Londres, tardaría menos en aprender la misma serie de trucos que las ratas de Los Ángeles. Eso se cumpliría, según Sheldrake, incluso aunque no se produjera comunicación alguna entre las ratas ni entre las personas encargadas de enseñarles a las ratas, así como ninguna otra forma conocida de intercambio de información entre los grupos.

El hecho de que la naturaleza tenga una mente sugiere de una manera bastante firme que es alguna clase de ser sensible, una teoría que puede resultar atractiva para los excéntricos de las escuelas de teología, pero los científicos consideran que habría que quemar a Sheldrake en la hoguera. El único de los colegas de Sheldrake en Cambridge que aceptó hablar favorablemente en público sobre su obra fue Brian Josephson, que en 1973 ganó el Premio Nobel por una monografía de una página y media sobre lo que más tarde pasó a conocerse como el efecto Josephson, un aspecto de la mecánica cuántica que treinta años después llevó al desarrollo de los superconductores. En aquella época, Josephson estaba profundamente inmerso en el estudio de la forma en que el universo se pliega sobre sí mismo, y arriesgó la opinión de que tal vez Sheldrake había conseguido meterse en uno de los pliegues.

Bonito, pero no lo bastante como para escribir un perfil de 4.000 palabras al respecto, de modo que invertí 500 dólares más de mi cuenta de pagos y me trasladé a la India. Allí descubrí, para mi sorpresa, que yo era idéntico a Rajiv Gandhi, el primer ministro de la India en esa época. Ese parecido físico me valió extraordinarias demostraciones de hospitalidad. En una aldea sobre el río Cauvery me rociaron con coronas de jazmín y me regalaron una bandera, con la forma de una mariposa atada a un hilo.

Shantivanam, el ashram hindú cristiano en las afueras de Madrás, ahora Chennai, donde Sheldrake escribió su libro, estaba a cargo de un hombre inolvidable, el padre Bede Griffiths, un sabio benedictino educado en Oxford que, antes de su muerte en 1993, escribió numerosos libros en los que fusionaba la espiritualidad hindú con la cristiana. Era fácil darse cuenta de la influencia de Griffiths sobre Sheldrake. Le comunicó al joven científico el sentido hindú de lo importante que es entender el mundo que no se ve. Por supuesto que hay una mente universal, sostenía Griffiths; de allí salen las ratas, la gente, las plantas y todo. La mente universal es lo real, y el mundo físico es su manifestación más grande.

«Desde el principio de la historia, por lo que se ve, [la humanidad] ha reconocido un poder oculto detrás de todos los fenómenos de la naturaleza y la conciencia [...]. No hay una sola partícula de materia en el universo, ni un solo grano de arena, ni hoja, ni flor, ni un solo animal o ser humano que no posea su ser eterno en ese Uno, y que no se conozca en la visión unificadora del Uno. Lo que vemos es el reflejo de toda la belleza de la creación a través del espejo de nuestros sentidos y nuestra imaginación, extendida en el espacio y en el tiempo. Pero allí en la visión de Uno se contiene toda la multiplicidad de la creación, no en la imperfección de sus transformaciones, sino en la unidad de su ser», escribe Griffiths.[9]

El tema de la unidad, de ser uno con el universo, siempre me ha resultado especialmente confuso. ¿Se trata de una unidad clase A? Faltan dieciséis segundos en el partido del campeonato de la NFL de los Green Bay Packers contra los Dallas Cowboys; los Packers van perdiendo por tres, tienen la pelota en la línea de tres metros de los Cowboys, ya no quedan más postergaciones, se está a diez grados bajo cero, Bart Starr, el mariscal de campo de los Packers, ladra; el delantero Jethro Pugh, de los Cowboys, resopla; el público contiene el aliento... ¿Es ésa la unidad de la que hablan, ese estremecedor momento de delirio, ansiedad y concentración con el corazón latiendo a toda velocidad?

¿O se trata de una unidad clase B, donde todos trascendemos esas trivialidades que nos dividen sobre quien pierde o gana un partido de fútbol americano y sabemos que no vale la pena preocuparnos por eso, en que todo el mundo está esperando un pase que o bien sirva para ganar el partido o, al menos, si fuera incompleto, para parar el reloj el tiempo suficiente a fin de lanzar un gol desde el campo y empatar, en que Starr, que en realidad no corre mucho, conserva la pelota y consigue esquivar al defensor, Jerry Kramer, arrojarse sobre la línea de gol y efectuar el *touchdown* decisivo, justo delante de la fea cara de Pugh?

Tal vez haya una clase C, una síntesis hegeliana de que nos importe y no nos importe, en la que cada uno de nosotros ansiamos el mejor partido posible. Resulta que la palabra hindú que designa el estudio de Griffiths sobre la verdadera realidad detrás de la física es *maya*, una palabra que, también en hindú, está convirtiéndose rápidamente en «insolente advenedizo indígena». Los indios son los campeones máximos de la conciencia cósmica y no están dispuestos a dejarse avasallar por ningún patán de Yucatán. La cultura hindú tiene mucho dinero y prestigio invertido en su filosofía, y que a alguno se le escapara el hecho de que el tiempo llegará a su fin en el 2012 sería directamente vergonzoso.

Los eruditos hindúes fechan el comienzo de la era actual, conocida como Kali Yuga, el día de la muerte del cuerpo físico de Krishna, en la medianoche del 18 de febrero de 3102 AEC, una fecha sorprendentemente próxima al punto del comienzo de los mayas, el 13 de agosto de 3114 AEC. Al final del Kali Yuga, o la Era Degenerada, llegará Kalki, el equivalente hindú del Mesías. Kalki es el décimo y último avatar (encarnación) de Vishnú, uno de los tres aspectos de la deidad suprema hindú; Vishnú, Brahma y Shiva forman lo que algunos denominan la trinidad hindú. Kalki traerá justicia a lo injusto y dará comienzo a una nueva era dorada. Sin embargo, se supone que esa era dorada no empezará hasta el año 428898 EC, de modo que nadie se preocupa demasiado.

Es decir, hasta hace algunos años, cuando apareció en la escena Sri Kalki Bhagavan y fundó su propio ashram, también en las afueras de Madrás/Chennai, de hecho, no lejos del lugar en que, en 1991, Rajiv Gandhi recibió un regalo. Después de la explosión, lo único que pudieron encontrar fueron sus zapatillas de tenis.

Kalki, como le gusta que lo llamen, se autoproclamó el décimo y último avatar de Vishnú y anunció que la era dorada comenzará, después de muchos dolores y trastornos, en 2012. Kalki da crédito a las profecías mayas, para gran consternación de la clase dominante espiritual de los brahmanes, quienes han demandado por fraude al ex oficinista de una empresa de seguros. La demanda llegó hasta la Corte Suprema de la India, pero Kalki no se ha amilanado. Con la ayuda de más de un millón de seguidores en todo el mundo, muchos de los cuales visitan sus instalaciones, que crecen a un ritmo cada vez más rápido, él y su esposa, Amma, dirigen la Fundación de la Era Dorada, la Universidad de la Unidad, y están construyendo el templo de la Unidad, del que se dice que será la estructura sin columnas más grande de toda Asia. Su amplio y ecuménico sitio de Internet, Global Oneness Web, es uno de los más grandes de la World Wide Web.

Kalki relaciona su predicción sobre 2012 con el tránsito de Venus. Venus transita el Sol, es decir, cruza por su cara vista desde la perspectiva de la Tierra, menos de dos veces por siglo. La última vez que lo hizo fue durante un período de seis horas el 8 de junio de 2004, y volverá a hacerlo el 6 de junio de 2012. Los tránsitos previos más recientes de Venus tuvieron lugar en 1874 y 1882. Prácticamente todos los sistemas cosmológicos asignan una importancia especial a Venus. En la astrología maya, el calendario Cholqij de 260 días está pensado para aproximarse al período de embarazo de una mujer y también al número de días de cada año en que Venus sale por las mañanas. Y, ya en el año 400 AEC, los astrónomos mayas habían determinado que el año sinódico de Venus era de 584 días terrestres, una cifra muy aproximada a la de 583,89, que es la que ahora suponemos que dura. El año sinódico es el tiempo que tarda un objeto en reaparecer en el mismo punto del cielo, relativo al Sol, visto desde la Tierra. Lo que es extraño es que el día de Venus ocupa hasta 243 días terrestres, casi la mitad de su año sinódico. Los antiguos mayas creían que Venus encarnaba la deidad suprema de la bondad, la serpiente emplumada conocida como Kukulcán.

En la mitología védica, compartida por hinduistas y budistas, a Venus se lo llama Shukra, que en sánscrito significa «semen». Shukra, considerado un hombre afeminado que aprendió a combatir a los dioses, da su nombre al viernes, el sexto día de la semana. Por lo tanto, en la numerología hindú gobierna el número seis. Sucede que el próximo tránsito de Venus (Shukra) ocurrirá el 6/6/12 (6 + 6). Una coincidencia lo bastante llamativa como para prestarle un poco de atención. Pero así es 2012.

LA VUELTA AL MUNDO EN 2012

La fecha del apocalipsis en 2012 se originó con la desaparición de la Atlántida, según Patrick Geryl y Gino Ratinckx, quienes defienden vigorosamente esta sorprendente afirmación en *La profecía de Orión:*

> El día que la Atlántida se sumergió bajo las aguas —el 27 de julio de 9792 a. J.C.—, Orión, Venus y algunos otros astros y planetas ocuparon unas «posiciones codificadas». Los sumos sacerdotes que escaparon de la catástrofe se llevaron consigo sus conocimientos y los almacenaron en el laberinto (el Círculo de Oro) de Egipto. Y justo allí se trazó el plan maestro para advertir a la humanidad sobre el siguiente cataclismo. Es necesario que esta historia increíble y sorprendente se conozca en todo el mundo. Porque en 2012 las estrellas se encontrarán exactamente en la misma posición que en el año que se hundió la Atlántida.[10]

¿Quién sabe si Platón y los otros que escribieron sobre la Atlántida tenían razón para creer que alguna vez existió esa tierra legendaria? E incluso si es cierto que una vez se hundió lentamente en el este, no hay ninguna garantía de que aquellas burbujas fueran, en realidad, perlas de sabiduría. Geryl y Ratinckx dedican gran parte de su libro a reconciliar las predicciones de los mayas con las profecías de la Atlántida, que nos llegan a través de los antiguos egipcios, según dicen. Pero ¿cómo se comunicaron aquellos ancianos a través del banco de memoria universal de Sheldrake?

Es posible que los marineros fenicios pudieran haber cubierto por mar el trayecto trasatlántico entre Egipto y Centroamérica, aunque en ese caso lo que habrían transmitido sería conocimiento antiguo, puesto que los fenicios surgieron miles de años después del apogeo egipcio. También puede ser que la conexión tuviera lugar mucho antes. Podría haber viajeros antiguos procedentes de Egipto que se trasladaran al nordeste, atravesando Asia, para luego pasar a Siberia y al istmo de Bering, una masa de tierra de hasta 1.600 kilómetros de ancho que, según coinciden los geólogos, ocupaba lo que ahora es el estrecho de Bering hasta unos 10.000 años atrás. Los paleogenetistas creen que los antepasados de los nativos americanos eran asiáticos prehistóricos que cruzaron el istmo de Bering.

A continuación, aquellos antiguos viajeros egipcios habrían puesto rumbo al sudeste atravesando el continente norteamericano hasta llegar a Centroamérica, donde se habrían topado con la oscura civilización de los olmecas, quienes precedieron a los mayas varios siglos, incluso milenios.

Un yacimiento arqueológico conocido como Cuello, ubicado en lo que ahora es el norte de Belice, es uno de los asentamientos estables más antiguos que se conocen en todo el mundo. Estuvo habitado de manera continua desde 2500 AEC hasta el final del período maya clásico, aproximadamente en el 1000 EC, según Thor Janson, un estudioso y explorador local que vive en Guatemala desde fines de los ochenta. Janson se ha dedicado de manera casi profesional a señalar las similitudes entre la civilización maya clásica y sus análogas en Egipto, la India y otras partes.

«Las insignias de los mayas son una réplica casi exacta de las del Viejo Mundo: portadores de abanicos, cetros, trono del tigre, bastón de loto y trono de loto, doseles, palanquines, y la concha soplada como trompeta real. También se encuentran sorprendentes similitudes en el contenido básico de las mitologías de las culturas, supuestamente aisladas entre sí, del Viejo y del Nuevo Mundo. Entre las figuras míticas comunes se incluye el árbol cósmico de la vida, con un pájaro con alas extendidas en la copa y una serpiente en las raíces, los cuatro colores sagrados, las cuatro direcciones sagradas, los cuatro elementos primarios (fuego, agua, aire, tierra)», escribe Janson.[11]

Gerardo Barrios contemplaba con escepticismo la posibilidad de una conexión entre egipcios y mayas hasta que pasó varias semanas explorando las pirámides egipcias con un antropólogo de la zona. Regresó con un archivo comprimido de fotos de jeroglíficos con un aspecto muy maya, incluidas varias imágenes de serpientes emplumadas que se parecían mucho a Kukulcán. Aunque no encontró ningún jaguar negro.

Como es natural, la fecha de 2012 como el final de los tiempos es común a todas las culturas americanas nativas. En *La astrología sagrada de los cheroquis: Un manual sobre la antigua tradición nativa norteamericana*, su autora, Raven Hail, perteneciente a la Nación

Cheroqui de Oklahoma, permite que los lectores calculen sus días natales y conozcan su posición en la astrología nativa norteamericana. La efeméride comienza el 11 de enero de 1900, un día conocido como día 1 Conejo, y continúa identificando el día 1 de todas las «semanas» de trece días (similares al calendario Cholqij de los mayas) de los siguientes 112 años, hasta terminar, sin comentario alguno, el día 4 Flor, que es el 21 de diciembre de 2012. La Flor, según nos informa Hail, es el más sagrado de los veinte signos de días, porque es el fin del ciclo. De las trece energías, escribe «El cuatro es el número más sagrado; aparece en los cuatro cuartos de la Tierra, las cuatro estaciones, las cuatro fases de la vida humana (doncella, madre, maga, medianoche)».[12]

La perspectiva cheroqui concuerda con la de los indios queros de Perú. En *Los guardianes del conocimiento*, Joan Parisi Wilcox, iniciada en los ritos de los queros, informa simplemente que la tradición de la tribu describe el período de 1990 a 2012 como la Era de Volver a Encontrarnos, finalizada la cual, el tiempo cesará.

El 21 de diciembre de 2012 es también una fecha mágica para los hopi de Arizona. «La profecía hopi es una tradición oral de historias que, según dicen los hopi, predijo la llegada del hombre blanco, las guerras mundiales y las armas nucleares. Y predice que el tiempo llegará a su fin cuando la humanidad emerja hacia el "quinto mundo"»,[13] escribe Richard Boylan en *Earth Mother Crying: Journal of Prophecies of Native Peoples Worldwide* [La Madre Tierra llora: diario de profecías de los pueblos nativos de todo el mundo]. Los hopi protegen celosamente sus profecías del mundo en general, hasta tal punto que han llegado en ocasiones a tomar acciones legales contra aquellos que las revelan. Sin embargo, se sabe que el calendario hopi está básicamente sincronizado con el maya; ambos fechan el comienzo del Quinto Mundo, o de la Quinta Era, el 21/12/12.

LA EXTRAÑA ATRACCIÓN

«A medida que nos acercamos al 2012 d. J.C., como si hubiera una extraña fuerza de atracción en el cielo, sentimos ese tirón instintivamente. Como gusanos que sufrimos una transformación para finalmente convertirnos en mariposas, es posible que tengamos un código temporal que nos haga cambiar de forma», escribe Barbara Hand Clow, astróloga y profesora de ritos.[14]

Ya sea que se trate de un código temporal universal inscrito en el ADN o sólo un efecto de contagio, Clow confirma el hecho de que el año 2012 se está convirtiendo rápidamente en el plazo del Juicio final, con toda clase de predicciones sobre el fin de los tiempos, que se aceleran para que concuerden con el calendario maya.

Consideremos, por ejemplo, la función de 2012 en las antiguas leyendas de los maoríes, el pueblo indígena de Nueva Zelanda. La mitología maorí anuncia la reunificación de Rangi (el cielo) y Papa (la tierra), una pareja que vive en una relación tan estrecha que aprieta a sus hijos entre ambos. Después de años de lucha, los hijos, que representan a la humanidad en este mito, por fin se las arreglan para separar a Rangi y Papa, pero luego se dedican a pelearse entre sí. Cuando los hijos quedan agotados por esas riñas, Rangi y Papa se reúnen, aplastándolo todo y a todos los que se encuentran en el medio. Antes de la destrucción definitiva, una gran canoa desciende desde los cielos y recoge al escaso puñado de personas que han logrado preservar su naturaleza espiritual.

La reunión de Rangi y Papa tendrá comienzo en 2012, según los ancianos maoríes, quienes se negaron a que se los citara directamente. Su renuencia a hacer declaraciones oficiales surge del hecho de que, al parecer, una buena cantidad de mitos y leyendas maoríes resultaron ser creaciones decimonónicas de antropólogos occidentales que visitaron Nueva Zelanda y o bien interpretaron erróneamente o directamente inventaron, relatos falsos que más tarde se incorporaron poco a poco al folclore maorí. Un siglo y medio más tarde se descubrieron los verdaderos orígenes de estos relatos, y los maoríes tuvieron que enfrentarse al dilema de renunciar o no a las historias que habían formado parte de su cultura durante ciento cincuenta años. Después de muchas discusiones y disensos, al parecer, han decidido conservar esos relatos y continuar transmitiéndolos como parte de su tradición. Pero es evidente que no les gustaría que pasara de nuevo.

Entonces ¿las leyendas maoríes realmente señalan 2012 como fecha del final, o se trata solamente de una fecha que suena verosímil a los ancianos encargados de mantener la tradición? No estoy seguro. La lección que podemos extraer de todo esto es que estamos al borde de una proliferación de profecías sobre 2012, a partir de la cual ese año se convertirá, por cierto, en ese extraño y poderoso elemento de atracción del que habla Clow. Cualquier tradición oscura y antigua es potencialmente vulnerable a un «descubrimiento» sobre 2012. Tal vez esto moleste a los puristas, pero el propósito de este libro es averiguar la verdad sobre 2012, no controlar su utilización lingüística. Con ese fin, siento una cierta inquietud, un poco similar a la que habrán sentido los de Xerox cuando su querida marca registrada se convirtió en un sinónimo tan popular de «fotocopia» que pasó a formar parte del habla habitual. Es obvio que no soy el dueño de 2012, pero sí tengo un gran interés en que el término no prolifere de una manera tan absurda que haga que las posibilidades muy reales y muy aterradoras asociadas con él ya no se tomen en serio.

Hasta cierto punto, algo muy parecido ha ocurrido con el término «Gaia». En 1986, cuando empecé a escribir sobre ese tema, había una sola teoría de Gaia, introducida por James Lovelock y Lynn Margulis. Ahora existen por lo menos una docena de propuestas hipotéticas que llevan el sello de Gaia, incluida la de un pagano que se llama Otter G'Zell. Gaia también genera una amplia comercialización de subproductos, hierbas, ropa, estudios geológicos, té y así sucesivamente. Por suerte, el aura sombría y catastrófica de 2012 probablemente evite que se convierta en algo parecido a una marca registrada, salvo, quizá, de cascos.

A estas alturas ya ha habido algunos tipos que me han dicho con absoluta seriedad que los griegos esperaban que el mundo terminara en 2012. Eso es incorrecto. No existen pruebas de que los griegos antiguos se detuvieran en esa fecha. Pero alguien lo oyó en alguna parte y eso lo convirtió en verdadero. La gente puede decir las tonterías que se le ocurran, ¿a mí qué me importa? Pero si esas tonterías llegan hasta el punto que personas inteligentes, preocupadas y potencialmente influyentes terminan levantando las manos y restando importancia a las amenazas genuinas presentadas por 2012, todos estaremos en peligro. Será como el niño que gritaba «lobo», sólo que esta vez es posible que el lobo esté a la puerta de todos.

NUESTRO DÍA DEL JUICIO FINAL FAVORITO

Brian Cullman, un periodista y compositor neoyorquino, cuenta que un día estaba en una librería y por el rabillo del ojo vio un libro titulado *Cómo prepararse para el PASADO*. Una idea bastante sorprendente. Cogió el tomo y descubrió que el título era, en realidad, *Cómo prepararse para el PSAT*,* un examen normalizado de ingreso a la universidad. Pero el concepto de que el pasado es algo para lo que hay que estar preparado lo inspiró para componer una canción cautivante, cuya moraleja es que la historia de uno —la personal, la política, la evolutiva— puede presentarse de visita de improviso.

Cada tanto, el aspecto de estar cerca de la muerte se pone de moda, y es bastante probable que vuelva a hacerlo en las proximidades de 2012. Así como el aspecto de tísico se puso perversamente de moda a principios del siglo XX, coincidiendo con una epidemia de tuberculosis, y de vez en cuando salen a la superficie las «chicas de la heroína», negras, pálidas y hoscas, en determinadas áreas trágicamente «de onda» de Seattle, Nueva York y Los Ángeles, cerca de 2012 seguramente aparecerá una «chica del Juicio final». Ya hay varias bandas de rock, como Downfall 2012, de Houston (cuyo logotipo es una imagen de la Tierra con una mecha encendida); Multimedia 2012, de San Petersburgo, en Rusia. Y hay un

* La sigla PSAT (Preliminary Scholastic Assessment Test, examen preliminar de evaluación académica) es un anagrama de PAST (pasado). *(N. del t.)*

hombre que se hace llamar Doctor Paraíso que recorre el mundo con un espectáculo titulado *Paraíso 2012*, un concierto de figuras de luz y color sintonizadas con frecuencias específicas de los chakra, los puntos nodales de la cabeza y el cuerpo.

¿Acaso Maximón, el santo playboy de Santiago Atitlán, tenía razón? ¿2012 no es más que una gran excusa para ir de parranda, como lo fue 1999? La lógica que sostiene esta hipótesis es muy poderosa. Si es cierto que el 21/12/12 representa el fin de los tiempos, o alguna espantosa aproximación, ¿qué mejor manera de despedir el pasado que con una botella de champán en una mano y abrazando a la persona más querida con la otra? Más allá de si el momento es maravilloso, horrible, o una terrible decepción, podemos mantener la fiesta hasta después de la Navidad y el Año Nuevo, y luego tratar de ponernos sobrios en enero, cuando todos estemos gordos, quebrados y con frío. Ése tal vez sea el momento en que empecemos a darnos cuenta de lo que ha ocurrido. ¿Armamos la fiesta para mantener la catástrofe a raya, o esperábamos secretamente un final divino que acabará con todo?

En un famoso comentario, Margaret Mead observó que ella jamás se cruzó con un pueblo que no tuviera un mito sobre la creación. Sea la mitología eterna de Grecia, la batalla amorosa babilónica entre Marduk y Tiamat, o sólo dos amantes y una serpiente en un jardín, la gente necesita alguna explicación de cómo se inició todo. Y, al parecer, de cómo terminará: un descontrolado calentamiento global, un holocausto nuclear, el Armagedón, y ahora 2012. Como mínimo, el movimiento del apocalipsis 2012 ha ayudado a precisar nuestra necesidad de lo que Frank Kermode, el fabuloso y augusto crítico literario de Oxford, llamó «la sensación de un final» en su brillante libro titulado así.

Aquellos que profetizan el Juicio final por lo general sostienen temerlo y odiarlo y dicen que desearían estar equivocados. Pero yo creo que el día del Juicio final ejerce una atracción profunda, aunque inconfesable, sobre aquellos que no se sienten felices consigo mismos, con su sociedad, con su hacedor. Aceptar que el Juicio Final es inminente proporciona al creyente una satisfacción inmensa: que él o ella posee el conocimiento más importante del mundo y que todos los otros objetivos son triviales o errados. Es una forma de venganza indirecta por la injusticia de la vida que cualquiera puede ejercer.

El día del Juicio final también ayuda a llenar el vacío dejado por el paradigma de un holocausto nuclear provocado por Estados Unidos y la Unión Soviética, que tanta angustia provocó en nuestra imaginación colectiva hasta fines de la década de 1980, un vacío que, curiosamente, no ha podido llenar la amenaza del terrorismo global, que es igualmente atroz, aunque sólo débilmente apocalíptico. ¿Acaso la amenaza del apocalipsis unirá a las naciones y a los pueblos para hacer frente al «enemigo» común de la extinción? ¿Cuán grande tiene que ser el susto para que la gente olvide sus antiguos modales belicosos? La idea de 2012 hace las veces de puente conceptual hacia la posibilidad profundamente perturbadora de que, tarde o temprano, la vida tal cual la conocemos bien podría encontrar un fin espantoso.

En todos los momentos de la historia siempre ha habido un coro de excéntricos que predicen el fin del mundo. Lo que hace diferente 2012 es la amplia escala de la convergencia sobre esa fecha. ¿Cómo explicamos el hecho de que tradiciones tan diversas como la Biblia, el I Ching y los mayas, además de la gran cantidad de pruebas científicas recientes, indiquen que todo se va a precipitar en 2012? ¿Hay una sensación subyacente de final en nuestra cultura contemporánea, tal vez una respuesta temerosa y primitiva a la acelerada globalización, que ha encontrado su expresión en el movimiento de 2012? Sería mejor si una buena parte de la información sobre 2012 no atacara el sentido de decoro intelectual que uno tiene: profecías de chamanes mayas, teorías interestelares de oscuros geofísicos siberianos, meditaciones de videntes sudafricanos, decretos de rabinos cabalistas. Por cierto, no hay ninguna fuente que por sí sola, por persuasiva que sea, pudiera o debiera hacernos considerar la cuestión imponderable de si el mundo va a metamorfosearse de manera catastrófica en 2012. Pero cuando culturas y disciplinas tan dispares alcanzan el acuerdo fundamental de que se avecinan cambios espectaculares y mortales, es prudente prestar atención y avanzar juntos para prepararnos a nosotros mismos, a nuestros seres amados y a la fracción del mundo exterior sobre la que podamos influir, para los próximos acontecimientos.

Ratas comiéndote la cara. La otra cara de la moneda, desde luego, es que el día del Juicio final encarna nuestros peores temores, como el terror más profundo de Winston en *1984*. Todos tenemos un miedo especial que nos afecta de manera desproporcionada. Hay dos grandes categorías: el mal y la falta de sentido. Para algunos, por ejemplo, la idea de que un asesino los mate de un tiro es mucho más temible que, digamos, recibir un disparo letal pero accidental, como el vicepresidente Dick Cheney estuvo a punto de hacerle a su amigo en aquel accidente de caza. Si el dolor y todo lo demás son equivalentes, yo prefiero al asesino. Al menos hay una relación, no sólo un interruptor que se apaga.

La mayoría de las perspectivas sobre el Juicio final tienden a la falta de sentido. Los cínicos, como es natural, se aferran a la perversa lógica emocional de que el Sol nos traicione, siendo la relación más cálida de la Tierra. Después de todo, ¿acaso entre los humanos no es más probable que los crímenes más violentos sean perpetrados por los seres queridos que por desconocidos?

Los que se inclinan por el suicidio podrían optar por algo parecido al panorama de un espasmo volcánico que lo aniquile todo, y tal vez por el renacimiento que tendrá lugar pase lo que pase. Los fatalistas se encogen de hombros y dicen: «¿Qué le vamos a hacer?», ante la perspectiva de que un cometa rebelde o un asteroide le encaje un porrazo a la Tierra. La moraleja de la historia es que no hay tal moraleja. Sólo esperan que sea glorioso, de una belleza tan asombrosa que haga fascinantes esos últimos momentos.

2012 NO ES PROMUERTE

Cuando inicié mis investigaciones sobre 2012, esperaba encontrarme con muchísimo material sobre recientes cultos del Juicio final, tales como el Aum Shinri Kyo de Japón, la rama de los Davidianos

(David Koresh, Texas), el Heaven's Gate (California), Jeffrey Lundgren (mormón), el Movimiento para la Restauración de los Diez Mandamientos de Dios (Uganda) y el Templo del Pueblo (Jim Jones, Guyana). No encontré ni una sola referencia a 2012 en casi un año y medio de investigaciones diarias sobre este tema.

La razón por las que las sectas del Juicio Final no aparecieron en esta investigación es que 2012 no tiene que ver con la muerte; ni desde la perspectiva maya, ni desde la nube de energía interestelar, ni desde los cambios en el Sol. Tiene que ver con una importante transformación que tal vez conlleve un gran número de muertes, humanas o no, pero a diferencia de la mayoría de los cultos sobre el Juicio final, no hay nada en el espíritu de 2012 que defienda la muerte como medio de alcanzar la trascendencia ni ninguna otra cosa. La muerte es, simplemente, algo que probablemente ocurra, no una solución recomendada.

De todas maneras, el Juicio Final es el Juicio Final y, con la posibilidad muy real de que todo lo que conocemos y queremos esté por llegar a su fin, hemos de tener fe en que después de eso va a venir algo, cualquier cosa.

La noche que llegué a Sudáfrica fui a cenar a la casa de Pierre Cilliers, un distinguido investigador del Observatorio Magnético Hermanus. A partir de nuestra correspondencia yo había llegado a la conclusión de que Cilliers era un hombre amable, y estaba seguro de que pasaría una deliciosa velada hablando sobre desplazamientos polares, declinaciones magnéticas y cosas similares. En cambio, me encontré en compañía de devotos y deliciosos cristianos, quienes compartieron generosamente conmigo su amor a Dios y a su hijo, Jesucristo.

El director de la revista donde trabajaba, en una ocasión, me llamó «el tío de la noticia buena y la noticia mala», siempre en equilibrio, tendiendo hacia el término medio. Desde luego que no soy fundamentalista, aunque en ocasiones admiro, incluso llego a envidiar, la fortaleza de sus convicciones. Y con los años he notado que cuando personas decididas y fuertes creen en algo apasionadamente, en cierta forma eso les ilumina la vida; parece como si Dios sonriera a través de ellas. Dos de los invitados de Cilliers, sudafricanos blancos, me contaron que, con 45 dólares y su fe en Jesús, habían establecido una animada escuela primaria al norte de Johannesburgo. Siguieron dirigiéndola e incluso la expandieron a pesar de que unos separatistas blancos que despreciaban esa escuela multirracial le pusieron bombas incendiarias. Otro invitado me contó amablemente que él y su esposa habían tratado desesperadamente de tener hijos durante muchos años. Por fin, nació un bebé adorable, que murió de cáncer a los siete meses, una enfermedad que poco más tarde se llevó a su esposa. Me explicó que Dios no es la causa de los males, ni de las alegrías, de la vida de uno. En cambio, lo importante es saber que, pase lo que pase, Dios siempre está con nosotros y sólo quiere que nos volvamos a Él.

La fe de esas personas las había hecho más fuertes ante las adversidades de lo que yo llegaría a ser jamás. ¿Sería posible que esa misma fe los hubiese vuelto más perceptivos a la verdad del Todopoderoso?

En ningún momento, ninguno de los invitados a la cena expresó el deseo de que el Armagedón ocurriera, pero era evidente que para ellos estaría bien. Estaban dispuestos a recibir el amor de Dios en la forma que fuera. Yo quería saber qué pensaba Cilliers sobre las revelaciones y el Armagedón, pero esperé hasta el día siguiente, en que él estaría en su despacho, en una actitud seria y científica, para evitar una respuesta amplia y propia del final de una velada de la que luego tal vez querría desdecirse a la fría luz del día.

«El Señor ha dicho que una señal del fin de los tiempos sería un aumento de tormentas, terremotos y otras catástrofes. Él es el autor de la Biblia y el autor de la naturaleza. Cuando vemos conflicto, es sólo porque no entendemos su Revelación o porque confundimos nuestra observación», dijo Cilliers, mientras se ocupaba de ordenar sus papeles. Tenía que salir al día siguiente hacia una conferencia sobre física atmosférica, donde presentaría sus investigaciones acerca de la relación entre la variabilidad solar y las fluctuaciones en el campo magnético de la Tierra. Pero hizo una pausa para referirse a lo que Jesucristo había dicho sobre ese asunto.

«Llegará el momento en que oiréis de guerras y rumores de guerras; mirad que no os turbéis, porque es necesario que todo esto acontezca; pero aún no es el fin. Porque se levantará nación contra nación, y reino contra reino; y habrá pestes, y hambres, y terremotos en diferentes lugares. Y todas estas cosas serán los dolores de parto del comienzo de una nueva era», dijo Jesucristo (Mateo 24: 6-8).[15]

Los verdaderos dolores de parto aumentan de frecuencia e intensidad cuando uno se acerca el acontecimiento bendito y definitivo. La cuestión es: ¿las guerras, el terror, las hambrunas y las enfermedades, los huracanes los terremotos y los volcanes del siglo pasado, y en particular desde la alborada del nuevo milenio, son contracciones de un verdadero parto, o apenas contracciones de Braxton Hicks? ¿Estamos embarazados, o se trata sólo de una enorme indigestión?

Le pregunté a Cilliers qué pensaba de la posibilidad de que el mundo, tal como lo conocemos, llegue a su fin, o sufra un cambio profundo y abrupto, en 2012.

«No es improbable que esto ocurra durante nuestra vida», respondió ese geofísico de poco más de sesenta años de edad.

LISA NOS ENSEÑARÁ EL CAMINO

Madre-Padre-Hijo. Padre-Hijo-Espíritu Santo. Vishnú-Brahma-Shiva. Tesis-antítesis-síntesis. El amante-el amado-el amor entre ellos. Hidrógeno-oxígeno-hidrógeno. Ejecutivo-legislativo-judicial. Cuerpo-mente-espíritu. LISA.

Los triángulos, conceptuales o no, son sagrados, y ninguno más que LISA (sigla de *laser interferometer space antenna* [antena espacial por interferometría láser]), el increíblemente inmenso triángulo equilátero diseñado por la Agencia Espacial Europea y la NASA para navegar sobre las ondas gravitacionales mientras practica una órbita alrededor del Sol:

> LISA será capaz de detectar las ondas de choque gravitacionales emitidas menos de la billonésima parte de un segundo después del big bang. Consistirá en tres satélites que girarán alrededor del Sol, conectados por rayos láser, formando un inmenso triángulo en el

espacio de cinco millones de kilómetros por cada lado. Cualquier onda gravitacional que golpee a LISA perturbará los rayos láser, y esta diminuta distorsión será captada por los instrumentos, lo que señalará la colisión de dos agujeros negros, o bien la réplica misma del big bang. LISA es tan sensible —puede medir distorsiones de la décima parte del diámetro de un átomo— que tal vez sirva para probar muchas de las hipótesis que se proponen sobre el universo anterior al big bang, incluida la teoría de cuerdas.[16]

¡Asombroso! Un triángulo de rayos láser de 5 millones de kilómetros de lado, girando alrededor del Sol, temblando con ondas de gravedad infinitesimales que quedaron a partir de la billonésima parte del primer segundo de la Creación. ¿Qué mejor manera de acabar con nuestro relato, o al menos con este capítulo, que comprobar científicamente que el big bang, nuestro último mito sobre la Creación, en realidad, se basa en hechos?

Por la presente propongo a Gregory Benford, físico de la Universidad de California en Irvine, para que esté a cargo de interpretar los datos. Su artículo «Teología matemática aplicada: Tienes un mensaje», publicado en *Nature*, es una maravillosa fábula sobre unos científicos que encuentran un patrón en la radiación cósmica que quedó después del big bang: «Desplegado a través del cielo de microondas había espacio en las fluctuaciones detectables para unos 100.000 bits... aproximadamente 10.000 palabras... Pero ¿qué significaba? Seguramente no estaría en inglés ni en ningún otro idioma humano. La única lengua que era una candidata probable era la matemática».[17]

En el relato de Benford, los físicos, matemáticos, filósofos y teólogos más grandes del mundo trabajan juntos para descifrar el mensaje. Esas grandes mentes se convencen cada vez más de que efectivamente hay un mensaje, pero jamás consiguen deducir cuál es. De todas maneras, el mero hecho de que haya un mensaje —de Dios, del universo, del Creador— inspira e ilumina a las multitudes, vigoriza la economía, estimula el respeto por el medio ambiente.

La visión de Benford bien podría ser lo que los antiguos mayas supieron siempre: la alborada de una nueva era de iluminación. Tal vez Dios taña los rayos láser de LISA con su canción inmortal.

La fecha de lanzamiento de LISA es 2011. La ciencia empieza en 2012.

CONCLUSIÓN

Los Shehab, mis antepasados, siguieron siendo musulmanes en su mayoría hasta 1799, cuando Napoleón Bonaparte le envió una espada, en realidad un soborno, a L'Emir Bashir Shehab II, un rústico emir que prácticamente dominaba las montañas del Líbano. No hay duda de que L'Emir Shehab era el más peludo de mis ancestros, con una barba que le llegaba al ombligo y cejas tan pobladas que un gorrión podía posarse sobre ellas.

Napoleón, a la sazón de treinta años, había decidido que ya era hora de conquistar Tierra Santa y estaba sitiando el puerto otomano de San Juan de Acre, hoy Akko, sobre la costa norte de Israel en el Mediterráneo. Acre estaba defendido en su mayoría por soldados británicos, y Napoleón supuso que podría enfrentarse a ellos sin problemas, pero necesitaba que alguien derrotara a Al-Jazzar, el pachá otomano de la costa oriental mediterránea. Al-Jazzar estaba desmantelando su propio puerto, haciéndolo menos profundo para que las embarcaciones de los invasores encallaran antes de llegar a la orilla. El pachá, un bosnio cristiano que en una ocasión se vendió a sí mismo como esclavo, se ganó su nombre, que significa «el carnicero», como verdugo real de Ali Bey, el sultán musulmán de Egipto.

De modo que Napoleón mandó una bonita espada enjoyada a L'Emir Shehab y una nota en la que le pedía que bajara con su ejército de las montañas y apuñalara en la espalda a Al-Jazzar. La victoria le valdría a mi antepasado el control del Mediterráneo oriental, un hecho que a este heredero pobretón no le pasó inadvertido.

L'Emir Shehab aceptó el regalo, pero dejó la batalla para más adelante, y después de un sitio de sesenta y un días, Napoleón se retiró derrotado. En poco tiempo, Francia fue expulsada de la región. Para pagar las deudas generadas por la campaña de Oriente Medio, Napoleón, que para ese entonces ya había sido coronado emperador, hizo lo que había jurado que nunca haría. Le vendió el territorio de Luisiana a Thomas Jefferson todo junto, en lugar de dividirlo entre varias naciones, para evitar la creación de una superpotencia norteamericana.

Cuando L'Emir Shehab se enteró de que Al-Jazzar iba a ejecutarlo de todas formas por no haberlo ayudado a combatir a Napoleón, mi antepasado cogió la espada, bajó a hurtadillas de su montaña y se montó en un barco rumbo a la isla de Chipre, donde durante los cuatro años siguientes se escondió en un monasterio a rezar por que Al-Jazzar muriera, lo que hizo en 1804. Según la historia, L'Emir Shehab entró al monasterio como musulmán y salió cristiano, una de las razones por las que hoy en día el 50 por ciento de los libaneses son cristianos. En realidad, es bastante más complicado, pero baste decir que L'Emir Shehab reclamó su trono y, después de arrancarles los ojos a un montón de primos traidores, gobernó las montañas del Líbano, practicando el cristianismo, el islam y la religión de los drusos, una suerte de islam sin Mahoma, simultáneamente. Las cosas le fueron bastante bien a L'Emir Shehab, quien construyó un gran palacio, Beit Eddine, que hoy en día sirve de residencia de verano al presidente.

Con el paso de las décadas, la espada de Napoleón se convirtió en objeto de una dolorosa disputa entre los Shehab. El ala cristiana de la familia quería conservarla como una reliquia, pero el ala musulmana la despreciaba como símbolo de la corrupción occidental y cristiana, y sabían que podrían venderla por una fortuna. De modo que a principios de la década de 1930, el primo Kamil Shehab, un cristiano maronita, llevó de contrabando la espada a Estados Unidos y la guardó, para su protección, en el piso de renta controlada de mi abuela, un apartamento en la cuarta planta de un edificio sin ascensor de Park Slope, en Brooklyn. Ella la envolvió con una manta del ejército y la dejó detrás de la tabla de planchar.

Mayormente la espada sólo servía para ocupar espacio en nuestro armario empotrado. Ni siquiera podíamos colgarla en la pared por miedo de que algún ladrón se enterara de su existencia. Hasta que un día llamó un conservador del Museo Metropolitano de Arte que quería colgar la espada en una exhibición especial. Mi abuela, de alrededor de 1,50 metros de altura y poco más de 45 kilos de peso, envolvió la espada en un bonito edredón, luego se envolvió ella misma en el abrigo de piel que le había pedido prestado a la señora Subt, bajó los cuatro pisos por la escalera, caminó una manzana hasta la parada Séptima Avenida de la línea F del tren, hizo la combinación con la línea A en la parada Jay Street/Borough Hall, luego subió la escalera y la rampa de la estación Broadway/Nassau para coger el tren número 4 hasta la calle 86 y la avenida Lexington, donde volvió a subir la escalera y caminó hasta la entrada del museo, en la Quinta Avenida con la 81, unos seiscientos metros por lo menos. No era que no pudiera pagarse un taxi, sino que nadie tomaba jamás un taxi desde Brooklyn hasta Nueva York.

El conservador llevó a mi abuela hasta la galería, donde una figura de tamaño real de L'Emir Shehab II, envuelto en seda y fajas, pero de todas maneras con el aspecto del Diablo de las cartas del Tarot, blandiría la espada dentro de una vitrina. A partir de unos grabados cirílicos en la espada y algunos documentos que la acompañaban, el conservador llegó a la conclusión de que originalmente se había fabricado para Iván el Terrible, a finales del siglo XVI.

Si esto fuese un relato de ficción, la espada habría resplandecido en la vitrina como treinta monedas de plata. Un untuoso e inescrupuloso conservador de museo la hubiera robado y la hubiera reemplazado por una falsificación, lo que habría generado una estela de asesinatos y venganzas al estilo de *El Código Da Vinci*. Pero no hubo suerte. La espada de Napoleón fue exhibida y luego volvió a su armario sin ningún incidente. Honestamente, no creo que, durante los casi treinta años que estuvo a cargo de proteger la espada, a mi abuela se le ocurriera alguna vez la idea de venderla. Después de todo, el alquiler les costaba apenas 48 dólares mensuales.

Es extraña la forma en que la gente encuentra algún motivo de orgullo. Ocho familias viven en el mismo edificio maltrecho y sin ascensor, matan las mismas cucarachas, salen a la misma terraza llena de alquitrán en las húmedas noches de verano para tomar un poco el fresco. Sin embargo, una familia, no más rica que las otras, tiene la sublime seguridad de que pertenece al gran esquema de la historia, que tiene un lugar junto a los asteriscos y notas a pie de página que acompañan a los nombres realmente importantes. Mucho antes de saber quién era Napoleón o por qué ser Iván el Terrible probablemente no era algo bueno, pero podría haber sido algo fabuloso, yo sabía que mi antepasado había sido un rey. De niño, también yo quería ser rey, de modo que, cada tanto, cuando visitábamos a mi abuela, sacaba a duras penas la espada del armario y la arrastraba por la sala. Pero tarde o temprano me regañaban porque las joyas engarzadas en la vaina le rayaban su bonito suelo de madera.

Entenderán, entonces, a lo que me refiero cuando hablo de ser un personaje menor en mi autobiografía. Empezamos con meteoritos bombardeando el desierto, pasamos a todos los grandes nombres históricos, metemos un símbolo del tipo «pluma más fuerte que la espada» para los que tienen ínfulas de intelectuales, lo rociamos todo con bastantes cuestiones personales y sentidas para que el lector promedio pueda identificarse, y luego terminamos transmitiendo el mensaje, digamos, que toda la situación de Oriente Medio no es más que el enésimo *round* en el combate de boxeo islam frente a cristianismo, lo que en gran medida es la visión que tienen los musulmanes, y la que probablemente también tendríamos nosotros si no estuviéramos todavía un poco atontados por las palizas que les dimos a los fascistas y a los comunistas. A continuación tengo que encontrar un editor literario, probablemente alguien que vista de negro y fume, que le pase el proyecto a unos comentaristas demasiado políticamente correctos para desdeñar a priori una historia que parece similar a las del Tercer Mundo, y entonces, allí, en el anaquel, para que lo lean los hijos de los hijos de mis hijos, estará el gran abuelito, con cubierta dura. Una vez cumplido el propósito, a uno se le permite, aunque, desde luego, no se le exige, que muera.

Yo llevo los últimos veinte años tratando de clavar esta bola. Sin duda, no soy Michael Jordan, pero al parecer Alguien allá arriba está jugando con bastante fuerza. Supongo que no se permite que nadie salga de su propia historia, por poco importante que sea.

Muchos escritores tienen una actitud supersticiosa a la hora de concluir sus propias memorias, porque eso, en gran medida, se traduce como concluir su vida. De hecho, es muy difícil dar por terminado cualquier libro que a uno le importe. Subconscientemente, pero no muy profundo en la psique, más como una ballena que se pasa el tiempo subiendo a tomar una bocanada de aire para luego volver a sumergirse bajo las olas, se encuentra el temor de soltar lo que se ha convertido en una relación intensa y agotadora. La vida después de un libro se parece a una cama vacía.

Por lo general, este gaje del oficio se compensa con la perspectiva de recibir el resto del dinero, pagar algunas facturas y volver a vivir. Pero para mí, terminar *Apocalipsis 2012* es como concluir el libro de mi matrimonio, después del cual moriré, como le ocurrió a mi padre cuando su esposa lo dejó. De todas maneras, finalmente todo eso es pura mierda.

¿Cuáles son las palabras de despedida adecuadas al inminente apocalipsis? ¿Métete la cabeza entre las rodillas y despídete de tu culo? ¿Ja ja, feliz día de los Santos Inocentes? ¿La próxima vida será mejor; lo garantiza Dios? ¿Coged las armas y lanzaros a las colinas, a la Luna, o a Alpha Centauri?

Hace tiempo ya que la espada de Napoleón regresó al Líbano, y cuelga en el palacio de Beit Eddine, que mi peludo antepasado construyó. Lo único que me queda es la traducción de los grabados cirílicos. Bajo la Santa Cruz de la empuñadura, están talladas estás declaraciones:

A TRAVÉS DE LA CRUZ LA IGLESIA INICIA SUS ACTOS
Y SOBRE LA CRUZ DEPOSITA SUS ESPERANZAS.
A TRAVÉS DE LA CRUZ EMPRENDEMOS NUESTRAS INICIATIVAS.
Y POR LA CRUZ LAS CUMPLIREMOS.

A lo largo de la hoja, hay dos oraciones grabadas con una letra delicada:

Oh, Santa Cruz, sé mi fuerza y mi aliada,
también mi guardiana y salvadora de aquellos que desean atacarme.
Sé mi armadura y mi protección,
sé mi sostén y ayúdame a ganar la victoria.

La Cruz preserva el Universo,
la Cruz embellece la Iglesia,
la Cruz es el símbolo de zares,
la Cruz es la fuerza del creyente,
la Cruz es el orgullo de los ángeles
y la perseguidora de los demonios.

Al otro lado de la hoja, bajo un grabado de la Santa Virgen María, hay una súplica más serena:

En Ti deposito todas mis esperanzas,
oh, Virgen María, Madre de Cristo,
mantenme a la sombra de tus sagradas vestimentas.

Si pudiera poner las manos sobre esa espada. Partiría en dos el cometa de millones de megatones que se nos viene encima. Ensartaría las manchas solares que pronto llenarán la superficie del Sol. La clavaría, como el dedo del niñito holandés, para tapar el flujo de lava de un supervolcán. O tal vez simplemente la cogería, como cuando uno se coge el pene porque da cierta sensación de seguridad, y rezaría porque el mal pasara.

REZAR

La manera más segura de mantenerse a salvo del holocausto de 2012 es suplicar la protección del Todopoderoso. Claro que si resulta que no existe tal Todopoderoso, o que Él/Ella en su infinita sabiduría decidiera no protegernos, entonces estamos fastidiados. Pero veámoslo de esta manera: sólo una deidad omnipotente podría ayudarnos a salir de la situación en la que estamos según los profetas de 2012, entonces ¿qué otra alternativa nos queda que postrarnos de rodillas?

Con los años he rezado mucho, mayormente al estilo de «¡Socorro! ¡Socorro!», como cuando pensé que tenía un infarto, pero en realidad era sólo un cardenal en el pecho por jugar fútbol americano. Aunque sólo sea por mantener una buena etiqueta espiritual, he aprendido que ayuda empezar la oración con agradecimiento: por lo que haya de bueno en la vida de uno, por el hecho de que haya Alguien allí arriba a quien dar las gracias, o sencillamente por el hecho de estar vivo y lo bastante consciente como para lograr formar una oración. También me parece un gesto cortés preguntarle a Dios cómo le va y desearle lo mejor.

Si se es cristiano, no hay que olvidarse de María, ya que no podría existir una madre más amable y cariñosa. Pero no la hagamos enfadar. Como explicó un viejo misionero italiano que acababa de sobrevivir a las masacres de Sierra Leona, uno acude a María cuando Dios y Jesús ya no quieren escucharte. Si la perdemos, seguro que arderemos.

En los últimos tiempos también he adoptado la costumbre de presentar mis respetos a Gaia, aunque todavía estamos en ese período incómodo en que yo sólo creo a medias que existe y, si lo hace, sin duda, no está acostumbrada a los saludos de los humanos, mucho menos los cumplidos. Pero ya llegaremos a ese punto. Tengo la clara impresión de que Gaia se sonroja —por favor, querido lector, acepta mis disculpas si encuentras ofensiva la siguiente comparación— de una manera que me recuerda a la vez en que, de una manera impulsiva, abracé a una lesbiana dulce, excedida de peso y tímida.

Sí, acepto plenamente que los pocos párrafos precedentes tal vez no sean otra cosa que la descripción de productos de mi imaginación y, por lo tanto, de escaso o nulo valor práctico para cualquier otra persona. Pero casi nadie habla de rezar. Sobre la meditación es probable que alguien diga algo. Los viajes astrales, o las experiencias extracorpóreas, pasaron al candelero en el momento en que se las dejó de llamar «soñar despierto». Las oraciones, bueno, tal vez en definitiva son algo tan personal que no hay mucho que decir sobre ellas, quizá sólo sugerir una pequeña:

> Querido Dios:
>
> Gracias por los miles de maravillosos años que nos has dado sobre esta Tierra. Gracias por tus infinitos regalos de alegría, amor, emoción y satisfacción, y por todos los otros magníficos sentimientos, expresables e inexpresables.
>
> En muy poco tiempo, en el año 2012, es posible que una gran catástrofe altere para siempre nuestro modo de vida. Si nosotros, tus hijos, debemos experimentar el temor del apocalipsis 2012 para unirnos en un propósito común y dejar atrás nuestros actos pecaminosos, que así sea. Aceptamos humildemente tu sabiduría. Pero, por favor, querido Dios, si forma parte de tu voluntad, líbranos de la verdadera muerte y destrucción del apocalipsis 2012. Si no es por nosotros, entonces por aquellos buenos y fieles servidores que de otra manera no tendrán la oportunidad de conocer tu amor y de amarte a cambio.
>
> Amén.

OFRECER UN SACRIFICIO

La pluma, según dicen, es más poderosa que la espada, una afirmación —qué sorpresa— hecha por un escritor. Pero ni la pluma ni la espada son más poderosas que el símbolo: la cruz, la luna creciente, la estrella de David, la bandera americana. O la bandera blanca, para el caso.

Debemos apaciguar a la Madre Tierra, de manera servil e inmediata.

No hay forma de que para 2012 podamos revertir el calentamiento global, la disminución del ozono y los otros cataclismos ecológicos que ya están avanzados. Lo máximo que podemos esperar es amortiguar un poco su impacto. De modo que hemos quedado reducidos a rezar por que la Madre Tierra de algún modo exista de una forma lo bastante sensible como para apreciar nuestros intentos simbólicos de reformarnos.

Empecemos profanando un icono.

Los Humvee* son, sin duda, blancos tentadores; también Arnold Schwarzenegger, de quien se dice que posee unos cuantos de esos espantosos vehículos. El hecho de que el gobierno federal exceptuara durante tanto tiempo a los Humvee y a otros todoterreno o «vehículos deportivos utilitarios» (*sports-utility vehicles* [SUV]) de los requisitos de rendimiento de la Administración de Protección Ambiental con la excusa de que eran «ligeros» es una ofensa tan depravada al sentido común y al bien común que haría sonrojar a los magnates de las industrias tabacaleras. Era una laguna legal, como pocos comentaristas políticos pudieron resistirse a comentar, lo bastante grande como para llenarla de una buena cantidad de vehículos, que es exactamente lo que hicieron las empresas automotrices y petrolíferas. A los políticos que defendieron esta estafa habría que derrotarlos, demandarlos si pueden hallarse fundamentos para hacerlo y, lo peor para estos adictos compulsivos a la vida social, rechazarlos.

Los SUV, en especial aquellos que traen una tercera fila de asientos plegables, al menos poseen la cualidad redentora de ser útiles, capaces de trasladar un montón de pasajeros y cosas. De modo que

* Jeep militar todoterreno, emblemático del Ejército de Estados Unidos desde la guerra del Golfo. *(N. del t.)*

aquellos de nosotros que queramos unir nuestros recursos para adquirir legalmente un vehículo y luego aporrearlo con toda ceremonia y convertirlo en pedacitos reciclables, podríamos considerar la nueva berlina Phaeton de Volkswagen, de 101.300 dólares, doce cilindros y cuatro asientos. Según cars.com, el Phaeton es uno de los diez peores coches del mundo en cuanto a rendimiento; alcanza doce millas por galón en la ciudad (aproximadamente 5,10 kilómetros por litro) y dieciocho millas en la carretera (aproximadamente 7,66 kilómetros por litro), siempre que el coche esté en perfectas condiciones, las ruedas infladas según las especificaciones, y se utilice combustible Premium. Los Humvee son como híbridos en comparación con el Phaeton.[1]

El Phaeton es el coche más avanzado de la gama más alta de Volkswagen y si lo hacemos trizas, de una manera segura y legal, enviaremos a las empresas automotrices del mundo el mensaje de que está mal presentar nuevos modelos glotones, que absorben grandes cantidades de gasolina, en esta época y en esta era. Parece razonable si tenemos en cuenta de dónde viene el nombre. En la mitología griega, Faetón o Faetonte era el hijo de Helios, el dios del Sol. Faetón convenció a su padre de que lo dejara conducir la carroza del Sol a través de los cielos, pero como no lo hacía muy bien, perdió el control. Al ver que estaba a punto de estrellarse, Zeus mató a Faetón con un relámpago para evitar que la Tierra estallara en llamas.

Los Phaeton poseen el atractivo adicional de que los fabrica Volkswagen, la compañía que produjo tantos excelentes tanques y vehículos de ataque anfibio para el régimen de la Alemania nazi. Es cierto que Volkswagen redimió su imagen con el adorable y viejo Escarabajo y la furgoneta hippie VW, que viene con flores artificiales, muchas de las cuales llevaban entre los dientes los altos ejecutivos de la VW, de quienes en 2005 se supo que utilizaban fondos de la compañía para pagarse prostitutas, a las que se les ofrecerá un modesto honorario para que nos acompañen en la fiesta posterior a la destrucción del Phaeton.

Hay que admitir que la probabilidad de que la Madre Tierra comprenda nuestro simbolismo es bastante escasa, pero en esta fecha tan avanzada tal vez sea la única posibilidad que nos queda. Por otra parte, aunque sí lo entienda, los berrinches y nubes de energía interestelar cercanas al Sol están fuera de su control. De todas maneras, los actos simbólicos benefician de la misma manera al que los efectúa. En el mejor de los casos, nos servirán para concentrar nuestra atención y fortalecer nuestra resolución para las difíciles tareas que nos esperan. Y, como mínimo, nos proporcionarán la ilusoria satisfacción de haber hecho algo, cuando tal vez en realidad no haya mucho que podamos hacer, si realmente se avecina el apocalipsis.

DESPEGAR

Al tratar de descifrar la lógica de la trama de 2012, de comprender cuál podría ser el desenlace natural de esta historia, la temática recurrente es «amenaza desde arriba». Desde el anticipado máximo solar, pasando por los eclipses de la Vía Láctea calculados por los antiguos mayas y la nube de energía interestelar de Dmitriev, hasta un Dios furioso descendiendo para el Armagedón, e incluso hasta la amenaza más sencilla de que nuestra red de satélites se fría en el cielo, casi parecería que alguien está tomándose una revancha contra la humanidad, ya sea porque hayamos excedido nuestros límites naturales o porque tenemos que demostrar nuestro temple antes de expandirnos en el cosmos.

Mi sensación es que 2012 será una situación en la que la sociedad de alta tecnología recibirá su merecido, en cierta forma. Tal vez nos espere una batalla con la naturaleza, en la que ningún lado tendrá el monopolio de la virtud. Es posible que la Madre Tierra reaccione de manera negativa, aunque no necesariamente consciente, al hecho de que nosotros invadiéramos esferas que nos pertenecen. Escaparse de la atmósfera, la capa más exterior de la Tierra, es muy difícil físicamente para las naves espaciales; la mayor parte del combustible de los cohetes se consume para atravesar esa barrera. De modo que es razonable suponer que esa escapatoria también representará un desafío extraordinario en términos económicos y culturales. Si el metamensaje de la amenaza de 2012 que viene desde arriba es que debemos prestar más atención a la Tierra que está bajo nuestros pies, y cuidarla, entonces vale la pena. Hemos pasado siglos violando la regla de sentido común que reza «no cagues donde comes», y si es necesaria una catástrofe que amenace al mundo entero para que cambiemos nuestra actitud, entonces, bueno, así son las cosas. Pero si esto es en realidad la forma en que la Madre Tierra nos está diciendo que no nos aventuremos más allá de las tiras de su delantal, entonces tenemos que hacer con ella lo mismo que con cualquier padre sobreprotector, y ponerla en su sitio.

¿Qué mejor acontecimiento que la catástrofe de 2012 para precipitar la colonización humana del espacio? Si luego ésa termina siendo la única amenaza que nos obligó a actuar y, según esta perspectiva óptima, no se produce ninguna devastación, eso podría ser fuente de bastantes ironías y reflexiones sobre la forma en que se desarrolla la vida como para llenar el resto del siglo. Más allá de cuál sea el verdadero desenlace, me gustaría que hubiera un monumento a 2012, así como en Enterprise, Alabama, hay un monumento al gorgojo del algodón, que devastó las cosechas algodoneras y obligó al sur a diversificar su economía. Mejor hagamos tres estatuas que representen la forma en que la perspectiva de 2012 nos obligó a colonizar el espacio: una como símbolo del Centro Espacial Johnson de Houston, una para la Luna y otra, si resulta que el apocalipsis verdaderamente abarca todo el sistema solar, para alguna galaxia lejana.

ACUMULAR MILES DE MILLONES DE DÓLARES

En 1995 escribí un artículo editorial titulado «Quién explotará la Luna», en el que denunciaba que los físicos no habían hecho ningún adelanto para controlar la fusión nuclear, a pesar de haber recibido decenas de miles de millones de dólares en fondos para la investigación. La fusión nuclear es probablemente la fuerza más grande del universo, la que alimenta el Sol y las bombas de hidrógeno. Controlarla es un noble objetivo, y algún día podría suministrarnos cantidades ilimitadas de energía. Podría convertir el acto de quemar combustibles fósiles en algo del pasado. El problema es que la fusión nuclear es tan salvaje, la suma manifestación física de $e = mc^2$, que hace falta más energía para evitar que el reactor explote que la que produce la reacción.

En mi artículo sugería simplemente que el 10 por ciento de esos fondos se destinaran a prometedores enfoques alternativos del control de la fusión.[2] El *Times* me mandó un cheque por 150 dólares, Dan Rather escribió una bonita carta, me llamó un hombre diciendo que era embajador y que me invitaba a almorzar, pero luego canceló la cita. No se cuestionó ni un céntimo de ese financiamiento. Mucho menos se desvió. En el momento en que escribo estas palabras, después de más de once años y probablemente muchos miles de millones desperdiciados, los físicos del plasma se han alejado todavía más de sus objetivos respecto de la fusión.

Es hora de cancelar el proyecto.

Lo que propongo es, específicamente, una moratoria de todos los recursos financieros destinados a las investigaciones sobre la fusión nuclear controlada, que entre en vigor inmediatamente y que se extienda hasta más allá de 2012. Pasar los fondos de las investigaciones sobre la fusión controlada a actividades de prevención y ayuda en caso de catástrofes sería un buen comienzo. Es probable que las personas que sobrevivan al ataque inminente se encuentren en situaciones de grave necesidad. La preparación civil debe recuperar el elevado nivel de prioridad política que tenía durante la guerra fría, cuando incluso a los niños en edad escolar se los entrenaba sobre lo que tenían que hacer en el caso de que estallara una bomba atómica, sin que sus pequeñas psiques sufrieran daño alguno. Así como los londinenses se refugiaban en el metro durante la segunda guerra mundial, volverán a hacerlo en el caso de otra catástrofe, como también lo harán los residentes de Nueva York, París, Moscú, Tokio y las numerosas ciudades grandes bendecidas con redes subterráneas de tránsito masivo. Lo sorprendente es que hay unas cuantas ciudades antiguas bajo tierra que, si se las reparara convenientemente, podrían servir de refugio. Una de las más extensas de estas ciudades, en Derinkuyu, Turquía, llegó a albergar originalmente a 200.000 personas.

Preparar redes subterráneas, antiguas y modernas, para una acogida repentina y masiva de personas es mayormente cuestión de asegurar solidez estructural y de suministrar instalaciones sanitarias adecuadas, agua, alimentos, medicinas, ropa y mantas. Deberían tomarse similares previsiones para asegurar que los estadios, las escuelas secundarias, las salas de conciertos y otros lugares de reunión pública estuvieran a punto para recibir cantidades inmensas de refugiados. Pensemos en cuánto más soportables habrían sido las consecuencias del Katrina si el Superdomo de Nueva Orleans hubiese estado preparado, aunque fuera de manera rudimentaria, para acoger a las víctimas.

Puesto que cada día son más los que creen que las megatormentas fueron causadas por el calentamiento global, ¿por qué no aplicar un pequeño impuesto a los gases invernadero para compensar los gastos de limpieza, los entierros y cosas así? Tal vez el calentamiento global no sea en sí mismo la causa del apocalipsis 2012, pero, sin duda, agrava nuestra vulnerabilidad a seísmos y volcanes, y aumenta los problemas de sobrecarga energética a los que nos enfrentaremos en el caso de un Sol tumultuoso y/o de la nube de energía interestelar. Los complejos gubernamentales e industriales de China y de la India podrían soltar la pasta obtenida gracias a la superabundancia de contaminación que producen por esa laguna legal del Protocolo de Kioto que les permite volcar en la atmósfera todo el dióxido de carbono que les es posible, sin repercusiones. Estados Unidos, el mayor emisor de gases, también está cordialmente invitado.

El dinero vendrá a raudales. Creo que sé de dónde puedo sacar 800 de los grandes, menos ciertos gastos personales y de negocios. Poco después de llegar a Sudáfrica, se me acercaron dos jóvenes emprendedores que llevaban un tiempo investigándome y habían llegado a la conclusión de que yo podía ayudarlos con un asunto de negocios. Discretamente me informaron de que habían malversado 4 millones de dólares de su organización. Por el sencillo favor de trasladar el mencionado metálico en una maleta a Estados Unidos y luego guardarlos en una caja de seguridad de un banco, me ganaría una comisión del 20 por ciento.

La perspectiva de ir a parar a la cárcel o, quién sabe, a Guantánamo, puesto que, al parecer, la transferencia ilegal de fondos pertenece al territorio de la seguridad nacional, me hizo tomar una decisión, más o menos. Pero mis amigos sudafricanos me regañaron cuando les conté esta anécdota. Dijeron que era inmoral no haber cogido el dinero, incluso aunque los fondos fueran malversados, posiblemente del erario público. Me explicaron que, como funcionan las cosas en África, todas las ganancias imprevistas son ilegales, formal o informalmente, como en el caso, por ejemplo, de los diamantes y el oro, que todavía se desvían de manera desorbitada hacia los blancos. Por lo tanto, cuando el destino hace una oferta, uno tiene la obligación de aceptarla, donar el 10 por ciento a una obra de beneficencia que se lo merezca, y ocuparse de que esa ganancia imprevista se utilice de manera responsable. Como podría ser comprar algunos Volkswagen Phaeton y hacerlos trizas.

PREPARAR NUESTRA MENTE

¿Cómo podemos contribuir a defendernos contra un colapso psicológico masivo? Hombre prevenido vale por dos, según dice el dicho. Sin duda, el trauma será más reducido si no nos toma del todo por sorpresa.[3]

En *Embattled Selves: An Investigation into the Nature of Identity through Oral Histories of Holocaust Survivors* [Personalidades asediadas: una investigación sobre la naturaleza de la identidad a través de los relatos orales de sobrevivientes del Holocausto], Kenneth Jacobson formula la muy difícil pregunta de qué hicieron los judíos para emerger psicológicamente enteros del Holocausto nazi. Su primera respuesta, en términos muy simplificados, es la generosidad. Los que ayudaron a otros a soportar lo que ocurría o a escapar tendían a vivir de una manera más serena y más sana después de la guerra. Aquellos que se limitaron a actuar de modo egoísta —y Dios sabe que el egoísmo cuando uno se enfrenta al más negro de los males está claramente justificado— sufrieron más en los años posteriores. El que la generosidad no es sólo buena para uno sino, en realidad, esencial para la supervivencia psicológica es un dato que a todos nos vendría bien asimilar.

La segunda clave de Jacobson es la identidad, negarse a abandonar lo que uno era antes de que comenzara la crisis. Esto tiene una importancia particular en el Holocausto nazi, porque la identidad genética era el factor que determinaba a quienes se perseguía y se exterminaba. Los judíos que negaron su linaje para escapar tendían a sufrir más en los años posteriores que los que no, aunque es cierto que los negadores tenían más posibilidades de sobrevivir para contar la historia.

De los cientos de relatos y recuerdos registrados en este libro notable, hay uno que es el epítome de los descubrimientos de Jacobson. A través de descuidos y subterfugios, los nazis tomaron por gentil a Maurits Hirsch, un hombre judío, y lo nombraron alcalde y administrador de un pueblo.[4] El instinto de supervivencia de ese hombre le decía que huyera antes de que lo descubrieran, pero permaneció allí porque, haciéndose pasar por un cerdo nazi, escupiendo a la gente en lugar de dañarla de verdad, podía hacer mucho para defender y proteger a la gente de ese pueblo. Para no perder la cordura, Hirsch acostumbraba dar largos paseos por el bosque y, cuando estaba seguro de que no había nadie cerca, cantaba canciones en yidis para sí mismo.

Sabiendo que es muy posible que se produzca un apocalipsis en 2012, y que la generosidad y la aceptación de la identidad tienden a minimizar cualquier trastorno de estrés postraumático que resulte de este cataclismo, podemos cantar nuestras canciones y enfrentarnos directamente incluso a las más sombrías posibilidades.

DEJAR ESPACIO A LOS MAYAS

Veámoslo del siguiente modo. Si esto de 2012 finalmente tiene lugar, y el año resulta estar erizado de catástrofes o incluso de situaciones aterradoras y muy cercanas, los mayas, que sabían que todo eso ocurriría desde hace dos milenios, ocuparán el asiento del chófer en los próximos siglos.

Entonces, entre hoy y el 21/12/12, el sentido común nos indica que oigamos lo que tienen para decir, convenzamos a los ancianos de que salgan de sus cuevas, hagámoslos hablar en tertulias televisivas, contratémoslos como asesores. Garantizo que los resultados serán tanto desconcertantes como edificantes. Desconcertantes a causa de las brechas lingüísticas y culturales, porque sus patrones de rigor lógico y de coherencia son inferiores a los nuestros, porque nuestros patrones de metáforas y símiles son inferiores a los suyos. Edificantes porque el núcleo central de las profecías mayas sobre 2012 tiene que ver con la transformación, no con las catástrofes que parecen destinadas a acompañarla. Ellos creen verdaderamente que 2012 es la mejor oportunidad de los últimos 26.000 años para que la humanidad se ilumine y se acerque a los dioses.

Un poco bromeando, les pregunté a los hermanos Barrios qué consejos tenían para los inversores y corredores de bolsa sobre 2012. Lo básico: comida, refugio, ropa, ordenadores.

—¿Entonces qué debemos hacer? —dije, encomendándome a la misericordia del tribunal.

—Los ancianos dicen que tenemos que regresar de las máquinas a los humanos —respondió Carlos.

—Debemos transformar nuestra curiosidad en un propósito verdadero, el de servirnos mutuamente y a la Madre Tierra —añadió Gerardo.

PONER RUMBO HACIA LAS COLINAS

Jerusalén. La Meca. Angkor Wat. Tikal. Thingvellir. El Vaticano. Berea, Kentucky.

De todos los sitios sagrados del mundo, no hay ninguno que encarne los valores sagrados de los mayas de servicio y humanidad a la Madre Tierra como el pueblo de Berea, en Kentucky. Escondido en los Apalaches, de hecho exactamente al norte del territorio maya, Berea es un lugar encantador pero sencillo. El corazón del pueblo es la Universidad de Berea, que automáticamente es elegida como una de las principales instituciones de artes liberales de Estados Unidos, con niveles académicos excepcionalmente elevados y buenos valores morales.

La Universidad de Berea no recibe fondos federales, estatales ni locales de ninguna clase, y ha acumulado de manera independiente un legado de más de 200 millones de dólares mediante contribuciones benéficas. Esto a pesar de que todos los estudiantes de Berea, que no pagan ninguna cuota, provienen de hogares económicamente deprimidos. Alrededor de tres cuartas partes vienen de los Apalaches, aunque ni siquiera los hijos de los ex alumnos son admitidos si los ingresos de su casa superan el promedio de la clase media baja. Todos los estudiantes trabajan un mínimo de veinte horas semanales, produciendo alfarería, hierro forjado y artesanías en madera, de una calidad tan elevada que la escuela no puede atender la totalidad de la demanda existente. La madera se extrae de manera sostenible de los bosques contiguos al campus.

Desde mi visita, en 1993, la universidad ha añadido una ecoaldea, un complejo estéticamente agradable de cincuenta apartamentos destinados a estudiantes con familias, que utiliza un 75 por ciento menos de agua y energía que las viviendas convencionales y que reutiliza al menos el 50 por ciento de sus desechos.

El racismo y el sexismo se han combatido valientemente en Berea desde su fundación, en 1855. En la época en que Kentucky seguía siendo un estado esclavizador, el primer curso de primer año de Berea tenía a 96 alumnos negros y 91 blancos, y un número casi idéntico de mujeres y hombres. Berea debe su nombre a un pueblo mencionado en Actos 17:10 que se mostró receptivo al Evangelio, y la universidad está dedicada a la convicción de que «Dios ha hecho de una sola sangre a todos los pueblos de la Tierra».[5]

Sí, es Cristiana, con C mayúscula, y no, el pan de maíz con leche que sirven en Boone's Tavern, el antiguo restaurante del pueblo, no es para morirse, pero consideremos lo siguiente: por unos 250.000 dólares, uno puede comprarse una casa de tres dormitorios en un bonito terreno en una de las regiones más estables en términos sísmicos y volcánicos de América del Norte.

Si hay algún lugar inmune al apocalipsis 2012, es Berea, en Kentucky.

MANTENERSE A SALVO

Tomemos 2012 en serio, pero no nos dejemos llevar por el pánico. Hagamos planes para casos de emergencia, pero no nos precipitemos. Nos queda bastante trabajo por hacer entre el día de hoy y ese momento, un montón de preparativos, sociales y personales, para el examen que está por venir. Si podemos encontrar en nuestros corazones la fuerza de desear con ganas que todo ello ocurra, también encontraremos la manera de superar la amenaza.

NOTAS

Mi primer empleo, cuando salí de la universidad, en 1974, fue como investigador bibliotecario, lo que básicamente implicaba batallar en la Biblioteca del Centro de Manhattan, en la calle 40 con la Quinta Avenida, ubicada al otro lado de la calle de su célebre hermana mayor, mucho más refinada e infinitamente más lenta, la Biblioteca Pública de Nueva York. Colocarme de una manera desagradable con los vapores de las máquinas fotocopiadoras, que siempre funcionaban mal, o marearme después de horas de hacer girar rollos de microfilmes, era parte del trabajo. Aunque agradezco a Dios por Internet, que en realidad sólo te quema los ojos, echo de menos el contexto y la autoridad que los bibliotecarios proporcionaban a las investigaciones en aquellos tiempos. Conocían las publicaciones y los catálogos y podían guiarte hacia la buena información. Hoy, en la Red, uno debe ser su propio bibliotecario.

La tarea bibliotecaria para la investigación de este libro ha sido especialmente difícil, puesto que, después de todo, cubre desde ciencia dura hasta supersticiones, desde visionarios hasta chiflados, en varios idiomas y continentes. Las fuentes citadas a continuación van de lo irrefutable a lo idiosincrático, como lo exige el tema.

Muchas de las citas consignadas más abajo se refieren a la obra de Tony Phillips, director de Science@NASA (science.nasa.gov), un sitio oficial de la NASA de información pública y educación sobre la ciencia espacial. Como director, Phillips escribe los artículos que aparecen aquí, aunque, de hecho, es parte de un equipo de producción que hace las veces de conducto de información y observaciones de la NASA y de otras fuentes que la NASA considera confiables, tales como la Agencia Espacial Europea (ESA) y el Laboratorio de Propulsión a Chorro (JPL) de Pasadena, en California. Phillips también realiza este servicio editorial para un sitio de Internet vinculado, spaceweather.com.

Introducción

1. Highfield, «Colonies in Space», 12.
2. Agencia France Press, «Ultra Superbacteria».
3. Kaku, «Escape from the Universe», 16.
4. Rees, *Our Final Hour,* 120-121, 123-125.
5. Drexler, *Engines of Creation,* 171.
6. Kappenman et al., «Geomagnetic Storms».
7. Bentley, «Earth Loses Its Magnetism».
8. BBC2, «Supervolcanoes».
9. Rohde y Muller, «Cycles in Fossil Diversity».
10. Sharer y Traxler, *The Ancient Mayan,* 116.

Culpable de Apocalipsis: las acusaciones contra 2012

1. Dikpati et al., «Unprecedented Forecast».
2. Bentley, «Earth Loses Its Magnetism».
3. Nube de energía interestelar: Dmitriev, «Planetophysical State».
4. Rohde y Muller, «Fossil Diversity».
5. Smith y Siegel, *Windows into the Earth.*
6. McKenna y McKenna, *Invisible Landscape.*
7. Drosnin, *Bible Code.*

Primera parte: El tiempo

Capítulo 1

1. Malmstrom, *Cycles of the Sun, Mysteries of the Moon,* 13.
2. Diamond, *Collapse.*

3. Ibídem, 177.
4. Locke, «Milankovitch Cycles».
5. Ibídem.
6. Barrios y Barrios Longfellow, *The Maya Cholqij*, 2.
7. Barrios y Barrios Longfellow, *The Maya Cholqij*, 4.

Capítulo 2

1. Jenkins, *Maya Cosmogenesis.*
2. Calleman, *Mayan Calendar.*

Segunda parte: La Tierra

Capítulo 3

1. Bentley, «Earth Loses Its Magnetism».
2. Hutton, «Small Pole Shift».
3. Ibídem.
4. Ibídem.
5. Bentley, «Earth Loses Its Magnetism».
6. Associated Press, «Report».
7. Joseph, *Gaia.*
8. Ibídem.

Capítulo 4

1. Joseph, «Birth of an Island».
2. Sagan y Turco, *Path Where No Man.*
3. Smith y Siegel, *Windows into the Earth.*
4. Wicks et al., «Uplift, Thermal Unrest».
5. BBC2, «Supervolcanoes».
6. Ibídem.
7. Ibídem.

8. Smith y Siegel, *Windows.*
9. Ibídem, 29.
10. Ibídem, 28.
11. BBC2, «Supervolcanoes».
12. LeBeau, «Letters».
13. Trombley, «Forecasting of the Eruption».
14. BBC2, «Supervolcanoes».
15. Hill et al., «Restless Caldera».
16. Ibídem.
17. Rymer, *Encyclopedia.*
18. Irving y Steele, «Volcano Monitoring».
19. McGuire, *End of the World,* 104.

Capítulo 5

1. Blythe, «Santiago Atitlán».
2. Dmitriev, «Planetophysical State».
3. Kluger, «Global Warming».
4. Cowen, «Surprising Fallout».

Tercera parte: El Sol

Capítulo 6

1. Phillips, «X-Flare».
2. Phillips, «Sickening Solar Flares».
3. Phillips, «New Kind».
4. Ibídem.
5. Ibídem.
6. Ibídem.
7. Solanki, «Solar Variability».
8. Kluger, «Global Warming».
9. Ibídem.
10. Dougherty, «Lonnie Thompson».

11. Ibídem.
12. Thompson, «50,000-Year-Old Plant».
13. Ibídem.
14. Ibídem.
15. Phillips, «Solar Minimum».
16. Whitehouse, «Explosion Upgraded».
17. Rottman y Caalhan, «SORCE», 2.
18. Dikpati y Gilman, «Unprecedented Forecast».
19. Ibídem.
20. Dikpati et al., «Predicting the Strength».

Capítulo 7

1. Associated Press, «New Ocean Forming».
2. Ibídem.
3. Sullivant, «Hurricane Formation».
4. Phillips, «Long Range Solar Forecast».
5. Pasichnyk, *Vital Vastness,* 869.

Cuarta parte: El espacio

Capítulo 8

1. Dmitriev, «Planetophysical State».
2. Ibídem.
3. Baranov, «Interstellar Medium».
4. Phillips, «Radical!».
5. Phillips, «Jupiter's New Red Spot».
6. Wolfe, «Alliance to Rescue Civilization», 2.

Capítulo 9

1. Margulis y Sagan, *Microcosmos,* 55.
2. Joseph, *Gaia,* 193.

3. Dmitriev, «Planetophysical State».
4. Ibídem.
5. Vernadski, *Biosphere,* 44.
6. Joseph, *Common Sense,* 141.
7. Argüelles, *El factor maya,* 20.
8. Votan, *Cosmic History,* 212.
9. Coe, *Maya Lode,* 220-222.
10. Kaznacheev y Trofimov, *Reflections on Life,* 38.

Quinta parte: Extinción

Capítulo 10

1. Sharpton, «Chicxulub», 7.
2. Leoni, *Nostradamus,* 175.
3. Lovelock, «Book for All Seasons».
4. McKie, «Bad News».
5. Rohde y Muller, «Cycles in Fossil Diversity».
6. Kirchner y Weil, «Biodiversity».
7. Sharpton, «Chicxulub», 7.
8. Kellan, «Small Comets».
9. Ibídem.
10. Gerard y Barber, «Asteroids and Comets».
11. Rampino y Haggerty, «"Shiva Hypothesis"».
12. Roads, «Mother Shipton's Complete Prophecy», 17.

Sexta parte: El Armagedón

Capítulo 11

1. Joseph, «Mine the Moon».
2. Drosnin, *Bible Code.*
3. Witztum, Rosenberg y Rips, «Equidistant Letter Sequences».
4. Drosnin, *Bible Code,* 19.

5. Ibídem, 15.
6. Ebor, *New English Bible.*
7. Wells, «Unholy Mess».
8. Lindsey, *Planet Earth.*
9. Associated Press, «Divine Punishment».
10. MacNeill, Winsemius y Yakushiji, *Beyond Interdependence,* xxxii.

Capítulo 12

1. Gordon, «Kabbalist Urges Jews».
2. Ibídem.
3. Ibídem.
4. Ibídem.
5. Levry, «Next 7 Years».
6. Ibídem.

Capítulo 13

1. Argüelles, *El factor maya,* 194.
2. Votan, *Cosmic History,* 114.
3. Argüelles, *El factor maya,* 9.
4. Vernadski, *Biosphere,* 47.
5. McKenna, «Temporal Resonance».
6. Ibídem.
7. McKenna y McKenna, *Invisible Landscape.*
8. Rilke, *Duino Elegies,* «The First Elegy».
9. Griffiths, *Marriage of East and West,* 89, 92.
10. Geryl y Ratinckx, *Orion Prophecy,* 28.
11. Janson, *Tikal,* 4.
12. Hail, *Sacred Calendar,* 6.
13. Boylan, «Transition from Fourth».
14. Clow, *Catastrophobia,* 10.
15. Ebor, *New English Bible.*

16. Kaku, «Escape from the Universe», 19.
17. Benford, «Mathematical Theology», 126.

Conclusión

1. Landler, «Scandals».
2. Joseph, «Who Will Mine».
3. Jacobson, *Embattled Selves.*
4. Ibídem, 33.
5. Peck y Smith, «First 125 Years», 26.

REFERENCIAS

Abraham, Ralph, Terence McKenna y Rupert Sheldrake, *Trialogues at the Edge of the West: Chaos, Creativity, and the Resacralization of the World*. Rochester, Vermont, Bear & Co., 1992.

Agence France Presse, «Ultra Superbacteria Spreads to Asia», *Sydney Morning Herald*, 18 de julio de 2002. smh.com.au/articles/2002/07/17/1026802710763.html.

Andersen, Peggy, «Mount St. Helens' Lava Baffles Scientists», Associated Press, 2 de enero de 2006. news.yahoo.com/s/ap_on_sc/mount_st_Helens;_ylt=Ap53RM2yAENx.

Argüelles, José, *El factor maya*, Editorial Brujas, Argentina, 2006.

Associated Press, «New Ocean Forming in Africa», CBS News, 10 de diciembre de 2005. cbsnews.com/stories/2005/12/10/tech/main/111579.shtml.

—, «Report: Earth's Magnetic Field Fading», CNN International, 12 de diciembre de 2003. edition.cnn.com/2003/TECH/science/12/12/magnetic.poles.ap.

—, «Robertson: Sharon's Stroke Is Divine Punishment», *USA Today*, 5 de enero de 2006. usatoday.com/news/nation/2006-01-05-robertson_x.htm.

Baranov, V. B, «Effect of the Interstellar Medium on the Heliosphere Structure» (en ruso), *Soros Educational Journal*, n.º 11, 1996, pp. 73-79.

Barrios Kanek, Gerardo y Mercedes Barrios Longfellow, *The Maya Cholqij: Gateway to Aligning with the Energies of the Earth*. Williamsburg, Massachusetts, Tz'ikin Abaj, 2004.

BBC2. «Supervolcanoes», 3 de febrero de 2000. bbc.co.uk/science/horizon/1999/supervolcanoes_script.shtml.

Benford, Gregory, «Applied Mathematical Theology», *Nature* 440 (2 de marzo de 2006), BBC2 desde p. 126 y ss.

Bentley, Molly, «Earth Loses Its Magnetism», BBC Online, 31 de diciembre de 2003. news.bbc.co.uk/2/hi/science/nature/3359555.stm.

Blythe, Stephen, «Santiago Atitlán, Guatemala – A Human Rights Victory», 2004. gslis.utexas.edu/~gpasch/tesis/pages/Guatemala/otr04/hmnrts.htm.

Borchgrave, Arnaud de, «Later Than We think», *Washington Times*, 6 de febrero de 2006. washingtontimes.com/functions/print/print.pho?StoryID=20060205-100341-6320r.

Boylan, Richard, «Transition from Fourth to Fifth World: The "Thunder Beings" Return», Earth Mother Crying: Journal of Prophecies of Native Peoples Worldwide. wovoca.com/prophecy-rich-boylan-thunder-beings-htm.

Calleman, Carl Johan, *The Mayan Calendar and the Transformation of Consciousness*, Rochester, Vermont, Bear & Co., 2004.

Cameron, Alastair Graham Walte, «The Early History of the Sun», Smithsonian Miscellaneous Collections 151, n.º 6 (15 de julio de 1966).

Clow, Barbara Hand, *Catastrophobia: The Truth Behind Earth Changes in the Coming Age of Light*, Rochester, Vermont, Bear & Co., 2001.

Coe, Michael D, *The Maya*, Nueva York, Thames & Hudson, 1999.

Cowen, Robert C., «Global Warming's Surprising Fallout», *Christian Science Monitor*, 19 de agosto de 2004, p. 16.

De Santillana, Giorgio, y Hertha Von Dechend, *Hamlet's Mill: An Essay Investigating the Origins of Human Knowledge and Its Transmission Through Myth*, Boston, Godine, 1977.

Departamento de Aplicaciones Astronómicas, Observatorio Naval de Estados Unidos, «The Seasons and the Earth's Orbit — Milankovitch Cycles», 30 de octubre de 2003. aa.usno.navy.mil/faq/docs/seasons_orbit.html.

Diamond, Jared. *Collapse, How Societies Choose to Fail or Succeed*, Nueva York, Viking, 2005.

Dikpati, Mausumi, Giuliana de Toma, y Peter A. Gilman, «Predicting the Strength of Solar Cycle 24 Using a Flux-Transport Dynamo-Based Tool», *Geophysical Review Letters* 33 L05102.doi:10.1029/2005/GL025221.

Dikpati, Mausumi, y Peter Gilman, «Scientists Issue Unprecedented Forecast of Next Sunspot Cycle», Oficina de Programas del NCAR y la UCAR Office of Programs, 6 de marzo de 2006. ucar/edu/news/releases/2006/sunspot/shtml.

Dmitriev, Alexei N, «Planetophysical State of the Earth and Life». *IICA Transactions* (1997), traducido por A. N. Dmitriev, Andrew Tetenov y Earl L. Crockett, Millennium Group, 1 de enero de 1998. tmgnow.com/repository/global/planetophysical.html.

Dobson, Andrew, y Robin Carper, «Global Warming and Potential Changes in Host-Parasite and Disease-Vector Relationships», en *Global Warming and Biological Diversity*, editado por R. L. Peters y T. E. Lovejoy. New Haven, Yale University Press, 1994.

Dougherty, Maren, «Q&A with Glaciologist Lonnie Thompson», National Geographic Adventure Magazine, agosto 2004. nationalgeographic.com/adventure/0408/q_n_a.html.

Drexler, K. Eric, *Engines of Creation: The Coming Era of Nanotechnology*, Nueva York, Anchor Books, 1986.

Drosnin, Michael, *The Bible Code.* Nueva York, Touchstone/Simon & Schuster, 1997.

—, *Bible Code II: The Countdown*, Nueva York, Viking/Penguin, 2002.

Ebor, Donald, ed., *The New English Bible with the Apocrypha*, Nueva York, Oxford University Press, 1971.

Freidel, David, Linda Schele, y Joy Parker, *Maya Cosmos: Three Thousand Years on the Shaman's Path*, Nueva York, William Morrow, 1993.

Gerard, Michael B., y Anna W. Barber, «Asteroids and Comets: U.S. and International Law and the Lowest Probability, Highest Consequence Risk», *New York University Environmental Law Journal* 6, n.º 1 (1997), pp. 3-40.

Geryl, Patrick, y Gino Ratinckx, *The Orion Prophecy: Will the World Be Destroyed in 2012?*, Kempton, Illinois, Adventures Unlimited Press, 2001.

Golub, Leon, y Jay M. Pasachoff, *Nearest Star: The Surprising Science of Our Sun*, Cambridge, Harvard University Press, 2001.

Gordon, Baruch, «Kabbalist Urges Jews to Israel Ahead of Coming Disasters», octubre 17, 2005, Arutz Sheva, israelnn.com/news/php3?id=89850.

Griffiths, Bede, *The Marriage of East and West: A Sequel to the Golden String*, Springfield, Illinois, Templegate Publishers, 1982.

—, *A New Vision of Reality: Western Science, Eastern Mysticism and Christian Faith*, Springfield, Illinois, Templegate Publishers, 1990.

Hail, Raven, *The Cherokee Sacred Calendar: A Handbook of the Ancient Native American Tradition*, Rochester, Vermont, Destiny Books, 2000.

Hegel, G. W. F., *The Phenomenology of Mind*, traducido por J. B. Baillie, Nueva York, Harper, 1967.

Highfield, Roger, «Colonies in Space May Be Only Hope, Says Hawking», *Daily Telegraph*, 16 de octubre de 2001, p. 12.

Hill, David P., et al., «Living with a Restless Caldera: Long Valley, California», USGS online, 29 de junio de 2001. quake.wr.usgs.gov/prepare/factsheets/LongValley/, Fact Sheet 108-196.

Howland, Jon, «Foes See U.S. Satellite Dependence as Vulnerable Asymmetric Target: Commercial Space Boom Comes with Risks, Absence of Public Debate Disturbing», *JINSA Online*, 4 de diciembre de 2003. globalsecurity.org/org/news/2003/031204-jinsa.htm.

Hutton, William, «A Small Pole Shift Can Produce Most, If Not All, of the Earth Changes Predicted in [Edgar] Cayce's Readings», *The Hutton Commentaries*, julio 27, 2001. huttoncomentaries.com/PSResearch/Strain/SmallPoleShift.htm.

Irving, Tony, y Bill Steele, «Volcano Monitoring at Mount St. Helens: 1980-2005», Descripción del curso, Universidad of Washington, julio de 2005. depts.Washington.edu/Chautauqua/2005/2005/Irving2.htm.

Jacobson, Kenneth, *Embattled Selves: An Investigation into the Nature of Identity through Oral Histories of Holocaust Survivors*, Nueva York, Atlantic Monthly Press, 1994.

Janson, Thor, *Tikal: National Park Guatemala, A Visitor's Guide*, Antigua, Guatemala, Editorial Laura Lee, 1996.

Jenkins, John Major, *Maya Cosmogenesis 2012: The True Meaning of the Maya Calendar End-Date*, Rochester, Vermont, Bear & Co., 1998.

Joseph, Lawrence E., *Common Sense: Why It's No Longer Common*, Reading, Massachusetts, Addison-Wesley, 1994.

—, «Birth of an Island», *Islands*, mayo/junio de 1991, pp. 112-115.

—, «Who Will Mine the Moon?», *New York Times*, 19 de enero de 1995, p. A23.

—, *Gaia: The Growth of an Idea*. Nueva York, St. Martin's Press, 1990.

Kaku, Michio, «Escape from the Universe: Wild, but Fun, Speculations from Physicist Michio Kaku», *Prospect* 107 (febrero de 2005), pp. 7-16.

Kappenman, John G., Lawrence J. Zanetti, y William A. Radaski, «Geomagnetic Storms Can Threaten Electric Power Grid», *Earth in Space* 9, n.º 7 (marzo de 1997), pp. 9-11.

Kaznacheev, V. P., y A. V. Trofimov, *Cosmic Consciousness of Humanity: Problems of New Cosmogony*, Tomsk, Rusia, Elendis-Progress, 1992.

—, *Reflections on Life and Intelligence on Planet Earth: Problems of CosmoPlanetary Anthropoecology*, Los Gatos, California, Academy for Future Science, 2004.

Kellan, Ann, «Scientist: Small Comets Bombard Earth Daily», 28 de mayo de 1997. CNN.com/TECH/9705/28/comet.storm/.

Kirchner, James W., y Anne Weil, «Biodiversity: Fossils Make Waves», *Nature* 434 (10 de marzo de 2005), pp. 147-148.

Kluger, Jeffrey, «Global Warming: The Culprit?», *Time*, 3 de octubre de 2005, pp. 42-46.

Kotze, P. B., «The Time-Varying Geomagnetic Field of Southern Africa», *Earth, Planets, Space* n.º 55 (2003), pp. 111-116.

Lagasse, Paul, ed., *The Columbia Encyclopedia*, 6.ª ed. Nueva York, Columbia University Press, 2000.

Landler, Mark, «Scandals Raise Questions over Volkswagen's Governance», *New York Times*, 7 de julio de 2005. nytimes.com/2005/07/07-business/world/business/07Volkswagen.html.

LeBeau, Benny E., «Letters to the Spiritual Peoples of Mother Earth – November 17, 2003», Eastern Shoshone, Wind River Indian Reservation, enero/febrero de 2004. themessenger.info/archive/Jan-Feb2004/LeBeau.html.

Leoni, Edgar, *Nostradamus and His Prophecies*, Mineola, Nueva York, Dover Publications, 2000.

Levry, Joseph Michael, «The Next 7 Years: The Heavenly Re-Positioning to Awaken Human Beings», *Rootlight*, 2004. rootlight.com/next7yearsintro.htm.

Lindsey, Hal, *The Late, Great Planet Earth*, Grand Rapids, Michigan, Zondervan, 1977.

Locke, W. W., «Milankovitch Cycles and Glaciation», curso de la Universidad Estatal de Montana, primavera de 1999. homepage.Montana.edu/~geo1445/hyperglac/time1/milankov.htm.

Lovelock, James, «A Book for All Seasons», *Science* 280, n.º 5.365 (8 de mayo de 1998), pp. 832-833.

—, *Gaia: A New Look at Life on Earth*, Oxford, Oxford University Press, 1979.

Malmstrom, Vincent H., *Cycles of the Sun, Mysteries of the Moon: The Calendar in Mesoamerican Civilization*, Austin, University of Texas Press, 1997.

—, «Izapa: Cultural Hearth of the Olmecs?» *Proceedings of the Association of American Geographers*, 1976, pp. 32-35.

Margulis, Lynn, y Dorion Sagan, *Microcosmos: Four Billion Years of Microbial Evolution*, Nueva York, Summit/Simon & Schuster, 1986.

McGuire, Bill, *A Guide to the End of the World*, Nueva York, Oxford University Press, 2002.

McKenna, Terence, «Temporal Resonance», *ReVision* 10, n.º 1 (verano de 1987), pp. 25-30.

McKenna, Terence, y Dennis McKenna, *The Invisible Landscape: Mind, Hallucinogens, and the I Ching*, San Francisco, HarperSanFrancisco, 1993.

McKie, Robin, «Bad News–We Are Way Past Our 'Extinct by' Date»,

The Guardian, 13 de marzo de 2005. education.guardian.co.uk/higher/research/story/0,,1437163,00. html.

NOAA (National Oceanic and Atmospheric Administration [Administración Nacional Oceánica y Atmosférica), «Astronomical Theory of Climate Change», septiembre 2002. ncdc.noaa.gov.

Pasichnyk, Richard Michael, *The Vital Vastness: Our Living Earth*, San José, California, Writer's Showcase, 2002.

—, *The Vital Vastness: The Living Cosmos*, San José, California, Writer's Showcase, 2002.

Peck, Elisabeth S., y Emily Ann Smith, *Berea's First 125 Years: 1855-1980*, Lexington, University Press of Kentucky, 1982.

Peterson, Scott, «Waiting for the Rapture in Iran», *Christian Science Monitor*, 21 diciembre de 2005. csmonitor.com.

Phillips, Tony, «Jupiter's New Red Spot», 15 de noviembre de 2004. science.nasa.gov/headlines/y2006/02mar_redjr.htm? list47951.

—, «Long Range Solar Forecast: Solar Cycle Peaking Around 2022 Could Be One of the Weakest in Centuries», 10 de mayo de 2006. science.nasa.gov/headlines/y2006/10may_longrange.htm?list752889.

—, «A·New Kind of Solar Storm», 10 de junio de 2005. science.nasa.gov/headlines/y2005/10jun_newstorm.htm.

—, «The Rise and Fall of the Mayan Empire», 15 de noviembre de 2004. science.nasa.gov/headlines/y2004/15nov_maya.htm.

—, «Sickening Solar Flares», 27 de enero de 2005. science.nasa.gov/headlines/y2005/27jan_solarflares.htm.

—, «Solar Minimum Explodes: Solar Minimum Is Looking Strangely Like Solar Max», 15 de septiembre de 2005. science.nasa.gov/headlines/y2005/15sep_solarminexplodes.htm.

—, «X-Flare», 3 de enero de 2005. spaceweather.com/index.cgi.

—, «Radical! Liquid Water on Enceladus», 9 de marzo de 2006. science. nasa.gov/headlines/2006/09/mar_enceladus.htm.

Pierce, Brian J., «Maya and Sacrament in Bede Griffiths», 3 de marzo de 2006. bedegriffiths.com/featured-article.html.

Posner, Richard A., *Catastrophe: Risk and Response*, Nueva York, Oxford University Press, 2004.

Rampino, M. R., y B. M. Haggerty, «The "Shiva Hypothesis": Impacts, mass extinctions, galaxy», resumen del artículo en *Earth, Moon, and Planets* 72 (1996), pp. 441-460. pubs.giss.nas.gov/abstracts/1996/Rampino/Haggerty2.html.

Rees, Martin, *Our Final Hour: A Scientist's Warning: How Terror, Error and Environmental Disaster Threaten Humankind's Future in This Century – On Earth and Beyond*, Nueva York, Basic Books/Perseus, 2003.

Rilke, Rainer Maria, «Duino Elegies», A. S. Kline's Poetry in Translation, 18 de agosto de 2006, www.tonykline.co.uk/PITBR/German/Rilke.htm#Toc509812215.

Rincon, Paul, «Experts Weigh Supervolcano Risks», BBC News, 9 de marzo de 2005. news.bbc.co.uk2hi/science/nature/4326987.stm.

Roach, John, «Stronger Solar Storms Predicted; Blackouts May Result», *National Geographic News*, 8 de marzo de 2006. nationalgeographic.com/news/2006/03/0306_060307_sunspots. html?source=rss.

Roads, Duncan, «Mother Shipton's Complete Prophecy», *Nexus Magazine* 2, n.º 24 (febrero/marzo de 1995), pp. 17-21.

Rohde, Robert A., y Richard A. Muller, «Cycles in Fossil Diversity», *Nature* n.º 434 (10 de marzo de 2005), pp. 208-210.

Rottman, Gary y Robert Cahalan, «SORCE: Solar Radiation and Climate Experiment», Laboratory for Atmospheric and Space Physics (LASP), Universidad de Colorado y Centro Goddard de Vuelo Espacial de la NASA, 2004.

Russell, Peter, *Waking Up in Time: Finding Inner Peace in Times of Accelerating Change*, Novato, California, Origin Press, 1992.

Rymer, Hazel, «Introduction», En *Encyclopedia of Volcanoes,* editada por Haraldur Sigurdsson et al. San Diego, Academic Press, 2000.

Sagan, Carl, y Richard Turco, *A Path Where No Man Thought: Nuclear Winter and the End of the Arms Race*, Nueva York, Random House, 1990.

Schoonakker, Bonny, «Something Weird Is Going on Below Us: Satellites in Low-Earth Orbit over Southern Africa Are Already Showing Signs of Radiation Damage», *Johannesburg Sunday Times* (Sudáfrica), 18 de julio de 2004, p. 14.

Sharer, Robert J., con Loa P. Traxler, *The Ancient Maya,* 6.ª ed., Stanford, California, Stanford University Press, 2006.

Sharpton, Virgil L., «Chicxulub Impact Crater Provides Clues to Earth's History», Unión Geofísica Americana, *Earth in Space* 8, n.º 4 (diciembre de 1995).

Sheldrake, Rupert, *A New Science of Life: The Hypothesis of Morphic Resonance*, Nueva York, Jeremy P. Tarcher, 1981.

Smith, Robert B., y Lee J. Siegel, *Windows into the Earth: The Geologic Story of Yellowstone and Grand Teton National Parks*, Nueva York, Oxford University Press, 2000.

Solanki, Sami K., «The Sun Is More Active Now than Over the Last 8,000 Years», Science Daily, 1 de noviembre de 2004. sciencedaily.com/releases/2004/10/041030221144.htm.

Solanki, Sami K., y Natalie Krivova, «How Strongly Does the Sun Influence the Global Climate?» Instituto Max Planck para el Desarrollo de la Ciencia, 2 de agosto de 2004. mpg.de/English/illustrationsDocumentation/documentation/pressReleases/2004/press.

—, «Solar Variability and Global Warming: A Statistical Comparison Since 1850», *Advanced Space Research* 34 (2004), pp. 361-364.

Solara, *11:11: Inside the Doorway*, Eureka, Montana, Star-Borne Unlimited, 1992.

Strong, Maurice, Introducción a *Beyond Interdependence: The Meshing of the World's Economy and the Earth's Ecology,* ed. Jim MacNeil, Peter Winsemius y Taizo Yakushiji. Nueva York, Oxford University Press, 1991.

Sullivant, Rosemary, «Researchers Explore Mystery of Hurricane Formation», *Earth Observatory*, 23 de septiembre de 2005. jpl.nasa.gov/news/features.cfm?feature=942.

Thompson, Lonnie, «50,000-Year-Old Plant May Warn of the Death of Tropical Ice Caps», *Research News*, Ohio State University, 15 de diciembre de 2004. osu.edu/archive/quelplant.htm.

Trombley, R. B., «Is the Forecasting of the Eruption of the Yellowstone Supervolcano Possible?» Centro de Investigaciones de Volcanes del Sudoeste, 2002. getcited.org.publ/103379403.

Unger, Craig, «Apocalypse Soon!», *Vanity Fair,* diciembre de 2005, pp. 204-222.

Upgren, Arthur R., *Many Skies: Alternative Histories of the Sun, Moon,*

Planets, and Stars, New Brunswick, New Jersey, Rutgers University Press, 2005.

Vernadski, Vladimir I., *The Biosphere*, Traducido por David B. Langmuir, Nueva York, Copernicus/Springer-Verlag, 1998.

Votan, Pakal, y Red Queen, *Cosmic History Chronicles: vol. 1, Book of the Throne: The Law of Time and the Reformulation of the Human Mind*, Watertown, Nueva York, Foundation for the Law of Time, 2005.

Ward, Charles A., *Oracles of Nostradamus*, Whitefish, Montana, Kessinger Publishing, 2003.

Wells, Jeff, «Unholy Mess Brewing on the Temple Mount», Rigorous Intuition, enero 17, 2005. rigorousintuition.blogspot.com/2005/01/unholymess-brewing-on-the-temple-mount.html.

Whitehouse, David, «Sun's Massive Explosion Upgraded», BBC News, 17 de marzo de 2004. news.bbc.co.uk/2/hi/science/nature/3515788.stm.

Wicks, Charles W., et al., «Uplift, Thermal Unrest and Magma Intrusion at Yellowstone Caldera», *Nature* n.º 440 (2 de marzo de 2006), pp. 72-75.

Wilcox, Joan Parisi, *Keepers of the Ancient Knowledge: The Mystical World of the Q'ero Indians of Peru*, Boston, Element Books, 1999.

Wilhelm, Richard, y Cary F. Baynes, trad., *The I Ching, or Book of Changes*, Princeton, Princeton University Press, 1967.

Witztum, Doron, Eliyahu Rips, y Yoav Rosenberg, «Equidistant Letter Sequences in the Book of Genesis», *Statistical Science*, vol. 9, n.º 3, 1994, 429-438.

Wolfe, Steven M., «The Alliance to Rescue Civilization: An Organizational Framework», Ponencia presentada en la Fundación de la Frontera Espacial, Cuarta Conferencia Anual sobre el Regreso a la Luna, Houston, Texas, 20 de julio de 2002.

ÍNDICE ONOMÁSTICO Y DE MATERIAS